むずかしい天皇制

晶文社

装幀・装画　堤岳彦

まえがき

天皇制はむずかしい。日本人にとっては、それがむずかしいということを知ること自体、すでにむずかしいことになっている。

天皇とは何か。天皇制は何のために存在しているのか。天皇の家系は、どうして他の家系と比べて特別に高貴なのか。こうしたことを誰にも納得できるように説明することは、とてもむずかしい。おそらく、説明できる人はいない。しかし、日本人にとっては、天皇（制）の存在はあまりにも自明なことであり、それゆえ日本人は、自分が、説明困難な制度を前提にして行動している、という自覚がない。つまり、天皇制はむずかしく、とても不可解な制度だということに気づくこと自体が、まずはむずかしい。

だが、いかにむずかしいとしても、天皇制こそが、日本人である「われわれ」は何者なのか、を理解する上での鍵である。天皇制を理解することは、日本社会の中のひとつの政治制度や特殊な文化様式を理解すること（に尽きるもの）ではない。天皇制を見ることは、結局、日本人と日本社会の歴史的な全体を見ることに直結している。

日本列島の住民は、歴史上一度も、天皇や朝廷を根本から否定したことはない。否定の度合いが最も大きかった出来事は、承久の乱だが、そのときでさえも、勝利した武家政権（鎌倉幕府）は、朝廷の主だった者を配流しただけで、制度としての天皇・朝廷を温存した。どうやら、日本人には、天皇制を否定しきることはできないらしい。天皇制は、正確にいつとは特定できないはるかな昔に始まって、今日に至るまで、一度も、正面から挑戦を受けることなく、存続してきたのだ。他の制度や文化に関してはたいてい、一時は繁栄しても結局は衰え、ときに消滅したが、天皇制だけは――浮き沈みはあっても――「無」に至るほどに衰えることはなかったのだ。「盛者必衰の理」は平家にはあてはまっても、天皇に対しては成り立たない。こう見てくれば、天皇制にこそ、「日本人」という歴史的な実体の秘密が隠されているに違いない、という予測はたつだろう。

しかし、真にむずかしいことはその先にある。これほど長く続いたとすれば――誰も本気には終わらせようとしなかったとすれば――、日本人は、天皇や朝廷を、よほど強い忠誠心をもって支持してきたに違いない……と思いたくなる。が、歴史の実態を見れば、そのような解釈はあたらないことは明らかだ。日本の歴史の多くの期間――「ほとんどの期間」と言っても過言にはならないくらい多くの期間――、日本人の大半は、天皇や朝廷に無関心である。日本人は強い尊敬の念をもって天皇に帰依してきた……とはとうてい言いがたい。ときには、「バカにしているのではあるまいか」と思いたくなるほど、天皇をないがしろにしたときもある。それなのに、天皇（制）は、決して完全に否定されることなく、今日まで長続きしている。どうしてだろうか。

たとえば、キリスト教が二千年も続いているのは、イエス・キリストを熱心に信ずる者がたくさんいたからである。天皇制については、しかし、そのようなすなおな関係は成り立たない。天皇への敬意や信頼や信仰が強かったために、天皇制が長く続いていた、と説明することができないのだ。キリストの復活が否定されたり、キリストの教えが嘲笑されたりすれば、クリスチャンは、自分の生きる意味とアイデンティティのすべてが侮辱されたと感じるだろう。では、天皇がいることが、自分の生きることの意味だと感じる日本人は、どのくらいいる（いた）だろうか。確かに、そういう人もかつてはいただろうし、今でもいるかもしれないが、確実に言えることは、そのような熱心な支持者がいたから天皇制が続いてきたわけではない、ということだ。歴史を全体としてみれば、熱心な支持者はきわめて少数なのに、天皇制は持続してきたのである。

だから、天皇制はむずかしい。本書の私たちの対談は、天皇制の現在と過去とを論ずることを通じて、日本人とは何か、日本社会の特徴はどこにあるのかを探究しようとしている。対談の中で、ヘーゲルの言葉を借用しながら述べたように、「日本人の謎は日本人にとっても謎である」。天皇制は、文化人類学者の知的好奇心を引きつけるにちがいない、謎めいた制度である。その文化人類学者は、当事者である日本人に聞くのが、答えへの最短の道だと思うだろう。「どうしてあなた方は天皇制を維持しているのですか、どうして天皇を特別視するのですか」と。日本人は答えられない。それは、日本人にとっても理解しがたい謎だからだ。

その謎に挑戦すること。それが、私たちの対談のねらいであった。

*

晶文社の編集者、安藤聡さんから、「木村草太さんと『天皇』を主題にして対談をしませんか」と提案されたとき、私は即座に、「是非やらせていただきたい」と返答した。実のところ、提案を受ける前から、私は、木村さんと「天皇」をめぐって話し合ってみたいと思っていたのだ。安藤さんは、まるで私の希望をはじめから知っていたかのようだった。

対談を希望していたのは、木村さんがいかにブリリアントで、柔軟な知性の持ち主かを私がよく知っていたから、ということが前提としてあるが、それとともに、憲法の専門家の立場からの考えをお聞きしたかったということがある。戦前の憲法においてはもちろんのこと、戦後の日本国憲法においても、天皇は「中心」である。「中心」の趣旨が、戦前と戦後では異なってはいるが、日本国憲法にとっては、「象徴としての天皇」は、格別に重要な意味をもつ。しかも、憲法の成立過程の研究によれば、九条の導入と天皇制の維持との間にはつながりがある。つまり「九条」と「天皇」は、日本国憲法の二つの軸足である。こうしたことを考えれば、憲法の専門家こそ、天皇の日本社会の中での存在意義をたずねるのに、最適な相手だということになる。
私の予測は的中した。本書を読めば、誰もが、この点に完全に合意するだろう。「日本人にとっても謎」というときの謎にどこまで迫ることができたか。謎をすべて解いたとまでは豪語すまい。しかし、回答を得るための補助線を何本も引くことができた。木村さんと私には、はっきりとその手応えがある。

*

一冊の本が成るまでには、編集者をはじめとする幾人もの方々のお世話になる。対談の場合には、とりわけ、多くの方の助けが必要になる。それらの方々へのお礼は、木村さんがあとがきで、私の気持ちをも代弁しつつ書いてくださっているので、ここでは記さないが、ありがたいことである。このめちゃくちゃおもしろかった対談を、晶文社の会議室から解き放ち、外へと発信してくださったのだから。

大澤真幸

むずかしい天皇制

目次

まえがき　大澤真幸……5

第1章　現代における天皇制の諸問題――象徴、人権、正統性

天皇制とはどんなゲームか……22
普遍的価値を考える唯一の手がかり……26
「天皇制に反対」がデフォルトだった時代……28
何を象徴しているのか？……31
事実命題か、当為命題か……33
「象徴」は積極的な選択だった？……35
二つの矛盾したベクトルの共存……40
積極的機能と消極的機能……42
天皇の持つ正統化機能とは何なのか……45
どこまで象徴的行為を認めるか……47

ノモス（規範）を実現するゲーム……50
失敗を補償する装置……54
敗戦問題で果たした積極的機能……56
法的な定義における天皇……60
人間が感じる正統性の源は何か？……63
天皇と歴史修正主義の関係……67
死者の思いや願いを継承すること……70
昭和天皇の人間宣言をめぐって……73
皇室メンバーの人権問題……76
持続可能性の危機……80
本気で考えられていない持続可能性……83
なんのために、どうして必要なのか……86
日本人にある最小限の合意の印……90

第2章　歴史としての天皇制——上世、中世、近世まで

天皇制を歴史的に振り返る……96
「天皇断絶説」と「天皇連続説」の対立……98
邪馬台国の時代……100
「第三者の審級」とシャーマン……103
実在した最初の天皇はどこからか……107
天皇の呼称はいつから始まったか……110
「天子」でもなく「王」でもなく……113
中国式皇帝理論との違い……117
半島と島国の危機感の差……121
天皇は自前の軍隊を持たない……123
所有と占有の中間で成り立つ荘園……125

「税を払わない！」と言った奴はいない……127
現場の意向が強い日本……130
摂関政治の危うさ……133
「とりあえずビール」「とりあえず天皇」……135
武士はどこから出てきたのか……136
土着と貴族の二重性を持つ武士……140
仕えつつ自律しているという二重性……143
日本で戦闘者の威信が高いのはなぜか……146
天皇への敬意がゼロだった信長……149
武士は滅びて天皇は残る……152
目的や主題がない応仁の乱……155
中央にいて地方も治めるのは不可能……159
天皇の権力がきかない戦国時代……162
日本の雇用システムの源流は天皇に……164

天皇を蔑ろにする者は排除される……167
信長、秀吉、家康の3ステップ……170
天皇の存在感が希薄な江戸時代……172
神話的な権威が効いていない……176
調整問題解決装置としての天皇……179
客観的に見れば不可思議なゲーム……182
幕末・明治維新へ……184

第3章　近代の天皇制——明治維新から敗戦まで

江戸幕府末期の天皇制……190
新しい「われわれ」の必要性……193
私(わたくし)と公(おおやけ)……195
徳川には正統性が不足していた……196

黒船に対し幕府は自信がなかった……200
天皇と武士との不思議な相互依存……203
プラグマティックな関係……206
武士たちの自己否定……209
議会と天皇の関係性……211
「自然的身体／政治的身体」の二重性……215
機能がないから侵すまでもない……219
天皇制における「アイロニカルな没入」……223
標準型から外れている日本のナショナリズム……225
明治維新の逆説……227
大日本帝国憲法と皇室典範……230
憲法の運用、四つの時代……233
重要なエージェント、元老……237
憲法制定まで時間がかかった理由……240

超然としている方が偉い……243
文官に軍人をコントロールした経験がない……245
美濃部達吉の天皇機関説事件……248
天皇制の顕教・密教……253
日本社会の隠された身分制度……255

第4章 戦後の天皇制——憲法、戦後処理、民主主義

ポツダム宣言前後の情勢……262
「無条件」以上に降伏した日本……264
天皇の戦争責任の扱い……267
マッカーサーの誇張……271
日本国憲法の成立過程……273
突貫工事で作られた憲法……277

「押し付け憲法」論について……279
GHQ案の与えた衝撃……282
「八月革命説」の妥当性……285
大半の日本人にとってはどちらでもいいもの……288
善意の圧政者……290
憲法制定権力論……293
革命か、連続性か……296
日本国憲法成立の七つのフェーズ……300
天皇人間宣言の評価……302
国体護持という空虚な論点……304
平和主義でも民主主義でもなく……308
天皇制の文化財的な価値……312
天皇はリザーブか、レギュラーか……317
民主主義についての議論が薄い……320

同一性の民主主義……324
天皇がいる以上、日本に空気は存在する……327
天皇の意思と空気は自動的に一致する……330
代表のように見えて、何も代表していない……333
天皇のために9条は用意された？……335
思想や理念を測るリトマス試験紙……337

あとがき　木村草太……341

参考文献……345

第1章　現代における天皇制の諸問題——象徴、人権、正統性

天皇制とはどんなゲームか

大澤　日本の政治を歴史的に振り返ってみると、天皇制との付き合い方が上手くいっているかどうかで、成否が決まるようになっています。天皇制と全面的に対立して成功した政治的支配者は、日本の歴史の中に、ほとんどいないのです。例外はひとつしかありません。

天皇制とはいったいなんであるか。周囲から日本を観察している人にも、実は日本人本人でさえもわかっていないのではないでしょうか。歴史を振り返っても、あるいは現代においても、日本人にとって天皇制は大事なものであり、他のものは捨てられても天皇制だけは捨てられない。徳川幕府も260年くらい続きましたが「別れる時は早いもんよ」みたいなもので（笑）、あっという間に無くなる。しかし天皇制に関しては、一度もそうなりませんでした。日本人の重要な執着（アタッチメント）の中心にあるけれども、何が日本人をそれほど惹きつけているのかは、たぶん日本人もよく説明出来ないと思うんです。

ヘーゲルの歴史哲学の格言で「エジプト人についての謎は、エジプト人にとっても謎である」というものがあります。天皇制を見ていても同じような感覚を抱きます。天皇制についての謎は、日本人にとっても謎である、と。

それならば、まずは「天皇制とは何であるのか」を問いにしたいと思います。たとえば「女性天皇がいた方がいいか」という議論をするにしても、天皇制が何なのかをわかった上でなければ、有意味なことは何も言えません。

ただ対談の冒頭に言っておきますと、僕は若干恐れていることがあります。当事者がそれの本質について知らない限りで成功する制度が多いんです。ほとんどの制度がそうかもしれない。自分たちが考えていることと全然違うところに機能がある。制度の円滑な働きが、当事者の無知を必要条件としている。当事者がからくりを知ってしまうと機能しなくなってしまう。天皇制はその種の制度である可能性がある。なぜいいのかわからないけれども捨てられない。でもその「なぜ」を知ってしまうと上手く機能しなくなってしまうかもしれない。

しかし21世紀のグローバル資本主義の時代においては、からくりを知る必要があるんじゃないか。どうして僕がそう思うのか、説明しておきます。

僕らは、日本人だけのレベルではなく、人類の一員としてものを考えないといけないときです。僕らにとって重要で深刻な問題は、ほとんど国レベルでは解決できない。たとえば、環境問題をどうするのか。格差の問題もグローバル経済のメカニズムから生まれている。働き方の問題も、抜本的に考えるのであれば、日本だけでは解決できない。経済問題だって、国レベルではよい解決法かもしれないが、世界レベルから見ると、それは最悪の手になったりする。ブレグジットだってそう見えます。日韓関係においても、ドメスティックには相手に一撃与えて気持ちの良い感覚をもつような政策でも、外から見ると全然いいことをしていない。ネーションにとってよいように見える解決方法は、ほとんどグローバルな観点からはよくない。むしろ、人がそれぞれのネーションに執着することこそが、問題を深刻化しているわけです。

とするならば、あえてレトリカルで挑発的な言い方をすれば、日本人に限らず現代人は、場合によっては、自分の国を裏切ることができなくてはならないということです。そういう観点から、天皇制について考え、それがなんであるかを考えたいわけです。

天皇制が比較的うまく機能している時には、どうやら、日本もうまく機能している。しかし、その天皇制というゲームは、どんなゲームなのか、日本人は自分でもよく理解しておらず、そのため、他者にわかるように説明することができない。しかし、人類の一員として生きるならば、それを説明できなくてはならない。それが、人類が追求している普遍的な価値と両立できることを自分たち自身にも、また他者にも納得させなくてはならない。あるいは、普遍的な価値にとってマイナスならば、このゲームを改変したり、放棄したりする覚悟も必要です。

そこまで考えると、天皇制に対して様々な問いが生まれてくるのです。天皇制とはどのようなもので、どのように活かして行けばいいのか。

木村　「からくりを知ってしまうと機能しない」とは、スタートからすごく不気味な問題提起です。「神話」に関する面白い定義があります。「片方が非真実だと知っていて片方が知らない場合を虚偽と言い、両方が非真実だと知っているとフィクションと言い、両方が非真実だと知らないと神話という」。

大澤　上手い定義ですね。

木村　誰かが嘘だと知ってしまうと、神話は虚偽となり、神話ではなくなってしまう。まさに、からくりを知ってしまうと機能しなくなります。

天皇制との付き合い方を考える際、グローバルな公共価値に目を向けるべき時代であるとの指摘はおっしゃる通りです。天皇制が機能を発揮するのは、天皇神話を共有する人々に限られます。当然のことながら、その範囲は、世界全体から見れば、非常に狭い範囲にすぎません。

ただ、天皇以外に、日本国民に国際公共価値を意識させるきっかけになるものがあるかと言えば、心もとない。日本において、国民主権と天皇制と、どちらが国際公共価値により貢献しているでしょうか。たとえば、外交の局面を考えてみると、天皇陛下が上品にふるまっているおかげで、なんとか国際協調に目が向くなんてこともある。嫌韓世論が沸騰しがちな国民主権と比べると、天皇の方が国際公共価値に寄り添っているかのように見えることも多々あります。そんなことを考えると、天皇制を単純に無くしてしまうのは、国際公共価値に対するわれわれの意識に悪影響を与える可能性もあると思います。

普遍的価値を考える唯一の手がかり

大澤　当面は、日本人は天皇がいるおかげで、少しは国際的になっているといえますね。日韓関係に関しても、前の天皇（上皇）自身が自分たちの血に朝鮮半島の王朝（百済）の血が入っていることを公言しているわけだから、平均的な日本人よりも天皇のほうが圧倒的に友好的ですよね。

木村　少なくとも天皇は嫌韓発言をしませんが、嫌韓発言をする国会議員はたくさんいますから。

大澤　外交的にも、天皇が海外を訪問したり、賓客を歓迎することの方が、政治家が何かするよりも圧倒的に効果があります。当面、天皇の存在は、偏狭なナショナリズムをつくるよりも、それをオープンにするように作用していることはまちがいありません。

しかし、当面の課題だけではなく、原理的に基礎から考えた時、現在の天皇制が公共的価値にとってどうなのか、ということについてはまだ検討の余地があります。いずれにせよ、「天皇」という主題は、日本人が、公共的だったり普遍的だったりする価値や大義を考える上での、ほとんど唯一の手がかりになっている気がします。

個々の日本人がこの社会で生きていくということに関して、それぞれの意味というものを感じたり、考えたりしているかもしれませんが、日本という国のレベルで考えた時、その存在の意味があまりにも空疎になっていることが、とても気になるのです。

孔子の言葉で、「邦道《くに》有るに、貧しくして且つ賤《いや》しきは恥なり。邦道《くに》無きに、富み且つ貴きは恥なり」というものがあります。その国の中で道がある時に、その中で貧しかったり卑しかったりするのは良くない。逆に国に道が無い時に、その中で富んでいたり、威張っていられているような人は逆に恥ずべきである、というわけです。僕らは今、道の無い国にいる感じがするのです。国に道がある時には、政治家だとか公務員だとかで国政にタッチしているかどうかとは関係なしに、その国の中で、僕らでいえば本を書いて出版するとか教壇に立つとか、あるいは銀行員として仕事をするとか、何であれ、そこで価値あることをするということと、そこで成功するということとがある程度整合する。ところが、道の無い国の中では、価値あることと成功とが合致しないので、そもそも、価値あることをしようという意欲すら出てこなくなります。ここで、「道」とは、いわば「大義」の意味です。日本人にとってそれを見つけることが出来る唯一のリソースが、天皇である。そのような感じます。

「天皇制に反対」がデフォルトだった時代

大澤　さて、木村さんは僕よりだいぶ年下だけど、僕が若いころは、若者の多数派はいわゆるリベラルな左派で、リベラルっぽい若い人はたいてい天皇制に反対でした。僕より上の世代はもっとそういう傾向が強い。

木村　昭和天皇ではなく、天皇制に反対なのですか？

大澤　天皇制の場合、人格と制度の両面がありながら分離して考えにくいという特徴があります。とはいえ、天皇制反対論者が昭和天皇個人が変わればいいと思っていたわけではないと思います。

しかし、僕は、当時の左派が天皇制反対、天皇制打倒と言っていた時に、本当に反対だったの？　と疑っていますね。本人たちも反対しているつもりではあると思うけど、無意識では反対してはいない気がする。お父さんに反抗しているけれども、本当にお父さんがいないほうがよいのかといえば、実はただ甘えているだけだということがあるでしょう。あれに似ています。

木村　反抗期の中学生みたいに、家から追い出されないことを前提にした反抗ですね。

大澤　本当には勘当されないことを前提に父に反抗する、と。しかし、そうした中途半端な覚悟だと本人は気づいていない。天皇制についての当時の左翼の反対は、今考えてみるとそんな気がするんです。しかし、少なくとも表向きは反対だと言っていました。

三島由紀夫が東大全共闘の学生と東大駒場の900番教室で対話をしますよね（1969年5月）。三島は「諸君が『天皇』と、ひと言言ってくれれば、俺は喜んで諸君と手をつなぐ」と話す。しかし、学生たちは三島の気づかないところで、そして本人たちすら自覚することなくすでに「天皇」と言っていた可能性が高い。それが三島の求める形の言い方だったかどうかについては、また検討の余地がありますが。

日本の戦後の若者の政治運動ということを考えると、まず1960年安保があります。その後、潜伏期間を経て、60年代末期に、全国の大学を舞台に大きなムーブメントが現れる。この60年代末から70年頃は日本における政治的ムーブメントが大きかった時期ですが、その時に、そのムーブメントの担い手だった若者の大半は、天皇制反対、と叫んでいたのです。ただ、その当時の若い人は、はっきりとした思いがあった。先ほどの孔子の言葉を使えば、自分たちの国には道がないって気持ちです。「この国はアメリカの属国じゃないの？」と。

では、アメリカについていくことが、この国に「道」を与えるのか。68年くらいになってくるとすでにベトナム戦争に義がないことははっきりしており、日本がアメリカの属国になって、事実上はその「義の無い戦争」に加担しつつ、その上で、自分たちはのうのうと繁栄している。「アメリカ」というのはもはや「道」を与えてはいない。マルクス－レーニン主義の術語で「アメリカ帝国主義」などといってアメリカを批判していた。60年代末期の若者たちは、基本的には、反米愛国なんですよ。しかし、「愛国」は天皇には直結しない。先ほど述べたように、無意識の甘え、無意識の屈折はありますが、少なくとも表向きは、天皇制に反対です。アメリカはけしからん、天皇制はもっとけしからん、という気持ちです。天皇制もアメリカも超えて、もっと大きな大義があると言いたかったはずです。

しかし1970年代ごろになると、アメリカを超える「もっと大きな大義」などというものはどうやらないらしい、という感じになっていった。そうした大義を求めること自体が批判され、相対化された。その結果、「大義」がシュリンクしてきて、「天皇」が一番よかったんじゃないか、となっていく。唯一、大義を見出すことが出来るモノは、天皇なのだと。大義というよりも、自分たちが素直に愛着を持てるモノだと言った方がいいかもしれません。

こうした流れの中で、僕らはこの流れに棹差すようにいくべきなのか、それとも、もっと別の道を考えるのか。

何を象徴しているのか？

大澤　まずは、今の天皇制の法的な身分について、木村さんご専門の憲法の視点から教えてもらえませんか。

第一条　天皇は、日本国の象徴であり日本国民統合の象徴であって、この地位は、主権の存する日本国民の総意に基く。

天皇は日本国と国民統合の象徴である。
平成の天皇が生前退位するときには、「象徴」という言葉から、「象徴としての務め」「象徴的行為」などと使った。でもよく考えて見ると、「象徴」ってよくわからないなと思います。何が象徴なのか。何をやったら象徴としての務めを果たしたことになるのか。

木村　世界の憲法を見てみても、「象徴」〝ｓｙｍｂｏｌ〟という言葉はあまり使われていません。〝representation〟つまり「代表」という言葉の方が、伝統的にもよく使われていると思います。たとえば、フランスの１７９１年憲法には、国王と議会は nation の代表だとされていましたし、アメリカ合衆国の下院は House of Representatives という名称です。

もちろん、象徴という言葉に前例がまったくないわけではありません。１９３１年のウェストミンスター憲章は、カナダやオーストラリアが大英帝国とは独立した国家であることを規定しましたが、そこに、国王（crown）はコモンウェルス諸国民の〝symbol〟なんだという言葉が出てきます。ただ、〝representation〟と違って分厚い議論はない。日本国憲法制定当時の法律家たちも、いきなり出てきた文学的表現に少し戸惑ったようです。象徴に関する議論は自前で色々考えないといけないぞ、というところからスタートします。

教科書的説明では、象徴とは、国家などの抽象的なものを、よりイメージを持ちやすい別のもので表したものということになります。明治憲法下の天皇は、主権者であり、統治権の総攬者でもあると同時に、日本の象徴としての機能を担っていたと言えるでしょう。

他方、日本国憲法では、主権は国民に、統治権のうち立法権は議会に、行政権と外交権は内閣に、司法権は裁判所に移され、軍事活動の権限は消滅しました。引き算をした結果、天皇に残ったのは「象徴」の機能だけ。天皇を見るとみんなが日本のことを思い出す、これが象徴なんだ。こう説明するのが教科書的な説明です。

この説明で気にかかるのが、「天皇は象徴である」という条文が、規範なのか、事実の記述なのか、という点です。一般に、憲法の条文は、規範を示す命題として書かれています。たとえば、「行政権は内閣に属する」という憲法条文は、「今日は雨が降っています」というような事実命題ではなく、「内閣を行政権の担い手と扱うべきだ」という規範命題です。しかし、「みんながそれを見ると、日本のことを思い出す」という事実がないときに、「これを象徴と扱うべきだ」と規範を示したとしても、象徴として機能しないでしょう。そうだとすると、憲法第1条は、「天皇を見たら象徴だと思え」という規範を示しているのではなく、「みんなが象徴だと思っています」という事実を示している（同『憲法（第七版）』新世社、2018年、72頁）、と考えざるを得ません。

長谷部恭男先生は教科書で、みんなが天皇のことを日本の象徴だと思わなくなったら、憲法第1条に意味はなくなると解説しています。私も、憲法第1条は、事実命題ではないか、という解説に説得力を感じます。

教科書的な憲法学の解説としては、こんなところが出発点だと思いますね。

事実命題か、当為命題か

大澤　なるほど。ですがこれは、日本人の一般的な感覚とちょっと違うかもしれませんね。日本人はたぶん「天皇は象徴である」を事実命題であるだけではなく、当為命題のようにも受け取っているのだと思います。象徴であるべきであると。あるいは、平成の天皇も「象徴としての務め」と言っているときに、「象徴」にやるべきことが伴っている、と考えている。天皇や国民は、憲法第1条に、事実以上の意味を見ています。象徴としての天皇が社会的に機能している理由を考える場合は、事実があることを憲法が追認していること以上に、立ち入ったなにかがある感じがするんですけれども。

木村 普通の法文は、内心の動きではなく、外面的な行動を導きます。たとえば、「賭博を取り締まりなさい」という条文について、警察官が「俺は、賭博はやっていいと思うんだけどな」と内心で思っていたとしても、取り締まるという行動はとれるでしょう。

これに対して、「天皇を見ると日本のことを思い出す」というのは、内心で完結する作用です。「天皇を象徴だと思え」と条文が言ったところで、個々の人がそう思えなかったら、その人にとって天皇は象徴ではない。

行動は強制できても、個々の人の内心は強制できませんから、憲法第1条に限っては、事実命題と解釈せざるを得ないと考えます。学問的に自然な理解が、「憲法条文は当為命題を示している」という普通の人の感覚とズレるのが、第1条の難しいところではあるかもしれません。

大澤 多分、「象徴」に、「象徴としての行動」が伴っていると見ているために、第1条に、当為命題的な側面を読み取るのでしょう。前の天皇が「象徴しての務め」「象徴的行為」と言ったときにも、「象徴」に行動の含意があると受け取っています。

いずれにせよ、日本国憲法全般に、国民の受け取り方と学問的な理解とのあいだにずれがある傾向がありますが、その乖離が極大化するのが第1条かもしれません。

木村　そうですね。一般人と法律家とで条文理解がズレること自体は、珍しくありません。たとえば、「自衛隊は憲法9条が禁止する軍ではありません」と言われて、違和感を持つ人も多いでしょう。この違和感は、同じ「軍」という言葉でも日常用語と法律用語とで意味が異なることから生じるものです。しかし、「象徴」を巡るズレは、日常用語と法律用語のズレによるものではない。法で象徴を規定しようとすることそのものに起因しています。

憲法に事実命題があることに違和感を覚える人がいるのは当然です。でも、よくよく考えてみれば、「天皇は日本の象徴だ」と人々が考えているとしたら、それは憲法1条にそう書いてあるからではなく、歴史や天皇のふるまいなどから、人々が天皇に象徴性を感じているからだ、という話にならざるを得ないのではないでしょうか。

「象徴」は積極的な選択だった？

大澤　「象徴」の言葉を導入するときに、ウェストミンスター憲章が「象徴」という言葉を使ったからという意識はあったのでしょうか。

木村　そこはよくわからないところではありますが、条文が出来た経緯を簡単に振り返ってみましょう。

戦後、松本烝治国務大臣を委員長とする憲法問題調査委員会が、新たな憲法の条文を検討していました。松本試案では、軍事体制を無くすことは議論されていました。ポツダム宣言で軍隊解体が要求されていたからです。しかし、天皇については、基本的には大日本帝国憲法と同じ扱いでした。昭和21年2月1日に、松本試案が毎日新聞にスクープされ、その内容がＧＨＱの目に入ります。民主化が進んでいないことに不満を持ったＧＨＱは、2月3日にマッカーサー三原則を提示し、ＧＨＱの民政局に憲法草案の作成を指示します。「天皇を元首とする」「戦争を放棄する」「封建制度を廃止する」といった内容です。「天皇を元首とする」の英文は、〝The Emperor is at the head of the State.〟です。マッカーサーは天皇制を残すことを前提に日本統治を考え、「symbol」ではなく「the head of the State」という言葉を使っていました。

こうして、ホイットニーを局長とするＧＨＱ民政局の人たちは、「国民主権原理をとりながら、天皇制を残す憲法の作成」という課題を背負うことになります。民政局は、運営委員会のほかに、「立法権」・「行政権」・「人権」・「司法権」・「地方行政」・「財政」・「天皇・条約」の各小委員会に分かれて作業を行いました。天皇の担当になったのは、ジョージ・Ａ・ネルスン陸軍中尉とリチャード・Ａ・プール海軍少尉の二人です。

マッカーサーは天皇を「ｔｈｅ ｈｅａｄ ｏｆ ｔｈｅ Ｓｔａｔｅ」としていました。しかし、国民が選ぶ大統領を「元首」と呼ぶのは良いとしても、世襲の天皇を国民主権国家の「元首」とするのはおかしいのではないか、という疑問が生じます。

２月６日の運営委員会と天皇他小委員会の会合の記録によれば、小委員会の当初案では、天皇が国に「君臨する（ｒｅｉｇｎ）」とされていたそうです。しかし、日本語で「君臨」と言うと、「統治すること（ｇｏｖｅｒｎ）」も含まれてしまう。これでは国民主権とは言えないということで、「象徴する（ｓｙｍｂｏｌ）」という言葉が選ばれました（高柳賢三他編『日本国憲法制定の過程Ⅰ　原文と翻訳』有斐閣、１９７２年、１３１－１３３頁）。この選択に当たって、他の国の憲法や、有名な憲法学者の議論が参照された気配はありません。ＧＨＱは、「象徴」の語で何かを積極的に表現したかったというより、「他の言葉だとまずい」と消極的に選んだようです。

このような経緯で、１９４６年２月13日に完成したＧＨＱ案では、天皇が「symbol」とされました。

【ＧＨＱ案（１９４６年２月13日）】

Article I. The Emperor shall be the symbol of the State and of the Unity of the People, deriving his position from the sovereign will of the People, and from no other source.

（皇帝ハ国家ノ象徴ニシテ又人民ノ統一ノ象徴タルヘシ彼ハ其ノ地位ヲ人民ノ主権意思ヨリ承ケ之ヲ他ノ如何ナル源泉ヨリモ承ケス。〈当時の日本政府仮訳〉）[*1]

ただ、その後のＧＨＱ関係者や帝国議会での政府の説明を見ても、「象徴はウェストミンスター憲章で示されたｓｙｍｂｏｌの翻訳で、イギリスではこういう意味で使われていて、日本国憲法ではこういう意味です」といったような詳しい説明はありません。金森徳次郎大臣は、君主制と民主制の関係について、「我々の心の奥深く根を張つて居る所の其の心が、天皇との密接なる繋りを持つて居りまして、謂はば天皇を以て憧れの中心として國民の統合をなし、其の基礎に於て日本國家が存在して居ると思ふのであります」と述べた後に、新憲法と国体の関係について「日本の國體と云ふものは先にも申しましたやうに、謂はば憧れの中心として、天皇を基本としつつ國民が統合をして居ると云ふ所に根底がある」と発言しています。こうした発言からすると、「天皇が象徴であるとはどういうことかについては、議論の余地なく、日本人ならわかるだろう」という感覚だったのではないかと思われます。

こんな状況ですから、「象徴」解釈の責任は、憲法学に負わされました。たとえば、憲法学者の鵜飼信成（１９０６－１９８７）は、１９４７年の論文で、こんな議論をしています。

１９４６年に人間宣言を出した天皇は象徴たり得るのか。「富士山は日本の象徴」と言うが、富士山は日本ではない。「鳩は平和の象徴」だが、鳩自身は平和ではない。象徴は、それ自身とは異なる何かを表現するものだ。これに対して、「代表（representation）」は、自分自身の中にあるものをプレゼンテーションする。卒業式の「卒業生代表」は、卒業生の中から選ばれる。大学の卒業式で、教授が「卒業生代表の言葉」をしゃべりだしたら、みんなおかしいと思うし、日本国籍を持っていない外国人が国会議員として「国民の代表」を名乗ったら違和感がある。こう考えてみると、天皇が人間ならば、天皇は一国民ということになり、国民を代表できる。しかし、象徴はできないのではないか。

改めて思い出してみると、国民主権原理と「天皇＝元首」図式は両立しないことを克服するために登場したのは、マッカーサー三原則にはなかった「象徴」がＧＨＱ案で不意に登場したのでした。これに対して、「天皇＝国民の象徴」図式は、鵜飼先生がおっしゃるように、「人間宣言」との整合性が大きな問題になってしまう。まあ、「国民の象徴」ではなく「日本国民統合」の象徴なのだから良いではないか、という気もしますが。

いずれにせよ、「象徴とは何か？」について、充分な検討や解説のないままに、憲法第１条が日本社会に登場したのは事実だと思います。

＊1　衆議院ＨＰ「日本国憲法の制定過程における各種草案の要点」より。http://www.shugiin.go.jp/internet/itdb_kenpou.nsf/html/kenpou/chosa/shukenshi001.pdf/$File/shukenshi001.pdf

二つの矛盾したベクトルの共存

大澤　ＧＨＱ案に「シンボル」という語を使われているのを見て、日本側は、思いがけない、と感じたでしょうね。

木村　そうでしょうね。しかし、日本政府がそれを改めるために熱心に交渉している様子はありません。日本側にもそれを受け入れる素地がある程度あった、と見た方がいいと思います。

大澤　天皇の中に、二つの引き裂かれるようなベクトルが共存しているんですね。一方には、天皇が、人間以上、少なくとも国民以上のものであって、「一般国民」ではないというベクトルがある。しかし、他方で、特に戦後においては「天皇は国民の一員である」という方向のベクトルが重要になってきた。この矛盾を担っているのが「象徴」の言葉になっているのでしょう。

客観的に見ると、天皇制の機能は、究極的には呪術的なものに由来しています。それは、法的な正統性の論理には還元できない、人間のプリミティヴな態度や感情に基づいています。この呪術性が、今言ったような矛盾、国民を超えて行こうというベクトルと、国民の一人であるというベクトルが両方あることからくる曖昧さみたいなものを隠蔽するようなかたちで、無意識のうちに活用されていたように思います。

「象徴」とか、あるいは前の天皇自身が言っている「象徴としての務め」などの語は、どのようにも解釈できる記号ですが、その源泉は、今述べた二つの矛盾したベクトルの共存にあるのかもしれませんね。これは、精神分析のジャック・ラカンの語を使えば、典型的な「シニフィエ（signifié）なきシニフィアン（signifiant）」です。シニフィエなきシニフィアンは、文字通り、意味（シニフィエ）をもたない記号（シニフィアン）ですが、重要なことは、「シニフィエなきシニフィアン」こそが、一般に、「記号／意味」のシステムの原点のようなものとして働くということです。このケースでいえば、天皇制についての日本人の理解の中心には「象徴」という記号がある。「象徴」ということを中心において、僕らは天皇制を理解しているわけです。しかし、では、「象徴とは何か」と問われると、よくわからない。つまりシニフィエが欠けている。「象徴は象徴である」とトートロジカルにしか説明できなくなってしまうのです。

他の「シニフィエなきシニフィアン」の場合と同様に、「象徴」という記号も、トートロジー以上の方法で定義できず、それゆえにどんな解釈もそこに投射できるからこそ、よく機能したとも言えます。

積極的機能と消極的機能

木村　〝機能〟という言葉が出てきたので、天皇制の機能を憲法学がどう考えているのかについてお話ししたいと思います。

「天皇制は何のための制度なのか？」という問いに対して、憲法解釈論としては二つの方向の解答があり得ます。第一は、天皇制の積極的機能から説明するもの、第二は、天皇制の消極的機能から説明するものです。

積極的機能とは、統治を正統化（legitimate）する機能です。日本国憲法に基づく統治体制が正統であることをどうやって国民に示すのか。言うまでもなく、国民主権の原理がその中心にあるのは確かです。ただ、国民主権原理では足りない部分が日本にはあると認識する人たちは、天皇制を使う。「なぜこんな法律に従わなければいけないのか」と聞かれた時に、議会が議決したことに加えて、天皇陛下が公布したことを根拠にできるのが、今の憲法システムです。マックス・ヴェーバーの分類によるなら、「伝統的正統性」に分類されるでしょう。

極端な喩えではありますが、戦国時代の武士やお公家さんが生き返り、現代の首相や国会議員たちに「なんでこんな法律に従わないといけないのか」と問いかけたとしましょう。「衆議院が可決したからです」と答えても、おそらく彼らの心には何も響かない。しかし、「天皇陛下が公布したからです」と言えば、納得する可能性がある。法律は天皇が公布し、総理大臣も最高裁長官も天皇が任命する。立法・行政・司法といった国政の重要なところで天皇が間に入ることで、正統性を補っているともいえます。

こうした積極的機能に基づいて天皇論を組み立てていくと、「天皇は正統性獲得に役立つ存在でなければいけない」とする方向に進みます。天皇は、人格的に卑しい存在ではいけない、国民に尊敬される象徴として日々務めなければいけない、天皇が象徴としての機能を果たすためには象徴的行動を認めていくべきだ、といった議論につながるでしょう。現在の上皇が「象徴としての務め」と言ったのは、こうした流れの内にあると思います。

もう一方の消極的機能とは、天皇の政治的権威を封じ込める機能です。簡単に言うと、「天皇を野に放つとどうなるかわからないから、檻に閉じ込めておこう」とするものですね。

天皇制を廃止したからといって、天皇家がこの世から存在しなくなるわけではなく、民間の天皇家になるだけです。この民間天皇家の権威は、日本政治の攪乱要因になる可能性がある。たとえば、選挙で天皇が、「この候補を公認する」と応援したらかなりまずいでしょう。しかし、それを止めようにも、天皇が民間人なのだとしたら、何を表現しようと表現の自由だし、政党や政治団体を作るのも結社の自由になってしまう。そんなことになるくらいなら、天皇制で囲っておいた方がいい。天皇の活動は国事行為に限定して、それを国民の代表が選んだ内閣が厳密にコントロール、すなわち「助言と承認」のもとに抑え込む。これなら天皇の権威が悪用されることはありません。

いずれの議論も、国民主権とは独立の正統化機能が天皇にあることを共通の前提にしています。それを積極的に日本統治に活用しようとするのか、それとも抑え込もうとするのか。封じ込めた上で活用しているのだという理解も出来ると思います。

大澤 なるほど、とても明快でわかりやすい説明です。どちらもある程度、事態を正確に記述している面もあると思います。敗戦直後――といいますか日本国憲法が公布された当初としては、客観的には、その消極的機能の方がけっこう強く利いていたようにも思いますね。皇室が民間人になって、「天皇党」みたいなものを立ち上げられて、選挙にでも出られたらかえって危険なことになる、と。こういう理解にたった場合には、天皇制は「必要悪」ということになりますね。ただ、消極的機能というアイデアの方を徹底させて考えると、極論すれば、天皇はただ封じ込めておくのが最もよい、という話になりますよね。

木村 そうです。消極的機能だけでいくなら、いっそ天皇は象徴としての行為はやらないほうがいい。国事行為だけやって、表舞台には一切出ずに封印しようと。

天皇の持つ正統化機能とは何なのか

大澤 戦後すぐは、消極的機能で納得させるものはあったと思います。天皇制反対と言っている人も、消極的機能でそれを温存してもいいのではと考える人と、そんなんだったら必要悪の「悪」のほうが重要で、「必要」はほとんどないじゃんということもある。消極的機能論は天皇制廃止論とかなり近いところまで行けますよね。

木村 廃止してももはや危険がないと思うか、まだ危険だと思うのかの違いに過ぎませんね。

大澤 天皇制も安全になるまでずっと隔離しておいて、23世紀にでもなったら民営化してもいいのではないかという時がくる……といった発想ですよね。しかし、実際には積極的機能は残っている。天皇制を考える上では、むしろそっちの方が重要なのかもしれません。というか、先ほど木村さんが指摘されていたように、消極的機能論も積極的機能論も、天皇に、国民主権とは独立の正統化機能があるという事実を認めていて、これをよいと考えるか悪いと考えるかの違いにすぎない。問題は、この天皇のもつ正統化機能とは何なのか、なぜそれが実効性があるのか、この正統化機能はどこからくるのか、といったことです。

標準的な近代国家の基本的な論理として国民主権があります。国民主権との連結がはっきりしているような形で決まった政治的意思決定だけが正統である。国民の代表者によって構成された議会によって決定されたとか、あるいは国民に選ばれた大統領が公布したものであるとか。天皇の正統化機能を考えた場合に、それとはまったく別ルートがひとつ用意されているわけですね。

社会学的に冷静に客観的に捉えておれば、アメリカのように人民＝国民の主権を中心にすえている国家であっても、人民の主権ということだけでは説明できない要素によって、政治的支配の正統性や秩序が維持されている、ということになります。アメリカの場合には、実際には、宗教的なベース、プロテスタンティズムの要素が社会の統合や秩序の維持に効いていることは否めませんが、それは、国民主権から出てくるものではない。客観的に見れば、国民主権を謳っているどこの国にもどこの社会にも、本当は国民主権という論理だけでは説明できない何かがあることは確かだと思います。しかし、普通の民主化した近代国家はその部分をできるだけミニマムにして、その部分が無いかのようにふるまうのです。アメリカの大統領の正統性に、プロテスタントの精神がどれくらい効いているのかなんてことは、憲法に規定してはいない。しかし日本の場合は、きっちり意識的・積極的に天皇を残し、国民主権とは別に憲法にも記されている。

少し複雑なケースについて脚注的に述べておくと、中国のような一党独裁の場合はどうなるか、ということですが、これは客観的には、共産党の権威が国民の主権に勝っているように見えるわけです。このケースは、公式見解といいますか、中国共産党の見解では、共産党こそが真の人民の意思を体現している、ということだと思います。ちょっと倒錯しているわけですが、実際の人民よりも、共産党の方が——定義上——真の人民に近い、ということになるわけです。

どこまで象徴的行為を認めるか

大澤　ともあれ、日本の方にもどりましょう。日本の天皇は、国民主権とは異なるレジティマシーの源泉としてあるわけです。客観的に考えると、ヴェーバーの「伝統的支配」が近い。「伝統的支配」や「カリスマ的支配」は非合理的なものであり、それを中核に据えるのは「合法的支配」に準拠する近代的な政治感覚からは、批判的に捉えられるのが通常です。日本の場合は、憲法学者もふくめてそれを容認する方向にあるのでしょうか？

木村　憲法学者の中でも、象徴的行為を認めていこうという人はいます。天皇の行為として憲法が定めるのは、憲法第6条と7条が列挙する「国事行為」だけですが、天皇は人間だから、当然、それ以外の活動もします。そうした活動を、すべて私人としての行為と扱うべきなのか、それとも象徴としての行為の存在を認めるべきなのか。国会冒頭で「お言葉」を述べる、あるいは、慰霊の旅や被災地訪問といった活動を、天皇の象徴行為として認めるかどうかという議論は続いています。

この議論に対する見解は、天皇のどの機能を重視するのかによって異なります。まず、一切認めるべきではないという考え方があります。天皇の機能は消極的機能にしぼるべきで、積極的機能を利用し統治を正統化しようとするのは卑しいのだと。

あるいは、象徴行為を認めた上で、内閣の助言と承認を要求しようとする考え方もあります。天皇としての被災地訪問を禁止しても、天皇陛下がプライベートで被災地に行くことは止められない。純粋に私的行為としたのでは法的なコントロールが全くできず、被災民と一緒に政府批判などもしてしまうかもしれない。それなら、内閣のコントロールの中に収めた方が良い。どうせ止められないのだから、しっかりと管理していこう。これも、天皇制を消極的機能に収めようという発想の議論です。

逆に、天皇に積極的機能を発揮してもらうため、どんどん出て積極的にやってもらいましょうという発想もあります。

現在の実務を見ていると、国民は積極的機能を期待しているように見えます。天皇陛下自身が象徴としての役割を積極的に果たそうとし、内閣は原則的にはそれを追認する。もちろん、内閣が「やめてください」と言ったからといって、天皇が被災地訪問をやめるかというと自信はないので、追認せざるを得ないのかもしれませんが。こうした状況は違憲だと強く批判する人もいるにはいますが、そんなに多くはない。なにかしら積極的機能の必要性を、憲法学者の多くも感じているのでしょう。

大澤　天皇が国民に愛されているのだとしたら、積極的機能ゆえだと思うんですよね。たとえば、被災地に行って声をかけたりすることが、好感を持って捉えられている。憲法では、天皇とは何かということについては「象徴」とだけ書いて、天皇がなすべき、あるいはなしうる行動に関しては国事行為というミニマムな部分しか書かれていない。しかし、実際に天皇が国民から愛されているのは、国事行為をやっているからではなく、もっと積極的に行動をしているからですよね。それを明示的に規定するのは難しいのでしょうか？

木村　国民主権との矛盾がありますから、難しいでしょうね。

大澤　そうですよね。ということは、本当は国民主権に一元化すべきだと思っているのだけども、事実上はこれだけでは足りない。いわば、天皇の積極的な行動は、日本という国民国家にとって、表向きはあまり推奨できないスパイスのように効かせられている。スパイスが効いているから食べることができているんだと書くわけにはいかないので、建前上はスパイスがない料理であるかのように装っている。

木村　天皇制に積極的な機能があるのは誰もが知ってはいるのだけれど、それが目立つような社会になってはいけない。国民は、天皇をリザーブ選手のように捉えているのかもしれません。先代の天皇陛下が被災地訪問や慰霊の旅に出て、その上品さがクローズアップされるのは、ピッチに立っている選手のパフォーマンスが落ちていたということ。国民が被災地や慰霊、あるいは国際協調についていつも考え、それに沿った対応を政治がしていたなら、天皇陛下の活動はワンオブゼムになっていたはずです。

国民主権で上手くいっている間は、天皇は出て来なくていい。しかし、国民主権に基づく政治が、リザーブ選手である天皇のパフォーマンスを下回るなら、それは国民主権の危機だから、国民みんなで頑張らないといけない。天皇への注目度は、そんなリトマス紙として働いているものなのかもしれないと、おぼろげながら思います。

ノモス（規範）を実現するゲーム

木村　なぜそんなことを思うのかというと、尾高朝雄のノモス主権論の影響かもしれません。ノモスとは、ギリシア語で「規範」の意味です。

日本国憲法制定後、宮沢俊義は「八月革命説」を唱え、国民主権と天皇主権は断絶していると言いました。対して法哲学者の尾高朝雄は、いかなる国家でもノモスを実現しなくてはならないのは同じだと言った。主権は、君主でも国民でもなくノモスにあり、その体現者が、天皇から国民に変わっただけだ。天皇主権だから天皇が好き勝手にふるまってよいとか、国民主権だから国民は何をやってもよいというわけではなく、主権者はノモスを実現しなくてはならない。そんな議論です。

国家とはノモス実現をゴールとするゲームで、憲法改正により、スターティングメンバーは国民となったが、必要に応じてリザーブ選手である天皇が出てくる、という理解も出来るのではないでしょうか。

大澤 ノモスという概念を体現している人がちゃんとプレイをしているわけですよね。

木村 そうしなければいけない。でも、国民がパフォーマンスを上げられなければ、リザーブ選手の出番ということにもなりかねない。

大澤 明治憲法下では、少なくとも建前上は天皇がエースということになっていて、国民は外野を守ったり、「がんばれよ」とかいって、エースに帰せられることになるパフォーマンスを高める役回りだった。ところが、戦後は、国民は、「お前がピッチャーにならないと」と言われる。ただ、天皇はいつでも控え選手として入っているわけですね。国民が普通にプレイをつづけていたら、つくった原発が爆発するところまできてしまって、この試合成り立たないじゃんという大事なときに、最後にクローザーとして天皇皇后両陛下が出てきて、とりあえず試合の体はなしたなと……そんな感じでしょうか。

木村 そうですね。先ほどの大澤先生のご指摘について改めて考えますと、もし天皇の積極的機能を憲法に明示しようとするなら、主権論を消去するしかないと思います。国民にすべて決定する権限があるわけでもなければ、天皇にそれがあるわけでもない。すべてが役割分担であって、第一管轄が国民にあるというに過ぎない。このような論理構成を取れば、リザーブ選手を法的に位置付けることは可能かもしれません。

大澤　その場合は、主権の概念がどうなるのでしょうか？

木村　主権という言葉には、①国の統治権、②国家権力の対外的独立性、③国の在り方の最終決定権の三つがあると言われています。国には統治権が当然ありますし、対外的に独立国家であることは変わりませんから、①と②の意味での主権概念に変わりはありません。しかし、③の国内的な最高決定権という意味での主権概念には、変容があります。ノモス主権論を採用すれば、国民主権は国民が最高決定権を持つという意味ではなく、ノモスの実現を担う第一次的な責任を負うことを示すに止まることになるでしょう。「主権者国民が決めたのだから○○すべき」といった言説に対して、「それは本当にノモスに適っているのか」という反問ができるようになる。主権論が、国家的意思決定は誰がどう関与して行われるべきかというプロセス論に解消されることになるかと思います。

もちろん、日本国憲法の国民主権概念を、ノモス主権論で理解すべきではないという見解の方が多いですが。

大澤　ノモス主権論が成り立つためには、国民の共同体にはじめから高い規範的な統一性が成り立っていることが前提になりますね。いずれにせよ、天皇は本当はあり得ないレベルのインテグリティを要求されているように思います。内田樹さんがどこかで書いていたのですが、韓国の人に日本は天皇がいてうらやましいと言われてびっくりした、と。韓国の人たちは、日本の天皇を一番憎んでいるのではないかと思ったら、日本人には天皇がいることがうらやましいというわけです。何がうらやましいのかというと、天皇が道徳的に完成している、ということです。韓国は大統領しかいない。大統領として立派そうな人を選ぶわけですが、在任中に、あるいは在任後に、とんでもない人だったとなる。韓国に立派な人が少なく、悪い人間が多い、というわけではもちろんありません。韓国人はしかし、大統領に完全な道徳的高潔さを求めている。でも大統領は、「象徴」ではありませんから、実際に政治的に決断し、行動する必要がある。そのような立場の人に、誰もが賛成するような道徳的な完璧さを求めることはできません。オムレツを作るには卵を割らなくてはならない（誰かが汚れ仕事を引き受けなくてはならない）からです。それに対して、日本の天皇は、卵を割る作業を免除されている——というか自分で卵を割ってはいけないのです。韓国の人は、自分たちの大統領と日本の天皇を比較してうらやましがったわけですが、比べるなら、日本の首相であるべきだったわけで、そうなれば、決して、うらやましがられるような状況ではないのです。

木村　天皇は8億円の価値がある土地を、お友達に1億円で売ったりしないと。

失敗を補償する装置

大澤　天皇のインテグリティというのは、ほんとうは一種の幻想なんですけどね。でも100%の道徳的な完成をそこに——天皇に——投影出来る。ところが大統領は政治もやらなければいけないわけだから、いくら期待されても、たとえば原発を建設するかどうかを決めないといけない。どちらを選択しても、非難されるでしょう。でも天皇陛下は、事故が起きたあとに「大変でしたね」と言えばいい。だから高潔でいられる。道徳的な高潔さを投影する場所が用意されているのです。

多分、韓国の人は、「中華帝国」のフォーマットを無意識のうちに継承しているのです。だから、大統領が——かつての皇帝のように——天命を受けているはずだと思っている。天命を受けているはずなんだから、変なことをするわけがないと思っている（思いたい）。本当は自分たちの選挙で天命が誰にあるのかを選んだはずなのに、大統領がときに、それにふさわしくない行動をしているように見える。だから大統領は裏切り者だ、と思われてしまう。ついでに付け足しておけば、そのフォーマットの本家本元である中国の方が、共産党にくだされた天命が持続しているような偽装には成功しているのです。中韓でどうしてそういう違いが出たのか。韓国は、代表制の民主主義を取り入れたので、天命がそこにくだされているかどうか、天命が持続しているかどうかの決定権を、人民の選挙に委ねたわけですが、中国の場合には、天命が誰にあるかの決定権は、党自身にある、この違いです。

ともあれ、日本の場合は、天皇に道徳的な完成を投影できるようになっている。僕たちは、いくら首相に失望しても、天皇陛下に対してそう思わずにすむ。そのことが日本人の自尊心そのものを、決定的な崩壊から防いでもいるように思います。

「われわれ」を安全に、ある一定の秩序のレベルを保証することが、政治の使命です。しかし、どんな人間にも、どんな制度にも、ひとつの共同体の安全を１００％保証するなどということは、本来は不可能なのです。しかし、政治はそれをやらなくてはならない。その意味で、政治は、原理的に詐欺の要素を持っていると思います。その詐欺の要素をあえて引き受けるのが政治だとも思う。他の仕事は詐欺をしてはいけない。出来ることについては出来る、出来ないことについては出来ないと言っていい。私たちの仕事だって「天皇制の謎についてはわかりませんが、言えるところまでは言います」でいい。でも政治において、「日本人を安全に導くことが出来るか自信はありません」と言ってはいけない。必ず安全と平和を保証すると約束しないと政治にならない。でもそんな保証は本当は誰にも出来ない。でもこれを引き受けることをしないといけない。それゆえ、政治家は完全に成功する、ということはない。必ず、一定程度、失敗します。

でも失敗しても大丈夫な装置を用意してある。日本の場合はその装置が天皇制です。他の国にも実際の政治家が責任、倫理を果たしきれない問題について、それぞれ独自の装置をもっているのですが、これについては今は深入りしないことにしましょう。いずれにせよ、天皇の存在は、日本人の精神の安定にとっては非常に重要なのだと思います。政治がぶざまな失敗をしても、その失敗からくる失望を、天皇の道徳的な完成が補償してくれるのですから。

敗戦問題で果たした積極的機能

大澤　政治の失敗や困難を、天皇の道徳的な行為が補償してくれた一例として、敗戦問題があります。総力戦に敗戦したことによって、日本人は、戦争の死者とどう対応すればよいかわからなくなってしまった。日本の侵略戦争の犠牲になった他国の死者と、それから戦争で散っていった自国の死者です。特に、後者の死者にどう対したらよいのか、とても難しい。しかも、前者の死者との関係は後者の死者との関係を前提にしています。というわけで、日本人は、戦争の死者との関係をうまくつけられずにいたところ、平成の天皇は、皇后とともに、戦争の死者のために、慰霊の旅をある時期から非常に熱心にした。敗戦があったため、日本人は死者とどう付き合ったらいいのかわからなくなっていた中で、です。
そのため、僕には、天皇が、日本の一般国民や、政治家の代わりに、戦争の死者と向かい合ってくれた、というように見えるのです。もし平成の天皇・皇后の慰霊の旅がなかったら、ずっとひどいことになっていた、と思います。逆にいえば、天皇・皇后がやってくれたおかげで、日本人は、死者に対する追悼等の行為を免除されてしまった、という面もあるのですが、いずれにせよ、これは、政治の失敗を天皇が補償してくれたケースのひとつです。平成の天皇は、少なくとも日本近代史にとって最大の躓きの石になった死者との付き合いをどうするのかについて、ひとつの解答、やり方を示したと見ることができるような気がします。

木村 天皇が積極的機能を果たしてきたというのは、おっしゃる通りだと思います。ところが、積極的機能と消極的機能には矛盾する面がある。天皇が積極的機能を上手く果たせば果たすほどカリスマ性が上がり、天皇の権威を封じ込められなくなる。天皇制の消極的機能は実現しにくくなるわけです。先代の天皇が引きこもって何もしなければ、権威はどんどん下がって、天皇の権威濫用の危険は下がっていたでしょう。
積極的機能と消極的機能は、真反対のベクトルを持ちます。先代の天皇の成功は、日本国民の天皇制への依存度を上げたという意味で、消極的機能を失わせたと言えます。

大澤 もろ刃の剣、どころか、ふたつのものがほとんど一体化している。つまり、法的には規定されてはいない積極的機能に依存して、天皇制が支持されていますよね。

木村　そうなんですよ。

大澤　「あの人は立派な人だから、やってくれてありがとう」と日本人は感じている。しかし、ほんとうは、天皇はそうしたことをやらなかったからって、法的にはなんの問題もないわけです。

木村　法的には、それで問題はないです。国事行為だけをやって、御名御璽のハンコを押してくれさえすれば、天皇は憲法上の職務を果たしたことになります。

大澤　しかし、実際には、日本人の天皇制への支持率というか承認の度合いは、憲法に規定された公式的な部分よりも、その時にたまたま善人が天皇なのか、そして皇后にいたってはさらに運よくいい人がいるとか、そういうことに強く依存しています。そういう意味では、天皇制は極めて脆弱なシステムですよね。われわれは、相応しい人物が天皇と皇后になる偶然に依存すべきなのか。そもそもいい人が君臨したら上手くいくけれども、悪い人だったらダメな制度は、いい制度なのか。今の天皇制への支持は、天皇個人に対する支持がけっこう大きいと思うんです。

木村　ヴェーバーの言う「伝統的支配」よりも「カリスマ的支配」に近いってことですよね。そうなると、権威を濫用しようと思えばいくらでも濫用出来てしまう。その危険性に対して十分な緊張感を持った上で、天皇の積極的機能は使わないといけないでしょうね。

大澤　問題は、日本人が積極的機能について期待していることです。消極的機能のほうで、猛獣を隔離しているだけならいいと思うんですけど、大半の日本人が本当は猛獣が街に出てきてほしいと思っている（笑）。「いい猛獣だったら来てほしい」と。そしていい猛獣が出られる制度なら、悪い猛獣も出てくることが出来るのです。

大統領の場合は、選挙で選べるし、変な大統領であっても、民主主義としては一種の自己責任ですよね。でも「万世一系」の皇室だった時に、誰に文句を言えばいいんだろう。

木村 そう簡単に退位も出来ませんから、困ったことです。天皇制度自体は、ご指摘のように、日「いい人がいれば上手く機能する」という人格に依存した制度でありながら、皇室典範も日本国憲法も、「天皇は形式的なことしかしないから、どんな人でもいいだろう」という発想で出来ている。いい人じゃないと機能しない制度は、大統領制のように――大統領選でいい人が選べているのかという問題もありますが――、たくさんの候補者がいるなかから能力のある人を抜擢する仕組みの下でないと機能しません。それなのに、日本国憲法も皇室典範も、天皇を世襲とし、天皇候補者を極端に限定しています。積極的機能を果たしてもらうのに適した制度設計ではありません。

法的な定義における天皇

大澤　天皇は法的にはどう定義されるんでしょうか。皇室そのものの根拠は、事実に基づいているんですかね？

木村　天皇がいて、世襲であるということは憲法に書かれている。しかし、天皇家とは誰で、どの範囲まで及ぶのかをまったく定義していない。そこは、「まぁわかるでしょ」に委ねている。誰が天皇かは自明であるという前提で書かれている憲法です。

大澤　中華帝国の「天命」のシステムだと、誰に天命があるのかを決定するのが難しい。皇帝になりたい人は、天命は自分にあるらしいことをパフォーマンスで証明しないといけないのです。基本的には、勝ち抜いて一番強いことをまずは示す。しかし、武力で強いだけでは天命が来ないことになっているので、勝った理由は、ただ武力で優っていたからではなくて徳があったおかげだと思わせないといけないのが、中国のシステムです。途中で、天変地異が続いたり、農民反乱が頻発したりと、「皇帝」として君臨している人物に天命がもはやないらしいという状況証拠が蓄積されてくると、王朝が交代になる。誰に天命があるのかが、一番の案件になっています。

それに対して、日本の場合「誰が天皇であるか」は問題にならない。天皇によって誰が征夷大将軍に任命されるかということは重要ですが、天皇自身がなんであるかは特に根拠なしにみんなでやっている、ということですね。どの家系が天皇家かは、文字通り「神話」に基づいているとしか言いようがないんでしょうね。万世一系のこの家が、天照大御神から連なっているらしいと。これ以外理由はないんですかね。

木村 うーん。誰が天皇かは争わないのが日本人だということなんでしょう。それは自明のことなんだと思います。すごく大事だけど憲法に書いていないことはたくさんあります。たとえば、憲法には「本州は日本の領土である」とは書いてありません。天皇が誰かは、それくらい自明だと捉えられている。

大澤 歴史的事実の堆積の中で、これ以上自明なことはない、のひとつになるわけですよね。

木村 ものすごくラディカルでいいかげんに憲法解釈すると、天皇になるべき家系は指定されておらず、世襲でありさえすればどの家でもいい、と解釈できるかもしれない。

大澤 原理的にはね。特にこの家が立派な世襲であるという根拠はないわけですから。

木村 「今の天皇家が断絶したら、次は大澤家で行きましょう！」という軽い制度として解釈出来ないこともない。だって明治憲法のように「万世一系」とは書いてありませんから。

大澤 万世一系について、僕らは暗黙のうちに、「そこ（天皇家）」にしかないと思っている。でも、その万世一系とは何で、どこから始まって一系なのかと考えると神話にまで遡らないといけません。それはいくらなんでも嘘だよね、という話になる。そこで、万世一系についてては公式には何も言わないことにしている。これこそ、言わない限りで機能する制度の典型ですよね。

木村　それは「お約束」ってことですよね。

大澤　究極の空気ですよね。空気は読めないと問題になるけれども、「声に出して読まない」ということも空気の中に書き込まれている。「今の空気はなんなのか、はっきりさせてくれ！」と言うことそれ自体が空気を読まない発言になっているのです。天皇についても、どうしてこの人が特別なのかについて、言ってはいけないことになっている。確かに、どんな制度だって、起源をたどっていけば、曖昧模糊と消えていくのが、宿命だと思うのですが、しかし、たいていの制度はそうした起源のあいまいさを如何に隠ぺいするのかに腐心しているのです。つまり、その制度が何らかの堅固な基礎に基づいていることを示そうとする。しかし、日本の天皇制は曖昧模糊なことがあからさまに容認されている。それなのに、とりたてて障害がでることなくしっかり機能している。日本人の持つ制度の中で、最も長く機能し続けたものかもしれません。

人間が感じる正統性の源は何か？

木村　天皇制には積極的な正統性調達機能がある、という話をここまでしてきました。ですが、改めて考えると、なぜ天皇に正統性があるのかはけっこう不思議です。通常、われわれが「この人に従おう」と思うのには、なんらかの実質的理由があります。たとえば、国会議員なら、「私たちが選んだから」。裁判官なら、「難しい試験をパスして、法律の専門知識を持っているから」。でも天皇については、そういう実質的理由がほぼ欠けている。選挙も試験もないのが天皇です。

そこで、人間が感じる正統性の源は何なのか、という根本的な問題を考えてみたいと思います。

この問題の古典としては、マックス・ヴェーバーがありますね。彼は、正統的支配には、伝統的、カリスマ的、合法的の三つの形があると言いました。私が昔から疑問なのは、民主的な正統性が除外されているのはなぜかです。ヴェーバーのテキストを読むと、民主的支配はカリスマ的支配の一種で、制度化につれて合法性支配に代わっていくというストーリーが描かれている。これは、どういうことなのでしょうか。

大澤　民主的正統性は、この三つのどれにもなりうると言いたかったのだと思います。民主制の機能理由が合法的な根拠にある場合と、カリスマにある場合と、伝統性にある場合もある。カリスマ的指導者が拍手喝采して選ばれるような場合もあるでしょう。僕らが普通に理解しているのは、選挙で選ばれた議会の決定に従うというもので、合法的ですね。民主的正統性は三つのカテゴリー分けとは違う基準になるのがヴェーバーの理解だと思います。今の問題提起はすごく重要でしょうね。その基準で見たときに、天皇はどの支配に入るのか。普通に考えれば、カリスマ的なものがあって、血縁カリスマは伝統的支配に近づいてくるので、その二つになるのかもしれない。でもなんだかしっくりいかない感じがする。たとえば、カリスマ的支配がある時には、僕らはすごく特別な、人間離れした能力をそこにみる。天皇の場合、今日まで続くようなカリスマ性を発揮しているわけではない。天皇が機能したのは、たぶん逆なんですよね。これは次回、お話ししたいと思います。

普通のカリスマは圧倒的な能力を誇示します。神の声を聞けたり、霊感があったり。だけれども、天皇は、ほとんどカリスマらしい能力を発揮しない。発揮しないなら、普通はカリスマが衰えていくはずなんだけれども、発揮しないがゆえに失敗もなく、カリスマ性が維持されている。極論すれば、いかなるカリスマ的な力も発揮しないがゆえに、カリスマ性がある、という逆説ですね。

木村　最後にダメ押しをするような仕事ばっかりですよね。

大澤　天皇は積極的に意思を表現しない限りで機能するのですね。天皇の意思は、周囲のみんなが忖度することになっている。そして、クリティカルな場面で、天皇がこう思っているらしいということが決め手になる。その時に天皇がほんとうに出てきてはっきりものを言ったらかえってダメなんですよ。誰かが思っていることがあって、それを天皇に投影できるかどうかが勝負を分けるのです。尊王攘夷を、天皇の意思のように言うことが出来るのか。霊感によって積極的に決断したりするような、カリスマ性を証明するときに使う様々なパフォーマンスをしないことで、カリスマ性が維持されることになっている。

木村　先代の天皇が国民の尊敬を集めたのは、黙々と慰霊の旅をしたからです。

大澤　天皇自身は一生懸命やっていて、みんなそれに感謝しているし、とても癒されている。しかし逆に「天皇がやってくれているから」、国民としては自分もやった気分になる、という機能もあるのです。付け加えておけば、天皇が平和主義者であることは、平和主義者だけではなく、平和主義に反対の人にも癒し機能があるのです。彼らも、安心して軍備についてものを言えるようになる。天皇が平和主義者であるおかげで、その範囲内で主張していることになるからです。天皇の意思がギリギリの、日本人が戦争できるかどうかの壁になっていると同時に、そのおかげで日本人は安心して軍事行動や戦争について話もできるのです。もし天皇がいなかったら、軍備について議論するのはもっとクリティカルな気持ちになり、重い政治的選択に関係しているという覚悟が必要になったでしょう。

木村　天皇のおかげで、軍事の議論からクリティカルな部分が除かれる。大澤社会学で言う「ノンアルコールビール」になるわけですね。

大澤　そうです、天皇がいるおかげで、いくら飲んでも本当には酔わずに済んでいる。

木村　圧倒的な能力ではなく、安心感の提供によって正統性の獲得をしているのではないかと。

大澤　そうですね。こういうことになった歴史的な原因ということを考えると、結局、日本列島が大陸から海によって隔離されていて、軍事的な脅威が小さかった、つまり安全だったことが関係していると思います。もし大陸と地続きで、常に軍事的に脅かされているような状況だったら、能力がよくわからない人に従っていくような悠長なことやっている場合じゃなかったはずです。

木村　中国はそうですよね。内戦も外的侵略もクリティカルです。資源の獲得も重要。

大澤　先ほども述べましたが、中国の支配者、つまり皇帝は、本当の実力を示さなければいけないし、さらには徳まで示さないといけない。日本の場合は、「一番強いやつを決める」というより、「○○が強いことにしておく」ゲームをしているのです。攻められる危機があれば、真に有能な人とか、人徳があることが証明された人じゃないとダメになる。でもどうせ攻められないとなると、天皇をやっつけてトップに立つコストの方が大きくなってしまう。天皇を自分の方に抱き込む方が、ずっと小さいコストで支配者になれるのです。

木村　内戦抑制の手段として、必ずしも強い権力をおかなくてもいいということですね。

大澤　ええ、だから、大陸と地続きでもっと厳しい状況であれば、こういう制度が維持出来たのかはわからないですね。いや、維持不可能だったでしょう。

天皇と歴史修正主義の関係

木村　僕からは、昭和天皇が退位していたら今日の歴史修正主義はどうなっていたのかという問題提起をしたいと思います。

大澤　興味深いですよね。敗戦後に、昭和天皇が退位することは充分にあり得た。当時退位すべきだと考えた人もいっぱいいるし、昭和天皇自身も――天皇制そのものの廃止は受け入れたくなかったでしょうが――自分は退位してもよいと思っていたのではないか。でも諸般の力学で――とりわけGHQの意向もあって――退位しなかった。このことの歴史的な評価はおくとして、昭和天皇が退位せずに済んだそのときだけ見ると、日本人の敗戦したことのダメージはかなり小さく抑えられた、ということになります。しかし、やはり普通に考えると、この結果は、将来に禍根を残した、ということになります。

A級戦犯が戦争犯罪を問われて、死刑等の重い刑罰が科された。それなのにどうして天皇は免罪されるのか。客観的に見ると、A級戦犯が罪をかぶったおかげで、一般の民間人の日本人はかなり免罪された、と言えなくはありません。しかし、処刑されたA級戦犯の一部は、あるいはその遺族の一部は、刑罰に納得がいかない。その最大の理由は、天皇陛下は罪を問われていないからです。A級戦犯は、もちろん、天皇に罪を被せるつもりはなく、むしろ、天皇をなんとか免罪しようと思っていたはずですが、しかし、それでも、天皇は無罪で、A級戦犯には厳罰というのは、論理的には筋が通らないという事実は残る。その論理の不整合は、極東軍事裁判そのものの正当性にも影を落としてしまうのです。

ナチスについては、責任のある人ほど厳しい罰を受けている。しかし、日本においては、最も責任を取るべき人の責任が問われなかった。もし天皇も責任を取っていたら、極東軍事裁判で罪を問われなかったとしても、少なくとも自ら退位していたら、われわれの戦後は変わっていたのか。白井聡さんは、評判になった本（『永続敗戦論』『国体論』）で、日本人は敗戦という事実にうまく対処できず、実は、戦後70年以上を経ても「敗戦」の長いトンネルの中にいる、つまり「永続敗戦」だと、論じましたね。では、もしあのとき昭和天皇が退位等のやり方で責任を取ったら、「敗戦」という状況は、戦後の短期間で終わり、永続敗戦などという無様なことにならずにすんだのでしょうか。

木村　昨今の歴史修正主義や「向き合えない姿勢」の高まりを見ていると、大きな失敗があったのは事実だと思います。天皇が退位しなかったことが原因だったのかどうかは、はっきりしたことは言えません。ただ、学校内のいじめで子どもが自殺したら校長が、会社が大損害を受けたら社長が責任を問われるのは当然です。しかし、日本の戦争責任については、そこがなぁなぁになっている。実際に天皇に責任を問うていたらうまくいったのかは、わかりませんが。

確かに、戦争責任の所在はあまりにも複雑ですから、誰かに責任を取らせて解決したことにするのは、高度なフィクションだと思います。実際には、それぞれの当事者に言いたいこともいろいろあるだろうけれども、そこで手打ちにして、建前上はそれでやっていきましょうと。日本の場合、東京裁判を使ってそのフィクションをみんなでつくった。

でも、70年以上がたった今でも、フィクションがフィクションとして機能していない。フィクションならば、それを前提にしてお芝居をしなければいけないはずなのに、お芝居に参加出来ない、歴史修正主義者がたくさん生まれてしまっています。そう考えると、フィクションを構築するための何かが欠けていたのではないか、何が必要だったのかを問わなければならない。

大澤　問題提起として重要ですよね。日本はとにかくひどい戦争を引き起こし、そしてひどい負け方をした。現在でもその負けの代償を支払い続けている。これが、先ほども引用した白井さんのいう「永続敗戦」ってことですよね。ではその時にどのようなパフォーマンスだったらもっと上手に問題を乗り越えられたのか。天皇がもっと厳しい責任を問われて、退位させられたり、処刑されたり、あるいは天皇制そのものが廃止になったこともあり得たかもしれない。そうしたら、永続敗戦などということにはならなかったのか。ならなかった、可能性もあります。しかし、天皇や天皇制の責任を厳しく問うような処置をしていたら、今よりももっとひどいことになっていた、という可能性もあります。

少なくとも、敗戦のときには、日本の戦後のリーダーもGHQもこう思ったのです。日本を大手術しなければならないが、患部を全部取ってしまったら死んでしまうかもしれない、と。だから、こっちの方だけを取る、みたいな手術をした。すると、日本人は死なずに生き延びて、だんだん健康にもなってきたので、手術が成功したように見えたのです。ただ、今日、よく診断してみると、癌はいろんなところに転移していて「永続敗戦」という病になっているのですが、この病は実は、自覚症状のない慢性病のようなものなので、本人はむしろ、そこそこ自分は健康だ、という気分になるのです。あんまり健康な気分なので、歴史修正主義の人が、そもそもとから病気にかかっていなかったのではないか、手術も要らなかったのではないか、ということを言い始めたのですね。そんな状況です。

死者の思いや願いを継承すること

大澤　木村さんが指摘された、戦争責任をめぐる高度なフィクションが機能していないという問題ですが、その原因のひとつは、フィクションそのものに内在的な一貫性がないからだと思います。それは、たとえフィクションだとしても、いやフィクションであればこそなおさら、責任を最も強く問われるべき人が完全に免罪されてしまった、ということです。その意味では、天皇が完全に無傷に継続したことは、戦後に禍根を残したわけです。

ただ、その上で、天皇制がそのまま敗戦を生き延びたことに、日本人にとって意図せざる効用があったかもしれません。天皇制だけが、日本人が戦前にまで遡る過去の伝統とつながりうる手がかりになったからです。伝統を引き継ぐというのは、別の言い方をすると、自分たちの「死者」の思いや願いを継承するということです。ところが、日本人の場合、自分たちが継承すべき死者というものが、敗戦時点よりも深い過去にまで遡ることができなくなってしまったのです。この問題については、すぐ後でまた論じますが、ともかく、そのことで、現在の日本人は、自分たちが生まれる前の死者の思いというものを配慮したり、引き継いだりすることができなくなった。僕はこのことの代償はものすごく大きいと思っています。自分たちが生まれる前の過去の世代のことを思えない人は、自分たちが死んだ後の未来の世代のことをも考えることができなくなるからです。

こんな状況の中にあって、日本人にとって、天皇と天皇制だけが唯一、敗戦時点よりも深い過去へと自分たちが繋がっていることを実感させてくれる手がかりなのです。その意味で、天皇制を残したことにはポジティブな意味があったのかもしれません。

これは先ほどから話題にしている天皇の積極的機能と関係がありますよね。実際、前の天皇は戦争の死者のために慰霊の旅を続けたのですから。平成の天皇は、宮中で死者のことを時々考えるのではなく、実際にサイパンや沖縄に足を運んだのです。

木村 あの旅は、国民の代表として行っているのか、「悪いことをした父の息子」として行っているのか。

大澤 ……鋭い質問ですよね。

木村 われわれは、そこを非常に曖昧にしていますが、どちらかであるはずです。もし私たちが天皇の慰霊の旅に癒されているのであれば、代表として行っていることになる。

大澤 本人がそこまで積極的になれるのは、昭和天皇の息子だからかもしれません。父が出来なかったことをやらねばならない、と。昭和天皇がやるべきだったことを、その子である天皇だからこそ、補償することが出来ている。

木村 平成天皇が昭和天皇の息子であることを、私自身はあまり感じてきませんでした。言われてみれば、当然そうなのですが。

大澤 僕は木村さんより年が上で、昭和天皇を見ている回数が多いからだと思いますけど、平成の天皇は昭和天皇の息子であるとはっきりと感じますね。昭和天皇が慰霊の旅をおこなっていれば、ある意味でもっとすごかったのにと思う。でも父ではなく息子が沖縄に行き、中国に行く、サイパンにも行く。沖縄には、戦争の犠牲になった日本の民間人がいて、中国には、日本の侵略戦争の犠牲になったアジアの死者がいて、サイパンには日本の死んだ軍人がいる。さまざまなタイプの戦争の死者のところに、平成の天皇は行ったわけです。本来だったら、昭和天皇がすべきことだったでしょう。しかし、やはり昭和天皇には難しすぎたのでしょう。だから、代わりに息子がやったように思います。

昭和天皇の人間宣言をめぐって

大澤　天皇の戦争責任ということに関連することとしては、少なくとも昭和天皇は、人間宣言をしましたね。普通は、これは、日本が戦前の体制から脱却して民主化するために必要な手続きのひとつとみなされていますが、三島由紀夫をはじめとして、この人間宣言に批判的な人もいる。人間宣言のどこに問題があるかというと、これでは、日本の戦死者があまりにも浮かばれない、というか、死者に対する極端な裏切りになってしまうからです。戦前の日本人が本当に天皇を神様だと思っていたのかと問い詰められたら、微妙かもしれませんが、先ほどの木村さんの表現を借りれば、これは高度な政治的フィクションです。日本の軍人は、天皇が神だという前提で戦場に行っているのです。そういうフィクションの中で、戦場での死にも意味が出てくる。それなのに、後で、「実は私は人間だった」と言ってしまえば、死者たちはあまりにも報われない。ひどい裏切りになってしまうのです。

僕自身は、人間宣言は必要だったと思いますが、しかし、それに憤る人の論理も理解できます。しかし、これが敗戦ということの過酷なところです。

実は、ここに戦争の死者、自国の（日本の）戦争の死者と現在の僕らとの間の関係をどのようにつけるか、という難しい問題が絡んでいるのです。そして、これが加藤典洋さんが『敗戦後論』で問題にしたことでもあります。あの本で、加藤さんは、日本の侵略戦争で犠牲になったアジアの死者を追悼し、謝罪するためには、その前に、日本の戦死者を追悼しなくてはならない、と論じた。この順番に関して、多くの人から批判されたわけです。しかし、加藤さんが言ったことは、ほんとうはすごくシンプルなことなのです。

こんなふうに比較してみるとわかります。現在の日本人が、ナチスの犠牲になったユダヤ人を追悼する場合と、かつての日本の侵略戦争で犠牲になったアジアの死者を追悼する場合。現在の日本人は同じ態度でやってよいのか。同じであってはなりません。後者の場合は、やはり日本人として申し訳ないという謝罪の意味が加わっていなくてはならない。関係のない第三者のような顔をして、アジアの死者はかわいそうだったね、ということを言ったら冒瀆的です。僕も木村さんも戦後生まれで、当然、侵略戦争にまったく関与してはいないけれども、それでも、アジアの死者に対するときには、日本人として申し訳なく思う、ということが必要です。

ということは、謝罪するとき、僕らはいったん、侵略戦争を遂行した「悪人」の立場に立たなくてはならないのです。謝罪ということが成り立つための、これもまた高度なフィクションです。ジャック・デリダの哲学のちょっとした応用として言っておきますが、人は「善人だから謝罪する」と思っていますが、違います。謝罪することができるのは、悪人だけです。悪人は犠牲者に謝罪することによって、そしてその謝罪が犠牲者によって受け入れられ、赦されることで、はじめて善人になることができる。はじめから善人の立場に立って、日本の侵略戦争は悪いことだったね、ということを言ったら、謝罪したことにはなりません。アジアの死者を追悼する前になすべき、日本の戦死者への追悼というのは、現在の日本人が、いったん戦争を遂行した「悪人」の位置に身をおくために必要な儀式です。だから、アジアの死者の前に日本の戦死者を追悼しなくてはならない、と加藤さんは言ったわけです。

が、いずれにせよ、今日に至るまで、日本人は、加藤さんが述べたような意味での謝罪には成功しなかった、と言ってよいと思います。しかし、ここで、わずかではありますが、天皇制が敗戦にもかかわらず継続したということが、ポジティブに利いてきて、問題を修復したと思います。一般の日本人は、戦争の、あるいは戦前の死者と自分たちの間の連続性ということを打ち立てられないので、アジアの死者への謝罪に成功しなかった。しかし、天皇は継続している。だから、少なくとも天皇は、日本の死者とアジアの死者を慰霊し、追悼し、また彼らに謝罪することもできる。平成の天皇は、昭和天皇の息子として、昭和天皇の代わりに、同じ「天皇」を継ぐ者として、それらのことをやったわけです。もし天皇がいなかったら、もっとひどいことになっていたでしょう。

皇室メンバーの人権問題

大澤　さて、話題を転じますが、現在の天皇制について、もうひとつ気になるのが、皇室のメンバーの人権問題です。サブの問題だとは思うのですが、気になってしまう。皇室のメンバーは人権がないですよね。天皇制がかりに素晴らしい制度だったとしても、それは一部の人たちの人権を犠牲にしている。今の皇室の人は、前向きに受け入れているように見えますが、皇室に生まれてしまったからには、どんな人も前向きに受けなければいけないというのは、なかなか難しい。結婚の問題もあるわけだから、今皇室にいない人も、皇室に入って人権のなくなる状態を甘受しないといけない。この問題は、やっぱりサブのような気がするけれども、喉にささった魚骨のように残っている。いったいどう考えたらいいのか。

木村　マイナーな問題というのは確かだと思います。憲法の勉強をすると、かなり最初の方で、「誰に対して、どこまで人権が保障されるのか」の項目が出てきます。国民はこれくらい、外国人はこれくらい、法人はこれくらいと進んでいって、最後に天皇が出てくる。現在の教科書では、「天皇に人権が保障される」とすることに懐疑的になってきていますが、芦部信喜先生の教科書には、「天皇にも人権はあるけれど、その地位の特殊性から、やむを得ず制限を受けることがあります」と書いてある。

では、やむを得ずにされている制限とはどんなものなのか。平等権はない。選挙権もない。表現の自由もない。天皇家の祭祀があるので、信教の自由もない。皇居に住まなきゃいけないので、居住・移転の自由もない。結局、憲法で保障された権利は、天皇の地位の特殊性を理由に全部制限されている。

憲法学者の奥平康弘先生が書いた教科書には、「天皇の人権を論じても、国民の人権のためにプラスになると思えない」とさらっと書いてある。後に奥平先生は、天皇の人権制限は大問題で、天皇には退位の自由と即位しない自由があるはずだと論じるようになりました。私は、このプロセスを見て、天皇の人権は「仕方ない」で済ませてはいけない問題なんだなと思いました。

昭和天皇崩御の時は、私は小学生だったので、面倒だなという感想しかなかった。でも今回の退位に当たっては、憲法学者の一人として、状況を観察しました。

天皇の地位を承継するために、様々な宗教儀式が出てきます。それについて考えている頃に、ちょうどカルト2世問題のネット記事を読みました。カルト家庭では宗教が決まっているので、2世たちは信じたくもない儀式に参加させられる。天皇家に生まれたら、憲法が信教の自由を謳ったところで、天皇の祭祀から逃れるのは無理でしょう。カルト2世が親のカルトから抜ける以上に難しい。精神の根幹であるはずの信教の自由ですら、ものすごい拘束をうける。これは、すさまじい人権侵害として認識すべきです。こうした人権侵害を受忍してもらうなら、即位をしない権利や退位をする権利を保障しなければいけない。

そう考えてみると、先代の天皇が前例にない退位を望んだのはいわば当然で、今までそうした希望を叶えるための制度を整えずにいたことの方が、よほどおかしかったのではないか、と感想を持ちました。

大澤　まさに退位の権利を行使した。そんなものはない、と言った人もいたけれども、我が国のほとんどの人たちが、天皇の気持ちを当然でしょうねと思い、その意思を尊重する方向でした。もっとも、それは信教の自由等の問題というより、「働き方改革」の一環という感じですが。ただ、これは「象徴」をどう理解するのかとも関係があって、本当の「象徴」が、その人を見ると日本人を連想する、その手掛かりに過ぎないのであれば、生きている間に負担がかかることはなにもしなくていい、ということになります。ですが前天皇自身も「象徴としての務め」と言っていたし、国民の方も天皇に積極的な「象徴としての行為」を期待していたと思います。何にもしないで、病気になったらどこかに隔離されて生きているだけでいいとは、国民も天皇自身も思っていない。やっぱり天皇はしかるべき時にお言葉をかけてくれたり、慰霊の旅に出られたりとか、そういうことを期待している。積極的な機能を期待している。そうなれば、天皇に対する自由や人権の問題が発生してくる。

皇室に入る場合、喜んで結婚する人はほとんどいない。皇室の誰かに個人として好意を抱くことはあるかもしれませんが、「いい条件」と思って結婚しているわけではない。誰かが、もし皇室の男子を好きになっても、「天皇ならますますいい」とは思わない。

木村　「天皇ならますますいい」と思う人は嫁いじゃいけないですよ。怪しい人の可能性が高い（笑）。

大澤　怪しいですよね。絶対嫌がることはわかっているけれども、何人かは犠牲にならないと成り立たない制度です。ある意味で、奴隷と似ている。

木村　退位の自由は認めるべきだとしても、その条件をどう設定するかは非常に難しい問題です。退位は政治的濫用の危険も大きいので、きちんとした基準や手続きを設けないといけない。でも一般的なルールを作ろうとするとかなり難しい。かといって、前回の退位を前例にするのはまずい。だって、あれを前例として踏襲するとなると、まず、天皇がＮＨＫに退位の意向をリークしないといけない（笑）。次に、国民に呼びかけるメッセージを出して、国会で議決をする。これは明らかにまずい前例です。本来なら、ああなる前に、ちゃんとしたルールづくりをしなきゃいけなかったはずなんです。

持続可能性の危機

大澤　かなりの日本人が天皇制はあったほうがいいと思っている。でもその持続可能性については、せいぜい女性の天皇を認めるかどうかくらいのことしか考えていない。しかし、たとえ女性の天皇が容認されたとしても、皇族に子どもが生まれない場合だって十分にありうるわけです。女性の天皇を認めたくらいでは、皇室が安泰とは言い難い。もし天皇制の、少なくとも「万世一系」のフィクションを維持したいのであれば、この制度が持続可能であるように抜本的な考え直しが必要になります。しかも、改革された皇室の制度が、われわれの正義の感覚と合致するものでなくてはならない。一部の人が、人権を著しく制限され、奴隷になればいい、というような制度ではどうかなと思います。

誰と結婚させたほうがいいのか、女性を認めるかどうかとかをいろいろ議論しているのに、

木村　僕ら日本人は、根本の充分な持続可能性については何も考えていないのです。

皇室典範を読んでいると、天皇制は、それがうまく機能し続けるように法律でコントロールしようとするのではなく、性善説というか、その時々の人々の性質に依拠して運用するようになっているのに気づきます。たとえば、皇位継承順位について、「1番の人が絶対に即

位しなければいけない、例外はゼロ」とはなっていません。皇室典範の条文は次のように定めています。

【皇室典範】
第三条　皇嗣に、精神若しくは身体の不治の重患があり、又は重大な事故があるときは、皇室会議の議により、前条に定める順序に従つて、皇位継承の順序を変えることができる。

「重大な事故」があれば、皇室会議で皇位継承順位を入れ替えることが出来る。ということは、皇太子が「天皇になるくらいだったらテロするぞ」なんて言ったら、「重大な事故」ありとして継承順位を変えられるわけです。即位の自由があるかないかで言えば、条文上はあるし、やろうと思えばできる。現に、憲法学者の蟻川恒正先生は、「過分にフィクショナルだが、本人の自由意思による即位だと説明は可能である」と言っています。このフィクションがあるおかげで、天皇の人権制約は許される、という説明がギリギリできる。

また、現在の皇室典範は、皇位継承順位を持つ人が極めて少なくなるように作られています。天皇の子どもであっても、女性だというだけで排除される。子どもの数は限られていますから、数人が拒否すれば、皇位継承者は途絶えてしまう。天皇から見捨てられない程度には、国民の側が天皇に配慮するような状況でないと成り立たない。そんな制度として、日本の天皇制は作られている。

こうして考えてみると、日本の天皇制は、人間性から生じる問題に対して極めて脆弱な制度として、あえて作られているのではないかという見方も出来ます。国民の皆さんは、天皇に見捨てられないレベルの国民でいてください。天皇も安易に国民を見捨てないレベルの徳を持っていてください。そんな前提で作られている。道路交通法のように、ほっとくと悪いことをする人がいるだろうという前提では作られていない。

女帝について、私は基本的にそれを認めるべきと考えています。ただ、平成の天皇が退位するときに、右派とされる方々が、自身の「天皇はこうあるべき」に拘泥して、天皇の体調にすら配慮しない議論を展開するのを見ていて、「犠牲者をできるだけ減らすためには、女系を認めない方がいいのではないか」という思いも生まれました。

天皇制は、それを存続させるための制度的担保を諦めていて、すべては人次第であることを意識した方がいいと思います。

大澤　この間の退位のときもそうですが、むしろ表向き天皇主義者の人に限って、天皇に厳しい。彼らは人間としての天皇を尊重しているわけではない。天皇というポジションと、それに付随した神話から出てくる得も言われぬ権威を大事にしている。

本気で考えられていない持続可能性

木村　そこなんです。今の制度群は、人間としての天皇を大事にする前提で作られていない。こんな状態だと、悠仁様のお妃になりたいと思える人は稀有でしょう。

大澤　彼はまだ若いから今はなにも言わないけれども、実際に即位する頃になったら、「即位の自由」に関してネガティブな選択をする可能性もある。今の状況でいくと、事実上は、悠仁さん以外に継承者がいない。その後も天皇制が続くためには、彼が結婚して子どもをつくってしかもそれが男の子であるという厳しい条件があります。女性の場合は結婚して、皇室を離れることになっていますが、それでさえも結婚の自由を行使できないようですし、その婚約者となる人については、いろいろ注文が付けられたり、バッシングさえされる。まして悠仁さんと結婚する人は、皇室のメンバーになるわけですから、そうとうな覚悟が要る。

　生物学的な理由で男の子が生まれなければ継承者がゼロになる。そうなってから考えたらいいんじゃないか、と思っている人がいるかもしれませんが、そういう態度は感心できません。たとえば将来、「天皇家は絶滅したので、やめます」とするのは良くない。天皇制というのは、自然の与件ではなく、制度だからです。やめるならやめる、続けるなら続けるで、国民の意思で決めたほうがいい。持続可能性もないし、もはや必要がないということで、国民の意思としてやめる、ということであれば、それもいいと思います。実際、日本史をふりかえってみても、天皇制を終わらせることができたかもしれないような危機的状況が何回かはあったのですから。しかし、もし天皇制を続けるのであれば、それを前提にした覚悟が必要だと思います。天皇制に、持続可能性を、しかも僕らがもっている人権や正義の感覚と両立する形での持続可能性を与えるべく、改革する必要がある。誰かが奴隷になってくれればいいというような制度であったら、天皇になりたい人、皇室に入りたい人、皇室にとどまりたい人はそんなにいないでしょう。天皇制の支持率は高いのに、日本人が、この制度の持続可能性についてあまり本気で考えず、なるようになるさというようにしか見ていないのは不思議なことです。

木村　女帝反対と言っている人は、割と年寄りが多い。自分たちの世代では安心だ、と思っているそうですね。

大澤　天皇や数少ない皇位継承者が、事故や病気で早く逝去したらどうするの？　といった問題もあるわけですから。

木村　結論はみんな見えていると思うんです。今の天皇家は世襲できなくなる時が必ず来る。その時には、天皇制度を廃止するか、なんらかの理由をつけて他から新たな天皇を立てるしかない。でも、両方とも地獄でしょう。この地獄から目をそらすために、話をしようともしない。

大澤　旧皇族でわざわざ復活したいと思う人や家はいないだろうしね……。

天皇関係の大きなフィクションは万世一系ですよね。こんな古い王権は世界中探してもどこにもない、というのが日本人の自慢です。でも、どうしてそんなに長続きできたのか、考えてみるとよい。それは、そもそもその「一系」であることの基準がきわめてあいまいだから、別の言い方をすれば柔軟だったからなんですね。

中国の王朝と比較するとこの点がはっきりしています。中国の王朝では、天命をうけた皇帝は、父系を厳密に守っていかなければならない。新しく即位する皇帝が、ほんとうに前の皇帝の血をひく正統な継承者なのか、厳密に問われたわけです。余談ですが、中国で宦官が非常に大きな権力をもった原因はここにあります。宦官は、皇帝の妻たちを世話する係で、去勢された男性です。なぜ去勢された男性がそれをやるかというと、皇帝の妻が不倫をして、皇帝の子ではない男児を孕むとたいへんなことになるからです。その宦官は、将来、皇帝になる幼い男児の世話係でもある。そのため、彼が実際に皇帝になったときには、宦官こそが最も信頼する相談相手にもなったりするわけです。中華帝国では、正統な権力を行使できるのは、ほんらいは官僚ですが、しばしば、宦官がインフォーマルな力を発揮し、官僚と対立した。そうなった背景は、中華帝国が、皇帝の正統な継承ということについて、非常に厳密に考えていたからです。

しかし、日本は違う。「源氏物語」を読めばすぐにわかります。この物語の中で、桐壺帝の息子である冷泉帝が天皇になるわけですが、彼は、ほんとうは桐壺帝の息子ではなく、光源氏の子です。中国人の観点からは、これはとてつもなくひどい話ですが、日本人は、これをすてきな物語として読んできたのです。

要するに、天皇の万世一系性というのは、かなりゆるい、適当なものだったのです。だから、断絶することなく長続きした。しかし、天皇制を近代的制度として整えるとしたら、そんないいかげんなことではいかないので、誰が継承者かを一義的にきちんと規定した。もちろん、側室制度も野蛮なものとみなしてやめた。かつて万世一系を可能にした条件を捨てたのですから、存続・持続が困難になるのは当然のことです。

なんのために、どうして必要なのか

大澤 客観的にみると、日本人は天皇制を維持し、基本的には必要としている状態です。戦後のある時期まで、リベラルぽい人は天皇制に反対しているのが普通だったのですが、今ではほとんどの層に支持されている。それならば、天皇制はなんのためにあるのか。どうして必要なのか。どう説明したらいいのでしょうか? 天皇という制度は、わけのわからないスパイスをかけているという感じに見えます。たとえば、法は議会で決めたあと、天皇が公布するというかたちをとる。民主的に選ばれた代表者の集まりである議会が決めたところで、「法」という料理はできあがっているのに、そこに、天皇というスパイスをふりかけているような状況です。スパイス抜きで食べたらよいのに、と思いますが、そのスパイスが不可欠らしい。で、そのスパイスは万世一系の秘伝のスパイスです（笑）。

木村　国民主権に絶対の自信があれば、天皇は不要、余計な味つけです。天皇制支持には、二つの系統があると思います。一つは、天皇に伝統とカリスマを感じる「天皇教」の信者的なもの。もう一つは、議会政治への根本的な不信感によるもの。議会政治一本だと危ないから、サブを持っておきたい。この系統は左派的な考えとの親和性もある。こうして、右から左まで揃って天皇制を支持できるわけです。

大澤　右は右で、左は左で支持出来る。

木村　論拠は全然違うんですよ。でも結論は一緒になる。

大澤　一般的に、「国民」というものには非常に強い平等志向があります。どこの国にも、実際には差別や格差はありますが、公式には、国民は水平的な同胞である、ということになっている。カースト制度とか身分制度は、近代的な「国民」とソリが合いません。前近代からの継続で、特別な人が王であったり貴族であったりすると、国民との間に軋みをもたらす。折り合いをつけるために、なぜ王がいるのか、どうして誰かが貴族なのかを納得させるために、いろいろ言い訳をしないといけないのです。でも日本の天皇制には、そんな言い訳はいりません。国民が喜んでいるし、天皇や皇室にポジティブな感情がある。むしろ、われわれが国民であるためにこそ、天皇が必要だ、という構造になっています。特に、戦前はあまりにもこの条件が強すぎました。天皇は本当は、「国民」に対してスパイスに過ぎないんだけど、かつてはスパイスこそが主食だった。

木村　天皇支持の根拠を検証していくと、消極的なものしか出てこないところがあります。憲法学者の中でも、「象徴的行為をどんどんやろう」というのはかなり極端な立場で、たいてい「やってもしかたない」ほどの言及にとどめます。

大澤　実際問題として、平成の天皇は——そしておそらく現天皇も——かなりリベラルな方で、民主主義を支持し、憲法9条を支持している感じがある。天皇ははっきりと明言しないけれども、その「象徴的行為」には、明らかに「リベラル」を支持する政治的なインプリケーションを伴っている。しかも、これを天皇の政治関与とみなして批判する日本人は、あまりいない。むしろぜひともやっていただきたいと思っている。

やはり、天皇にはある種の象徴的行為を期待している。それではどんな行為を期待しているのか。たとえば、被災地に行く。社会的弱者や被害者に対して共感し同情する。慰霊の旅のような、国のために死んでいった人を含めた、慰霊や鎮魂。そこが共感されている一番の理由になっていると思います。

木村　代表と象徴の違いのひとつに、代表はクリエイティブな作業、象徴はそうではないという点があります。たとえば、国民の代表たちは、政策をきめて法律をつくります。これは、予めわかっている答えをなぞる作業ではなく、国民の反応や社会情勢を勘案しながら、創造してゆく作業でしょう。

これに対し、象徴は、あらかじめ定まった答えの通りにふるまえないといけない。たとえば、いくら「鳩は平和の象徴です」と言っても、ケンカしている鳩は平和の象徴にはふさわしくない。天皇も同様で、国民一般が「まぁそうだよね」と思うところを象徴している限りにおいてしか、天皇は象徴として機能出来ない。いわゆるネトウヨの中には、天皇が激戦地を巡ったり、戦争の反省を口にしたりすると、「天皇は反日」と言い出す人もいる。そういう人がもし大多数になったら、天皇の慰霊の旅は象徴的行為ではなくなるでしょう。

大澤　その通りですね。代表は、なにかを創造し、決定しなければならない。たとえば国民の中には原発を維持したい人もいればやめたい人もいる。代表は、どっちか決めないといけない。原発はやめたと決めたとして、半分くらいの人は反対なんだけれども、代表が決めたことだから従おうとなる。

木村　天皇には、それは出来ない。

大澤　コンセンサスがすでにあることが前提ですよね。3・11の被害者がいたときに、日本人にその人たちを助けてあげたいとか同情したりする気持ちがあることを前提として、天皇が被災地を訪れる。もし「被害者は自業自得だ」なんて思う人が日本人に沢山いるならば、天皇の被災地訪問は政治的なものになる。

日本人にある最小限の合意の印

木村　むかし米長邦雄さんによる「園遊会事件」というのがありました。米長さんは名人位も獲得したことのあるプロ棋士で、将棋連盟会長も経験しています。当時、東京都教育委員会委員を務めていた米長さんは、園遊会の席で天皇陛下に「日本中の学校で国旗を掲げ、国歌を斉唱させることが私の仕事でございます」と言いました。これに対して、天皇は「やはり強制になるということではないことが望ましい」と答えた。これは、憲法学の視点から見ると、バランスのとれた回答です。しかし、この事件の後、学校現場がどうなったかといえば、君が代を歌わなかった教員を処分するなど、強硬姿勢が続いた。天皇陛下の発言は、教育現場で力を発揮することはなかった。つまり、教育現場において君が代の扱いについてコンセンサスがなく、天皇陛下の発言は象徴としては受け入れられなかったということだと、私は理解しています。

ただ米長さんの為人《ひととなり》に詳しいプロ棋士にこの園遊会事件について聞くと、「あれは冗談でしょ」という反応になる。目の前の人を喜ばせたくて、軽口をたたいただけだろうと。天皇は冗談に答えただけですから、象徴として機能しなかったとしても、コンセンサスの有無とは関係なかったのかもしれません。

そういう意味で、天皇のやること全てが象徴になるわけではない。憲法第1条は規範か事実なのかという問いがありましたが、コンセンサスの事実がある程度ないと、象徴としてふるまえないという点は、強調しておいた方が良いでしょう。

大澤 君が代問題のようなはっきりと意見が分かれている問題については、天皇が言っても効果はないかもしれない。でも大半の人が「どっちかな、微妙だな」と感じている問題は、天皇が態度をはっきりさせることで、国民レベルの意思がドッと動くことがある。ネトウヨがいくら増えても、基本的にはわれわれは戦争についてさまざまな問題を感じているということになる。総理大臣が談話を出しても、全然そういうふうになりませんが、天皇陛下がやれば「基本はこっちの線だよね」と言える。

木村 コンセンサスがあらかじめある場合だけでなく、多くの人がどっちつかずの状態にある場合にも、機能するんですね。勢力がはっきり二分している状態では機能しないが、大半が合意しているケースないし、大半がどっちでもいい場合は、天皇の象徴としての行為が国民のコンセンサスの決定打となる。

大澤 そう考えると、我が国において天皇制は、結果的に、しかも意図せざるかたちで、デモクラシーを支える最後の砦のようなものになっています。今、世界を見渡すと、デモクラシーは危機の中にある。しかし、日本は、天皇制があるおかげで、目下、世界の多くの国々を苦しめている共通のデモクラシーの危機から免れているのです。

僕が、デモクラシーの危機、と言っているのは次のようなことです。デモクラシーにもとづく集合的な意思決定をしたとしても、その結論に全員が賛成しているわけではありません。かなりの人が、場合によっては半数以上の人が失望している。自分の欲していたこととか、自分の意見と、デモクラティックな決定とは異なっている、と思っているわけです。にもかかわらず、全員がその決定に従うのがデモクラシーです。どうして、私が反対していることが決まったのに、私はそれに従うのか。たとえば私が消費税を上げるのに反対だったとしても、消費税10%と決まれば、ちゃんとその分の税金を払う。それは、デモクラシーには、デモクラシー以前の合意というものがあるからです。それは、私と意見が異なる人たちも、私を含むみんなのことを考えて、そのような意見を言っている、という前提です。だから、私は、自分の意見と異なることでも、デモクラティックに決定されたことに従うわけです。

国際紛争にデモクラシーが使えないのは、このデモクラシー以前の合意がそこにはないからです。たとえば、北朝鮮と韓国の間の紛争を、朝鮮半島の人たち全員の多数決で決めましょう、と言ってもうまくいかない。北朝鮮の人は韓国の人が自分たちのことを考えてくれているとは思わない。韓国の人も同様です。

現在、問題なのは、多くの国の内部で、「デモクラシー以前の合意」が成り立たなくなっているということです。たとえば、アメリカ人の中に、トランプ大統領のことを「われわれの」大統領だと受け入れる気がしない人がたくさんいる。自分はトランプに反対だったが、きちんとした手続きに則った選挙で選ばれたのだから、トランプはわれわれの大統領だ、とは思えない人たちがいる。トランプが、あるいはトランプ支持者が、民主党支持者を含む「われわれみんな」の利益や願望までも考慮にいれて、あのような言動をしている、とは思えないからです。もちろん、トランプ支持者の方も同じような気分です。民主党の支持者が、自分たちのことまで配慮してくれているとは思っていない。アメリカ社会に、デモクラシーそのものを可能にするための基本的な合意が失われつつある。

しかし、日本はそうならずにすんでいます。その原因のひとつ、しかも最大の原因は、天皇制にある、と僕は見ています。天皇が存在し、それを承認しているということが、「われわれ（日本人）」の間に最小限の合意がある、ということの印になっている。天皇というのは、合意への合意、なんであれ「われわれ」の間には合意があるということへの合意です。天皇を皆が承認しているということが、「われわれ」の間に、デモクラシーを危機に陥れるほどの深刻な分裂は存在してはいない、ということの保証になっているわけです。

とはいえ、これでよかった、ということにはなりません。対談の冒頭の方でいいましたが、現代社会の重要な問題は、ナショナルな合意ということだけでは解決しないからです。むしろ、ナショナリズムこそが問題の解決を難しくする最大の要因だったりする。天皇制は、ナショナルなレベルでのコンセンサスを保証しますが、逆にいうと、それをこえた合意をむしろ困難にします。

いずれにせよ、天皇制というものをバカにしてはいけない。吉本隆明は『転向論』の中で、戦前のマルクス主義者は、天皇に熱狂する大衆をどこか小バカにしていたら、結局、「日本的小情況に足をすくわれた」のだ、というようなことを書いています。同じことは今でも言える。天皇制を侮ると、僕らは、小情況に足をすくわれます。天皇制を本気に相手にし、それが成り立ち機能しているからくりを徹底的に解明しておく必要を感じます。

第2章　歴史としての天皇制——上世、中世、近世まで

天皇制を歴史的に振り返る

大澤　前回は、現代の天皇制にとりあえず目を向け、どんな問題や主題があるのかを二人で考えました。今日は天皇制を歴史的に考えてみたいと思います。議論の出発点として、木村さんから著名な法制史学者である石井良助さんの『天皇　天皇の生成および不親政の伝統』という文献を挙げていただきました。

木村　様々な批判はあると思いますが、ひとつの天皇史を示しました。

大澤　ええ、批判はされてきましたが、まずはこれを議論のスタートにしたいと思います。この本は、現在、講談社学術文庫で入手できるのですが、この文庫版のもとになっている本は、1982年に山川出版から出ています。さらに、この本の原型になっているのが、1950年代の初頭に——ということは日本国憲法が公布されてからまだそれほどの年月を経ていない頃に——弘文堂から出された『天皇　天皇統治の史的解明』という本です。天皇というものの史的な姿をトータルに記述したものとしてよく読まれてきましたが、同時に、通説的なものの常として、かなり批判もされてきました。

さて、石井先生の主張はものすごくはっきりしています。要は天皇には「親政せず」という伝統があったのだというものです。日本の歴史を振り返ると、基本的には天皇自身が政治をすることはない。天皇が親政したのは、日本史の中でも極めて例外的な期間でしかなかった。中国から取り入れた律令制の真似をしたときと、明治から戦前までの期間です。しかしこれらは例外であって、本来は天皇は執政せず、親政せずという伝統があり、結局必ずそこに回帰する構造になっていたのだということを、日本史をたどりながら示したのが石井先生の本です。

僕は、大筋において、天皇制の特徴を捉えていると思います。実際、歴史的な事実とよく合致します。現実は、まさに石井先生の書いている通りになっていたように見えます。でも、読んでいて、天皇についての「謎が解ける」というものではない。むしろ、ますますわからない気分になってきます。この本は謎を解いているのではなく、謎をはっきりさせている、謎をあらためて提示しているのです。天皇は実際には執政しないのに、なぜ存在してきたのか？

石井先生の本は邪馬台国から始まっている。確かに、魏志倭人伝によると、卑弥呼は親政していない。実際の政治を行ったのは弟です。卑弥呼は神のお告げを聞くシャーマンだったのでしょう。と、こういうことを確認するところから始まります。まぁその辺はわかります。けれども、どんどん読んでいくと、当然ながら、天皇がいかに何もしなかったか、政治の実質に関係していなかったのか、ということが明らかにされてくる。すると、やはり、天皇は、ここまで執政しないのになぜ存在しているのかという疑問がますます先鋭になってきます。この本を読んで、天皇制の謎が解けるどころか、天皇制はますます深い謎に包まれていくのです。

「天皇断絶説」と「天皇連続説」の対立

大澤 木村さんはこの石井説をどう捉えましたか。たとえば、憲法との関係性を考えるときに、歴史的背景はどの程度考慮するのでしょうか。石井説は、日本国憲法の象徴天皇制が実際は天皇制の伝統に即しているのだと暗に示そうとしていると思うのですが。

木村 憲法学で、天皇の歴史を考える場合、「天皇断絶説」と「天皇連続説」の対立を意識する必要があります。断絶説は、日本国憲法がそれまでなかった「象徴天皇」という地位を創設したと考えます。昭和天皇が初代、平成が2代目、現在が3代目であると。それに対して連続説は、もともとあった天皇を、日本国憲法の側が取り込み、現在126代目だと捉える。
石井先生の議論は連続説に都合がいい。日本国憲法に書かれた天皇こそが本来の天皇の姿である、という理屈の参照例として、しばしば引用されています。また、明示的に石井説として引用しなくても、日本人がなんとなく持っているイメージと適合するので、受け入れられている面もあるのではないかと思いますね。

大澤 連続説にとっての、実証的根拠が書かれている、という感じでしょうね。

木村 もし、後醍醐天皇のような天皇親政や明治憲法の天皇による統治権総攬が原則だとすれば、日本国憲法の天皇との連続性は保てません。石井先生のように、天皇不親政があるべき姿となれば、後醍醐天皇や明治憲法が少し逸脱しただけで、現在の形が正道になります。

大澤 連続説を取る場合は、明治憲法で例外的に伝統から断絶が生じたけれども、戦後憲法によって本来の伝統に復帰したようなイメージなのですね。

木村 そうですね。明治時代に余計なものを乗っけてしまったので、その荷物を降ろしたのが日本国憲法だという捉え方になる。

大澤 石井説は、基本的な事実をおおむね正確に見ているとは思いますが、公理と証明がひっくり返っているような違和感があります。「天皇親政せず」という大原則を公理として見ていくと、様々な歴史的事実がそれに適合するような状態で出てくる。後醍醐天皇や後鳥羽天皇などの例外的に親政に強い意欲をもった天皇がまれに出てくるけれど、そうした天皇はたいてい短期間で挫折する。そんな感じで説明されるのですが、説明すべきことは逆じゃないかと思います。つまり、どうして親政せずに見える状況が作られたのか。「天皇親政せず」は前提ではなく、説明されるべき結論のほうにあるべきです。だから石井説は本末転倒であるように感じました。

たとえばそれを引っくり返して考えていくと、ほとんどの状況において「天皇親政せず」が成り立つけれど、ときに親政への反転が生ずるということも、総体として説明できるかもしれない。どんなときに「親政せず」で、どのような条件のもとでは「親政」が生ずるのかがきちんと分けられるからです。「天皇親政せず」を公理に持ってきてしまうから、いくつかの天皇や期間を例外として扱わざるを得なくなるのです。例外に見えるような現象もふくむ形で、説明を与えるべきだと僕は思いました。

邪馬台国の時代

大澤 ここから個々の歴史の局面をもう少し具体的に見ていきましょう。

木村 石井先生の説明によれば、日本の歴史のはじまりが3世紀頃。そのころに氏族が統合され始めて、姓が出来た。5世紀頃に「大王」の呼称が用いられるようになった。6世紀半ば、仁徳天皇陵の築造が推定される頃あたりから、だいぶ「歴史」が流れ始めた感じがあります。蘇我、大伴、物部の抗争が行われ、蘇我氏が勝利したという流れですね。

大澤 まあこれがスタートのところですね。この3世紀頃というのも、邪馬台国ぐらいまでを念頭に置きながら言ってるということでしょう。

石井説にしたがえば、日本の政治は、卑弥呼がしていたことと同じようなことを、ずっとやってきた、上代・古代だけではなく、中世や近世や近代までも……ということになります。ただ、こういう書き方は、ちょっとミスリーディングなのです。読者は、まず「古代ならそういうこともあっただろうな」と疑問を持たずにすむ。卑弥呼の時代なら「親政せず」でよかったかもしれないなと。実際、卑弥呼は、現代人の感覚からすると親政していないかもしれませんが、当時の観点からは、普通の統治行為よりももっと重要な「政治」を行っているのです。ここで納得して、それ以降も同じように天皇は親政しなかった、となるわけですが、よく考えてみると、のちの天皇は卑弥呼のような役割を担っていませんから、ちっとも「同じよう」ではないのです。

古代や上代において、文明が出るか出ないかの段階では、世界各地で、類似の神聖王権的なものがあります。部族の連合から、原始的な王権が出てくるプロセスにおいてある程度、一般的に生ずることです。とくに日本の天皇制に固有なことではない。

木村　部族連合の統一を進めようというときに、統一権力を立ててしまうと、かえって統一出来ないと。

大澤　そうですね。だから部族の中のワンオブゼムぐらいの、同輩中のリーダー的なものが部族の連合のいちおうの要になっていく。邪馬台国がどこにあったのかについて、諸説がありますが、どちらにしろ非常に小さな範囲です。邪馬台国を少し拡大したような古代の段階で、部族のリーダーたちの中から、少しばかり有力な「大王」が出てくるのもそんなに驚くことではない。さらに時代がくだって、たとえば仁徳天皇陵のような大きな墓を作るなら、相当な権力があったのではないかとよく言われますけれども、これも解釈によると思います。むしろ、これだけ大きな墓によって権力を誇示しなければ、支配の体制を維持できなかったとも考えられる。実際、もう少し後になって天皇制が安定した頃の方が、墓は小さいわけで、必ずしも強いから大きな墓を作ったわけではないと思います。

木村　大きさで権力を見せつける必要がなくなったと。

大澤　そうですね。ですから、上代までのことだと思えば、不思議ではない。でも、その後の歴史を説明するときに、石井説は上代まで遡って説明をしています。

これだけは確認しておきたいのですが、「魏志倭人伝」によれば、邪馬台国は二重王権のようになっています。託宣のようなものを受け取る人がいて、それはたぶん卑弥呼という女性である。その託宣を解釈して実際上の政治を行う人は別にいる。それは男性、卑弥呼の弟である。そうした二重性があった。これはいかにもありそうなことです。たとえば琉球にも「聞得大王《きこえのおおきみ》」という、卑弥呼を連想させる女性の王が、男性の王と並んでいた。こうした民俗学的事実から推察しても、邪馬台国のような王権は十分にありそうなことです。琉球だけではありません。世界各地のプリミティブなタイプの王権で、似たようなタイプが見つかっています。私がいうところの「第三者の審級」のある特殊なあり方とみなしてよい。卑弥呼が第三者の審級の受け皿のようになるわけですよね。超越的な、一神教の唯一神ほど徹底して超越的ではないですが、「われわれ」を超えた超自然的な存在としての神の声が、卑弥呼には聞こえてくる。これは、よくありそうなものだと思うんですよね。

木村　執政を行う男が直接第三者の審級にならないのはなぜでしょうか？

大澤　それは、当然、問われるべき興味深い主題ですが、厳密に説明しようとすると難しいですね。とりあえず、神がそこへと降臨する特異点は、プリミティブな共同体においては、女性の身体になる傾向がある、ということだけ言っておきます。共同体の、最も普通の正規のメンバーは、成人男性です。実質的な執政が男の王に担われるのもそのためです。特異点は、その一般のメンバーに対する差異を必要とします。その差異が、王権そのものの内部の差異として構成され、神からの声を受け取るのが、女性の王になるのだと考えられます。

「第三者の審級」とシャーマン

木村　話がちょっとそれるかもしれませんが、大澤さんは他の著書で、「第三者の審級」の成立においては「求心化作用」と「遠心化作用」が同時に働き、それが跳躍版となったという説明をなさいますよね。私はこの説明を読んで、ちょっと具体的なイメージが持てずに困っていたのですが、この例でたとえると、どのような説明になるのでしょうか。

大澤　話がそれるとおっしゃいましたが、なかなかうまい自然な展開だと思います。その「求心化／遠心化」という問題と、王の女性性ということと関係があるからです。僕が「遠心化作用」と呼んでいる現象は、ドイツ観念論というか、ヘーゲルが言っている「疎外」ということとほんとうは似たところがあるのです。そういうふうに説明したことは今まで一度もありませんが……。

求心化作用というのは、心の働きが「私」に所属する相で感受されている状態です。デカルトにCogitoという概念がありますね。具体的な内容を抜きにして、形式だけになった心の働きを、デカルトはこの概念で言い表したわけですが、文字通りの意味は、ご存知のように「考える」です。この語の主語は表には出ていませんが、ラテン語なので、活用から、一人称だとわかる。だから、Cogitoの一語をフランス語（英語）に訳すとJe pense（I think）と二単語になる。思考というものが、最初から私に所属する相で意識されている。これが求心化ということです。

ところで、このデカルトのコギトの概念を受けて、カントは、あるいはウィトゲンシュタインは、そして実は、詩人のランボーも、ほぼ同じようなことを言っているのです。心の働きは、つまり思考は、まずは、「私」に所属していると感受される前に、あるいはそれと同時に、「私ならざるもの」に所属しているものとして生起しているのではないか、と。つまり（私が）考えているとき、どこにも積極的には「私」など現れていない。むしろ、Il pense（It thinks, Es denkt）と言うべきである、と。これが遠心化作用です。（私に）所属するはずの心の働きが、同時に、「他なるところ」に所属して現れる感じです。

木村さんは僕のものをよく読んでいてくださっているので、今指摘されたように、この求心化作用／遠心化作用という概念を使って、僕は、第三者の審級の発生を説明しました。今、遠心化作用において、心の働き（思考）は、誰にとっても，「他なるところIt, Il, Es」に属するものとして感受されているわけですが、共同体は、その「他なるところ」を一点へと集約する社会的技術をもっているわけです。そのとき、その、集約された「他なるところ」に第三者の審級が現れる、到来する、と人々に感じられるのです。その「他なるところ」を通じて、たとえば聞かれたことが、私ではない他者が聞いたことになると同時に、みんなが共通に聞いたことにもなるからです。

木村　みんなにも聞こえてるだろうと思いながら声を聞くと。

大澤　そうです。そのときにみんなに聞こえている——とそれぞれの個人が感じる——声を、本当に言葉にしてくれる存在が必要なんです。それがシャーマン的な王のやっていることです。共同体のすべての人の「他なるところ」を束ねる位置に、つまりすべての人の「私」がそこへと疎外——遠心化——される位置に、シャーマン的な王が置かれている。そのシャーマン的な王は、すべての人にとっての「他性」が投射される場所ですから、自らは己を無にして、純粋な他者性と化さなくてはならない。それが、女性の身体によって担われやすかった。女性である必然性はないけれども、蓋然性はある。そこに、外部から第三者の審級が到来しているように感じられるのです。本当は自分たちの遠心化した身体の、自分の疎外した身体がそこに現れているのですが。シャーマン的な王は、第三者の審級をもたらす、まあ言ってみれば触媒ですよね。

木村 同輩ばかりだと統一が出来ない。同輩の中で一番強いというぐらいでは十分に遠心化できないので、むしろ神がかった、まったく異次元の存在を置いたほうがまとまれるということですね。

大澤 そうですね。だから誰かが純粋に他者にならなくてはいけない。「魏志倭人伝」によれば、抗争があり、みんながまとまらないときに、卑弥呼という女王をみんなで立てたところ、騒乱が収まった、と書いてある。触媒として卑弥呼を注入したら、すべての人にとっての第三者の審級が現出する場としてそれが機能し始めた。そうした構造だと思うんですね。

木村 その時代だとまったく不思議ではない。

大澤 ええ、不思議ではないですね。文化人類学的にも確認出来るような事実と、整合性が高い。似たようなタイプの原初的な共同体であれば、どの地域でも起きていると思います。

実在した最初の天皇はどこからか

大澤　さて、もう少し時代をくだることにいたしましょう。今の天皇が126代目の天皇と言われています。それは、神武天皇から数えているわけです。しかし、記紀に出てくる初期の天皇は、もちろん、神話的なもので、実在しません。では、実在した最初の天皇はどこからなのでしょうか。歴史学者が実在した可能性が高いとみなしているのは、第10代の崇神天皇あたりからだと思いますが。

木村　山川の教科書を持ってきたのですが、崇神天皇（第10代）は出てこない。

大澤　どこから天皇の名前が出てきますか。

木村　崇峻天皇（?－592、第32代）の暗殺からですね。

大澤　それはでもだいぶ後ですね。

木村　崇峻天皇が蘇我馬子に暗殺されたらしいとしつつも、はっきり書いてないですね。

大澤　実在についてちょっとでも実証的にあやしいところを残している天皇はスルーしてますね。しかし崇峻より前でも、たとえば雄略天皇（第21代）などはほぼ確実に実在していたのではないでしょうか。あと、天皇研究の専門家たちも指摘していることですが、26代の継体天皇のところで、実は「万世一系」は切れていた可能性が高い。公式の系図をみても、継体天皇はたいへんな傍系でしょう。25代の武烈までは連続していたとしても、継体からは新しく始まっている可能性が高い。しかも、継体天皇は、即位してから大和に入るまでにずいぶんな時間がかかっているのです。近江か越前あたりを拠点とする豪族が、大和の王権を滅ぼして、継体天皇として即位したのではないか、と専門家は見ています。大和に入るまでの長い時間こそ、征服に費やされた年月です。だいたい名前が継体でしょう、継ぐ体、継いでるかどうかあやしいから継体なんですよ。しかも、継体天皇自身も含め、その後の数代の天皇は皆、それまでの大和王権の本流から妻を迎えている。外来の征服者が、土着のそれまでの支配者の系列から妻を迎える、というのは、世界中でよくあることなのです。

木村　あっ、山川の教科書で最初に出てくる天皇は雄略天皇（第21代）ですね。「天皇」という言葉は使わずに、ワカタケルの大王の解説として出てきている。「どこからが最初の天皇か？」みたいなことはスルーをして、まあ古墳がたくさんできているので、統一権力ができはじめたということでしょうね、というような説明をしています。

大澤　このワカタケルは、かなり重要だと思います。「宋書」という中国六朝時代の歴史書に「倭の五王」として記されている五人の王の中の最後の人にあたる、と推定されている。『古事記』、『日本書紀』に、ヤマトタケルが出てきますね。彼は天皇にはなっていませんが、天皇並みに重要視されている、その事績が記紀に記されている。とても哀しく美しい神話になっています。彼は有能でカリスマがあったがゆえに、父景行天皇に、恐れられ嫌われて、夷狄の追討のために西に東に派遣される。父はヤマトタケルが戦死することを望んでいるのですね。ヤマトタケルはしかし、たいへんな戦果をあげるのですが、最後に死んでしまい、白鳥になって飛んでいく。死の少し前に望郷の歌、「倭《やまと》は　国のまほろば、たたなづく　青垣　山籠れる　倭しうるはし」という歌を歌ったりして。これはつまり実際に天皇にならなかったけど、天皇についてのロマンというのをこのヤマトタケルに投影しているのでしょう。このヤマトタケルの物語は、ワカタケル（雄略天皇）の伝承から創られたのではないか、と専門家は推定しています。名前ワカタケルから判断してもこの説には説得力がある。雄略天皇は、「大王《おおきみ》」のモデルとも呼ぶべき武勇の人だったのではないか。

で、今、最後の部分で少し意識して慎重になったわけですが、「天皇」という呼称は、ワカタケルのときには、まだない。先ほども述べましたが、ワカタケルは、倭の五王の最後の倭王だと推定されている。そんなことが中国の歴史書に書いてあるということは、五王は、中国の皇帝から冊封されたということです。ついでにいえば、中国の観点からは、卑弥呼も冊封されたから魏志倭人伝に載っているのでしょう。雄略たちも、「倭王」として冊封されたのだと思うんですね。皇帝は、冊封して、王に姓を与えている。その姓が「倭」ではないか、と思います。しかし、その呼び方は、中国との関係におけるもので、国内では、自分は倭王とは言わず、「ワカタケル」等だと言っている。ですが、この中国の皇帝との冊封の関係は、この雄略天皇のところで終わって、しばらく中国との関係が絶たれます。それから少し経つと、隋と交流をするようになるという筋です。

天皇の呼称はいつから始まったか

大澤　そして、誰もが気になるのは、この「天皇」という呼称です。いつから始まったのか。これについては、古代史の専門家のいろいろな説があって、未だに確定していません。しかし、一時、かなり通説に近いものになったのは、推古朝（593－628）が最初だというもので、これを唱えたのは津田左右吉です。しかし、その後、この説への反論が出て、もう少し後の、持統天皇（645－702）のときではないか？という説が有力になってきた。どうしてそうなったかというと、津田説にもともと多くの証拠はなく、とりわけ重要だったのが、法隆寺金堂にある「薬師像後背銘」です。そこに、「天皇」の初出例があって、推古朝の年代が記されている。しかし、その後の調査で、確かに推古朝の年代が書かれているけれども、実際に、この銘が作られたのは持統朝のときだということがわかったのです。というわけで、大きく、推古朝説と持統朝説があって、後者に傾きかけたわけです。

しかし、僕は、やはり推古朝のときにはじめて「天皇」という呼び名が使われたのではないか、と思っています。と勝手に、専門家でもない僕が推測しているのではなく、これは、古代史の専門家の吉田孝さんが論じられたことです。おもしろいので、吉田説を少し噛み砕いて説明します。

あの遣隋使が絡んでいます。小野妹子が遣隋使として607年に隋に行きますよね。そこで、彼ら隋の皇帝煬帝（569－618）に怒られるわけじゃないですか。聖徳太子が妹子に託した外交文書に「日出処の天子」がどうしたこうしたと書いてあったからです。これは、とんでもないと煬帝が怒る。「天子」は、定義上、唯一であり、それこそ煬帝自身のわけですが、どこかの田舎の蛮族の王が、自分もまた「天子」だ、「日出処の天子」だ、などと自称するからです。

というわけで、小野妹子はただ怒られて日本に帰るわけですが、その帰途にとんでもないことが起きるのです。帰途は百済経由になるわけですが、小野妹子はその立ち寄った百済で、煬帝からもらった返書を紛失しちゃうんですよ（笑）。盗まれた、ということらしい。これはとんでもない大失態、もう死刑に値するんじゃないかと大問題になる。でも、小野妹子への罰は意外に軽くて、死刑にならない。それどころか、翌年の二度目の遣隋使にも小野妹子が任命されるのですね。あれほどの外交上の失敗をした人が、どうして二度目にも特使になったのか。

これはおそらくですよ、手紙を失くしたのは嘘なんですよ。このことを想像力豊かに論じているのは梅原猛です。僕は梅原さんの『聖徳太子』で、この出来事について詳しく知りました。これほどの失敗をして死刑にならずに済んだのは、当時最も権力のあった人物との間で、話がつけられているからです。その人物とはもちろん、聖徳太子（574－622）です。煬帝からもらった文書に関して、妹子と太子との間で、「この手紙を皆に見せたら大変なことになります」「じゃあ、失くしたことにしろ」といったようなやり取りがあった。それで、日本の朝廷側をうまく収めているのだと僕は思っています。

木村 不都合な文書を失くしたことにするのが、日本の伝統なんですかね（笑）。

大澤 日本書紀における「天皇」の初出は、小野妹子が二度目の隋に行ったときに、聖徳太子によって与えられた外交文書なのです。そのときに自ら「天皇」が使われた。「日出処の天子」と言ったら怒られそうだから、じゃ、「天皇」でどうだ、というわけです。隋の皇帝宛の国書は、「東の天皇」が「西の皇帝」に「白《もう》す」というかたちになっている。日本書紀は、8世紀初めの文書ですから、多くの人は、ここにある「天皇」というのは、後からの捏造ではないかと疑っているわけですが、ほんとうにこのとき、「天皇」という名前が使われたのではないか、と思うのです。

「天子」でもなく「王」でもなく

大澤　では、なぜ「天皇」という名称にしたのか。それはどこから出てきたのか。津田左右吉説は、道教にある神のひとつとして天皇というのがあるので、そこから取っているのではないか、と推測はしているのですが、どうかなあというふうにも思います。ほかにもいろいろ、伝説的な王で天皇・地皇・人皇って三つ王がいるんですね。そこから取っているんだとか。あと「天」は中国風に言えば、北極星のことですから、その関連で取ったとか、いろいろ説がある。

　が、そういうことはあまり重要なことではない。僕がなにを言いたいかといえば、「天子」はどうもまずいらしいと思った、ということがまずあります。

木村　「日出処の天子」で怒られていますからね。

大澤　うん、それはまずい。しかし、それでも、日本側（聖徳太子）は、はっきりと「われわれは冊封されたくない」という意思表示をしたのではないでしょうか。隋からすれば、あの島国の王は「冊封してほしい」と言ってくるものだと思ってる。ところが、その島国の王は「こっちも天子です」と言ってきて、なんて無礼で、恥知らずな、と煬帝は思ったはずです。

おそらく、小野妹子がもらった煬帝からの手紙は、その日本側の己をわきまえない態度を厳しく叱責するような内容だったのではないか。日本側からみると、あまりにも屈辱的なことが書いてあって、とても当時の、朝廷のリーダーたちには見せられないものだったのではないか。

こんなことがあったけれども、当時の日本の支配者たちは、とりわけ聖徳太子は、完全に中国の皇帝に従属することは嫌だったのでしょう。とはいえ、対等に張り合うこともできるはずがない。そこで、「天子」でもなく、しかし、「王」でもない。妥協点として「天皇」という「天子」に準ずる名前をつくって勝負に出たのだと思います。

小野妹子の二度目の訪問は、隋側の書物――つまり隋の正史である隋書――にはまったく出てこないそうです。これはおかしなことです。日本書紀には書いてあるのに、なぜ隋側に対応する記録がないのか。つまり隋の方ではほとんど事が起きていない。一度目の時には、「日出処の天子」とか言って、とんでもない奴だという話になった。二度目に来たなら、今度も失礼だったとか、今度は良いとかあったと思うんです。僕はね、――梅原猛さんが暗示しているのに従っているのですが――小野妹子はもう一度詐術を使ったのだと思います。二度目は、日本からの手紙を渡さなかったのではないか。というか、皇帝と面会もしてはいないのではないか。だから隋の方には記録がないわけです。でも日本にとっては重要でした。圧倒的な文明国である隋に、周辺諸国は冊封されて、そこから任命された王という形式をとっている。日本も普通だったらそうなりそうなところを、冊封を避けつつ、しかし戦うわけでもないぞと、アンビバレントな関係をここで作っている。それが「天皇」という自称に込められていることではないかな。

木村 漢字の語感としては、「天子」よりも「天皇」のほうがさらにまずい気がするんですが、中国側では問題にならなかったのかな。

大澤 まぁ、「天」がついているから、けっこう張り合ってきているぞという感じだと思うのですが、「天子」じゃないから、文句も言いにくい状況を作ったのではないか。しかし小野妹子としては、これもまずいだろうと思ったのでしょう。つまり「列島の中にいて、なんやかんや言ってる奴はいいけど、俺は直接向こうの皇帝と会うんだぜ。こわくてこんな文書見せられるかよ、そんなもん。まあいいや、文書を渡したことにすれば」と、戻ってきたんじゃないかなあと。

木村 なるほど、面白い仮説ですね。「天皇」が、隋や唐から見て何だかよくわからないというのは重要な気がします。一方で、国内用にはドスを効かせる。

大澤 そうですね。実際、卑弥呼の段階から冊封されることでドスを効かせる作戦をしていた。「漢委奴国王」と。冊封的な雰囲気を出すことで国内に権力を誇示することは、倭の五王も行っていましたが、ある時期からその手はやめて、国内で独立してやろうと思ったのではないか。一大帝国である隋との間の関係を良好に持ちながら、しかし完全に従属的な地位につかずにやるという作戦に出たんですね。そのときに発明された名前が「天皇」じゃないかな。この仮説に私はかなり説得力を感じています。先ほど述べたように、吉田孝さんとか、古代史の専門家が述べていることと合致する説です。まあいずれにしても天皇という言葉はそんなに使われたわけではないのです。中世や近世では、ほとんど「天皇」なんていう語は使われていません。この事実を見ても、「天皇」は国内向けよりも、むしろ、対外的なもの、とくに中国を意識したものであることが暗示されます。

それまで、「花園院」とかいうのが普通だったのを、正式に「花園天皇」というようになったのは、なんと大正末期です。外交文書も、ずっと「皇帝」が使われていたのですが、昭和11年になってはじめて、正式に「天皇」になります。

木村 そうですよね、「禁中」とか「院」と言われていた。

大澤 いずれにせよ、「天皇」という名前が導入されたのは、聖徳太子の時からです。十七条憲法の話もありますけど、先進国の律令的なものを取り入れてみたいと、思った時期と重なります。ここに文明国の目覚めがあったのではないか。

木村 律令は近代的な「法の支配」とは異なりますが、それでも、一般的なルールで国家の形を作ろうとする点は、当時の人から見ても文明的に見えたということなんですかね。

大澤 当時のエリートにとっては、中国的なやり方が圧倒的に文明的に見えたことはまちがいない。逆に、それまでの自分たちのやり方が田舎臭く、野蛮なものだとも思ったでしょう。聖徳太子のときに仏教も本格的に導入します。聖徳太子は個人的に見ればかなり才能のある人ですから、仏教の理解も、周囲の豪族たちよりはずっと深かったでしょう。そして、彼は文明国にはちゃんとした思想（仏教）や臣下のランキング（位階）や法（律令）があるべきだと思った。それで自分たちなりの国家イデオロギーとして仏教を導入し、ランキングのシステムとして冠位十二階を制定し、そして法以前的な法としての十七条憲法を作ったわけです。これが後々の律令体制への助走になっていったのではないかと思います。

中国式皇帝理論との違い

木村　「第三者の審級者」論からすると、中国はどのような働きを果たしたんでしょうか。

大澤　中国自体はかなり明快な論理で出来ています。第三者の審級として機能しているのは「天」です。天との関係で、その委託を受けて天子がいる、皇帝がいるという構造ですね。皇帝は、ひとつの国の主権者ではなく、世界（天下）に君臨するわけですから、帝国は周辺諸国をも従えようとする。周辺諸国と皇帝とが関係をもつということは、経済人類学の用語を使えば、皇帝との間で、再分配の関係に入ることです。周辺国やそこの王は、保護してもらう代わりに貢物が必要で、貢物をやるともっといいものをもらえる。何よりも、まさに自分がそのローカルな国の王であるということを、皇帝に承認してもらう。それが冊封です。王それ自体が、ローカルな第三者の審級で、その第三者の審級としての資格を、皇帝が承認するというかたちで、皇帝はメタレベルの第三者の審級になっている。その皇帝の第三者の審級としての資格が、さらに——一神教を連想させるところもある——「天」であって、これが究極の第三者の審級として機能している。こうした構成を、僕は、若い頃の著作『身体の比較社会学Ⅱ』では「集権身体」という言葉を使って、皇帝の身体を記述したことがあります。集権身体は、第三者の審級の三つの類型のなかのひとつです。もっともプリミティブな第三者の審級よりもう一ランク複雑な第三者の審級になっています。

木村　抽象的な天の命を受けていると。

大澤　そうです、抽象的な天の命を受けている。その天が、第三者の審級に帰せられる命令や法に、ある種の普遍主義的な説得力を与える構造になっているのです。だから、帝国なる社会システムが可能なのです。帝国というのは、自らを世界そのものと合致させようとする衝動を抱えた政治システムのことです。ところが、日本の「天皇」は天との関係がない。「天」という字を組み込んだのに、「天」という独立の審級をもたない。天子は、天との関係があるのですが、天皇は自分が天なの？って感じです。

木村　自分が天だとやっぱり失敗出来ないですからね。

大澤　そうなんです。だから何もしないんですよ（笑）。

木村　石井先生は上世のまとめとして、こんな指摘をしています。中国式皇帝理論は天からの命を受けて徳治することになっているので、台風や干ばつといったトラブルがあると、天命を失ってしまう。この中国式イデオロギーを天皇にも導入しようとすると、万世一系は難しい。天皇が断絶しないようにするには、つまり、責任を取らなくていいようにするには、権限が何もない存在とするしかない。

近代の目から見ると、「責任の取れない人には権限が与えられない」という責任論の構造と似ています。中国式皇帝理論は、皇帝を最上のものとするのではなく、皇帝の上に「天」という規範をおいたからこそ、権限と責任を持てた。そんな逆説的な構造が見て取れるように思います。

ちょっと聞いてみたいのは、天命の思想を排除する一方で、なぜ日本人は仏教を一生懸命導入しようとしたのかについてです。

大澤　そうですね、それは考えなければいけないことです。この段階の仏教理解をリードしたのは、聖徳太子です。他の人にとっては仏教は呪術のようなもので、とるにたらない。しかし、聖徳太子の仏教理解、たとえば法華経理解に関しては、梅原猛さんもかなり高く評価されていますよね。ただ、この場合の仏教は、形而上学なんです。ひとつのコスモロジーを生きようとすれば重要ですが、実際の政治ではあまり役立たない。実際の執政との関係でいけば、儒教と律令が重要です。仏教は、この場合ただのコスモロジーだと。ただ僕が思うのは、われわれも朝鮮半島や中国経由で仏教を受け入れていますけれども、中国のシステム自体は仏教でできているわけではない。むしろ仏教は派生的なイデオロギーですよね。

一方で、日本は全面的に中国風のことをやるしかないと思っている。たとえば『日本書紀』を作るとか、律令をやるとか、官位のシステムを作るとか、中国式の普遍思想の模倣です。ただ、そういう状況にあって、なお精神的な独立を保ちたいという強い意欲もある。「天皇」という呼び方にもそれが現れている、ということをずっと話してきました。その精神的独立のためには、拠り所が必要です。その場合、仏教は重要な意味を持つと思います。つまり仏教自体は言ってみれば中国とは違った、普遍思想です。つまり、中国風のやり方に埋没することに対して、なにか後ろめたさがある。そういう自分を相対化し、精神の独立を得ようとしたときに、仏教は効いてきていると思います。

木村　中国式普遍思想というのは、なるほどですね。

大澤　当時の仏教は最先端の現代思想みたいなものですから。だから、聖徳太子が法華経を勉強したりしている。

半島と島国の危機感の差

木村　一般に政治の動向を見る上では、対外侵略と内戦の影響は大きいですよね。朝鮮半島では、高句麗だ、百済だと大変な戦いがあった。でもこの時期の日本は、侵略と内戦をあまり心配せずに、国内の統治システム構築に集中的に投資しているようにも見えるんですけども。

大澤　いや、663年に白村江の大敗がありますよね。けっこう日本も朝鮮半島に派兵した。あるいは派兵するぞと約束だけして、派兵してないんじゃないかと思われるケースもけっこうあるみたいです、古代史の研究によると(笑)。この時期は、大陸では隋が大帝国を築き、格下と思われた高句麗との戦いに失敗して滅び、ついで唐が出てきたり、朝鮮半島では新羅が唐に積極的に冊封されて強かったり、……と、むしろ気分的に言うと一触即発の冷戦状態とちょっと似た緊迫感があったと思います。だから、日本としては、こんな遅れた国ではまずいと。だから大宝律令、律令制度、ちゃんとした官僚採用システムの導入を目指したのではないか。

日本は基本的には九州から畿内へとめぐるラインが一番強いラインになるんですよね。それは文明が入ってくる筋道だし、あと日本は当時、鉄が採れません。古代の段階で鉄器が必要なんですよね。日本は大陸から鉄の素材を導入する傾向になっているので、鉄が手に入りやすいラインが強くなるんですね。

いずれにしても、この段階ではいつ自分たちも隋にやられてしまうかわからなかったし、その隋が618年には滅んで、今度は唐が出てきて、いつ侵略されるかわからない、という状況は続いています。この段階は日本側に非常に厳しい危機感があったと思います。だからこそ改革が早めに進んだのだと僕は思います。朝鮮半島のいくつかの国は、積極的に中国の皇帝から冊封されることで生き延びる作戦に出ました。朝鮮半島では冊封を拒否すると負けるという傾向がある。だから中国の皇帝から冊封されないほうの陣営が、日本からの援軍を頼む。日本もそれに参戦しておけば得するだろうと思って、参戦するわけですが、とてもかなわない相手だとわかる。だいたいこんな構図です。

とはいえ、しかし、長い目で見ると、朝鮮半島に比べると、基本的には、外国（中国）からの侵略の危機が少ないという事実は、やはり歴史に効いてくるんですね。結局、大陸との間に海があるので、その分、日本は安全なのです。

木村 少し落ち着いて国内を整えることが出来る。

大澤 そうです。ただ、この段階ではいつ隋・唐が来るか、こわいぞと、そうした危機感があったことは確かです。似たような危機感が、ずっとのち、あのペリーが来たときには出てくるのですね。

木村 危機感はあるんだけど、大陸諸国に比べると喫緊ではない。危機感が観念的だから、独特の対応になる面はあるんですかね。

大澤 それはあると思いますね。来るぞ、来るぞって言われてるけど、本当は来てない。そこで、危機感に対応して国内改革は少しは頑張るんだけれども、完璧には気合いが入らないという面もある（笑）。つまり既得権を捨てられないわけじゃないですか。

木村 そうですね。平安京が隋の軍に包囲されていたら全然違う対応になっていたはずです。

天皇は自前の軍隊を持たない

大澤 でも、中世の段階になってくると、その危機感が完全に消えてくるんだと思います。上世の段階では危機感があった。

中世は平安初期ぐらいからスタートしますが、この段階で危機感が消え始めます。これは確実に証拠があると思いますね。僕が日本の天皇制を世界史のコンテクストで見たときに非常に重要な特徴だと思っているのは、自前の軍隊を持たないということなんですよ。中世以降の天皇は、自分に直属する軍隊を持ってない。これは古代には、天皇の直属の軍隊があったわけですよ。たとえば防人とかは、戦って捕虜にした蝦夷を自分の軍隊に組み入れたりしていたのです。そうして軍事上の要衝に、常駐する軍隊を置いている。だけれども、それは相当コストがかかるのです。危機感があるうちは、仕方がないので、そのコストにたえます。しかし、外部からの脅威、つまり大陸からの侵略の恐れがなくなると、軍隊はもたなくてもいいかなということになってくる。平安時代のかなり初期のある時期から、天皇は自分に直属の軍をもたなくなる。天皇だけではなく、公家は、自分の軍をもたない。この事実は、彼らが軍事のための要員なしでも平気でいられたのは、彼らにたいした危機感がなかったことをよく示している。どうやら大陸から攻めてくることはないぞ、と。

このこととの関係でどうしても話題にしなくてはならないのは、天皇と武士との関係が重要だということですよね。特に石井さんの「親政せず」の伝統を天皇が守っている一方で、中世・近世においては、執政しているのは武士です。武士が実質的に政治を担ったからこそ、天皇は親政せずにすんだのです。でも武士は天皇の軍隊ではありません。武士は、天皇の軍隊とは別のところから発生している。

では、武士がどのように出てきたのかを考えると諸説あり、はっきりした定説がないということに驚くんですけども（笑）。

木村 いつできたのかもはっきりしないという。

大澤 おそらく平安時代の中頃です。誰でも知っている、確実に武士がいたことを示す初期の出来事は、たとえば平将門の乱（939－940）ですよね。将門は武士です。ということは、武士はそれよりも前に誕生しているのです。

簡単にいうと、都で摂関政治が始まった頃、武士は地方で出てくる。特に坂東（関東）で。摂関政治の出現と武士の出現。まったく独立のことに見えますが、中世史の専門家の桃崎有一郎さんは、両者の間に構造的な連関があったと論じています。僕はこの説に賛成です。

所有と占有の中間で成り立つ荘園

大澤　ここで注意すべきことがあります。先ほど、中世以降の天皇は、直属の軍隊をもたなかったと述べましたが、平安時代のごく初期までは、天皇の軍隊らしきものがありました。つまり、武芸をもって天皇につかえる臣下がいたのです。その中でももっとも有名なのは、征夷大将軍となった坂上田村麻呂（758－811）でしょう。彼は下級の貴族ですよね。戦うのが得意だったので、東国の蝦夷の追討のために派遣され、大きな軍功を挙げて戻ってくる。坂上田村麻呂のような、武芸で天皇に仕えた貴族の子孫が、独立して武士になった……という筋だったら、日本史はもっとわかりやすかったのです。しかし、そうではない。確かに、こういう系譜の武士もいます。坂上氏の末裔も武士になっています。しかし、彼らはどうみても主要な武士ではない。武士の中心にいたのは、平家や源氏ですね。彼らは、しかし、武芸をもって天皇に仕えた人の子孫ではありません。

木村　平安時代に入り、荘園制度が発達するなかで、中期からは摂関政治が始まる。ここでは、対外的な危機感はないと。

大澤　比較的ね。

木村　対内的にはどうなんでしょう。

大澤　これが重要なところです。対内危機というのは、対外危機よりも危機としては小さいわけです。しかし、危機は危機なんですよ。結論から言うと、対内的な危機の主要な源泉は、荘園制度関係、つまり土地問題と税の問題にある。律令の原則からすると、もともと公地公民制ですよね。つまり、土地も人民も天皇のものです。だから、天皇に税をとる権利がある、という考え方ですが、これはちっとも機能しない。当然です。誰も、ただ搾取されるためだけに、一生懸命土地を開墾したりしないわけですから。そこで、公地公民が崩れ、自分が開墾したものについては私有を認めるといった法、墾田永年私財法ができる。これが、公領の脇に、荘園という日本風の独特の土地制度を生み出していく、というのは山川の教科書にもきっと書いてあります。

荘園というのは、所有と占有の中間みたいなもので成り立っている。日本の場合、まずは、抽象的な所有よりも、占有、つまり誰がその土地を使用し、実効支配しているかが強い。この占有のことを「当知行《とうちぎょう》」といいます。しかし、それだけだと、すぐにその土地はより強い人に奪われたり、公領に編入されたりするので、その土地を、より身分が高かったり実力のある人に――たとえば都から地方に赴任してきている下級貴族などに――寄進するというかたちをとる。寄進された者が、ある土地の実効支配を承認する――日本史の用語で「安堵する」というやつですね――という形式をとると、土地は奪われにくくなる。しかし寄進された方も、それだけではまだ弱いので、さらに上位の人に寄進する。最終的には、摂関家のような有力な公家とか、皇族とか、有力な寺社へと寄進する。こうした何段階かの寄進の最終的な地点は、都にいる――天皇のすぐ脇にいる――公家等の有力者で、建前上は、その人に属する土地ということになるわけです。これが荘園ですね。つまり、誰かの土地の実効支配に対して、身分の高い者へと向かう承認を何段階も重ねることで、ようやく、その土地が、安定的に誰かに帰属する、という形式になる。この荘園の寄進の段階が、公領(公地)を治める段階とほぼ同じ構造になっていて、両者を合わせて、網野善彦さんが荘園公領制と呼んだわけです。

「税を払わない!」と言った奴はいない

大澤　ここで何をめぐって駆け引きや争いが生じているかというと、土地を実効支配している現地の有力者からすると、はっきり言えば、どのようにしたら税をあまり払わないで済むのかの争いですよね。公地公民だと帝に租庸調の税を払わなくちゃいけないのです。そこで、免税特権がある人に寄進して、その人の荘園という形式にするわけですが、もちろん、それで無税になるわけではなく、その寄進先の人に税を納めている。しかし、その方が、少しだけお得だったりする。

このシステムだと、むき出しの暴力を使うような激しい紛争は、現場の土地に近いところで生ずる。言い換えれば、都から離れているところでは、土地が誰によって実効支配されるかの争いがある。それから、荘園にせよ、公領にせよ、結局、税を都にまで運ばなければならないわけですが、その運送のプロセスで激しい暴力的な争いがある。強奪される可能性があるわけです。まあ、どちらにせよ、搾取されているので、誰に取られようが同じ、みたいなところもありますが。というわけで、こういう都から遠い、坂東(関東)のようなところで、武士がまさに武士として成立する。それに比べると、天皇の周辺、つまり都は安全で、物理的な暴力をふるうような紛争は少ない。だから軍隊はいらない。とはいえ、完全に安全というわけではないので、天皇の周辺の警備くらいは必要だ。というわけで、衛門府などに武士のもとになりそうな人たちとかはいます。でも、天皇が強い軍隊を持っていたわけではなかった。繰り返すと、一番争いが激しかったのは、天皇から遠い場所です。坂東あたりになると非常に問題で、全然安全な状況ではない。そうした地域から武士が出て、権力争いをはじめた。

簡単に言うならば、日本中でヤクザが勢力争いをしているような感じです。それぞれのヤクザがみかじめ料を取っていて、その縄張りで争っている。それで最終的に、朝廷も自分用のヤクザを雇いはじめた。そのヤクザが都に来たらどうするんだとなるので、それなりに警戒はするのですが、大した警備ではない。

それにしても、日本の不思議なところは、のちのちの一向一揆とかを見てもそうですが、「租税を払わない！」と言った奴は誰もいないんですよ。ボストン茶会事件みたいなことは起きない。「取られる税が多すぎる！」とは言うけど、「なんで税を取られるの？」とは言わない。だからみんな取られることは前提にしているんですね。ただ、「誰に取られたら一番得か」といった話になり、人が取ったものをまた取ったりとか、面倒なことになっていくのが、荘園公領制です。

木村　「税が高すぎる！」とは言うけれど、「税を払わない！」と言った奴はいない。

大澤　そうです。じゃあ、誰に払うのか。もちろん本来は帝に払わなきゃいけない。しかし、その税は、ちょっと高いぞとか、きびしいぞと思っている。そこに、うちの税のほうがお得ですよ、と言い出すやつらがいっぱい出てくる。彼らとて、かなり実力行使で、税を取っていくのです。それで、結局は地方の農民たちが誰に税を払っているのかを見ると、一番多いのは、摂関期をはじめとする主要な貴族や、皇籍を離脱した元皇族です。つまり主として、天皇のすぐ脇にいる――朝廷の中にいる――公家たちです。ということは、天皇のおかげで権力や権威を持っている者たちが、荘園制度を利用しながら、天皇の権限を蹂躙し、律令制の原則をどんどん食い破っていく構造なんです。

現場の意向が強い日本

大澤　どうしてこうなるのかというと、まず日本の場合、公式上は、権力の傘下にあるはずのところでも、権力の源泉、権力の中心から離れると、権力の実効性が著しく低下するのです。権力の中心というのは、天皇です。そこから離れているところというのは、もちろん、坂東等の地方。別の言い方をすると、上位の権力者と下位の従属者という関係の中で、従属者がけっこう強くて、上位の者も下位の者の意向を完全には無視できない。こういう関係性を、末端まで積み重ねていくとどうなるかというと、中央に対して、地方の現場がけっこう強いということになります。たとえば中国のシステムを見てると、まったく日本とは違うということがわかる。中国の統治のシステム、官僚のシステムを見ると、現在の体制でもそうですが、常に自分よりも上位の者、上の者の方ばかりを見ていて、下の者の意向などさして気にしない。どのランクの者も、自分よりも上の人、上司にあたる者のご機嫌だけを見てるわけ。ところが、日本人は相対的に下位の者の力が強く、結果的に、現場の意向が非常に強い。現代でもそうですね。だから、朝廷が地方の農民に税を払えと言っても、簡単には従わず、「そんなに払いたくないよ」みたいなことになるんですね。しかし、かといって、地方の共同体が自律して、中央の権力から独立するほどの主体性はない。そうなると、どうなるかというと、結果的には、天皇の側近のような公家とか、天皇の子や孫にあたる人とか、そうした人物に税を払うことになるのです。

どうして都の大貴族や皇族のような人に荘園を寄進して、彼らに税を払う――つまり彼らに収奪される方を選ぶのかといえば、結局、彼らは、公領の役人――つまり国司の介入を斥けることができるくらいの権威をもつからです。すると、とても変なことが起きていることになります。公家たちは、本来は天皇に納められるはずの税を自分たちの方に納めさせているわけですから、ある意味で、天皇をないがしろにしているわけです。しかし、彼らに、それだけの権威、カリスマ性があるのは、結局は、天皇との近さ、天皇に近い位置にいる、ということ以外に理由はない。民衆の方もまた、天皇には納めず、摂関家とか、皇族とか、大寺院とかに税を納めていることになるわけだから、一方で、天皇をないがしろにしつつ、他方で、天皇に近い人の権威や権力に服している。彼らは民衆反乱を起こして天皇を変えようとしたり、拒否したりするのではなく、天皇制に寄生しているような奴に税を納めている。

木村　細かく反乱する（笑）。

大澤　まあそういうことになります。

木村　今の話を聞いて、日本の学校現場を思い浮かべました。文部科学省など中央政府が何か方針を立てても、現場はなかなか動かない。中国なら上命下服で、中央の意向を満たすため、現場が必死になるということですよね。

大澤　日本では、最終的には現場で「できませんよ」と言われてしまうと、現場を見たことのないような上の人は文句が言えないみたいな雰囲気があるんですよ。最後は現場の裁量権が強い。でも中国は、現場が何を言おうと、トップが何を言ってるかのほうが大事なのです。たとえば今、香港では、デモが起き、現場は大混乱です。しかし、このことによっては、香港政府の長官は失脚しない。しかし、中央政府の意向に反することをしたら、つまり現場の民衆に譲歩でもしたら、ただちに失脚です。つまり上の言ってることを実行せず、現場の言うことを聞いたら失脚しますね、確実に。

木村　日本の現場では、中央が何を言おうと自分流を通す人が多いかもしれませんね。私がSNSで学校の問題を法的に指摘すると、「お前は現場をわかってない。法律よりも人格だ」って先生らしきアカウントから怒られることがしばしばあります。そういう人の主張をよくよく見ていると、法的批判を無視する割に、学校内伝統絶対主義だったりする。国の法律よりもマイルールが大事なのかと驚きます。一方で、そういう人が、大臣や高級官僚と親戚だったり、知り合いだったりしたら、それを自慢して現場でのプレゼンスを高めたりしそうですが。

大澤　日本では、そういう態度の歴史は根深いのです（笑）。

木村　このような状況が、この中世の日本で展開していったということですね。

摂関政治の危うさ

大澤　話を少し戻すと、地方で武士が生まれつつあるときに、都では摂関政治が始まる。「天皇」という変数を入れてみると、二つの現象の間に相関関係があったことが見えてきます。摂関政治というのは、天皇の求心力をどんどん下げているのです。それは、確かに、天皇がいなければ成り立たないシステムで、天皇に依存し、そして天皇を利用しているわけですが、しかし、全体として見れば天皇の持っているカリスマをどんどん小さくしているのです。

木村　最近読んだ『古代史講義　邪馬台国から平安時代まで』（佐藤信編、ちくま新書）に、榎本淳一さんが摂関政治について書いていました。摂関政治は天皇から権力を奪うというよりも、天皇の政務を代行させるシステムを作ることによって、陽成天皇（869－949）のようなしょうもない人が天皇になっても、天皇制が機能するように作られたのではないかと。誰が天皇になってもいいように、むしろ天皇制を補強したのではないかと指摘していました。

大澤　天皇の個人的な能力やカリスマがなくても、天皇制はあり続ける。そう考えると、天皇制が制度として安定しているからこそ、摂関政治が可能だったとも言えますよね。ただ、そうすると、そもそもなぜ天皇というものが必要だったのか、天皇がそもそも何を根拠にして動いているのかという問題がまだ残ります。

木村　確かに、政治的な才能や、軍事力を根拠にしているわけではないですよね。

大澤　天皇という制度になぜ正統性があるのか。何を権威の源泉にしているのかはわからない。天皇が持っている得も言われぬ高貴性に依存しているわけですが、それは何の裏づけもない。それを明白に相対化するような方向で制度をつくっていった摂関政治というシステムは、一見安定しているようで、やはり非常に危険な一手のような感じはします。

木村　摂関政治によって、天皇が政治的には不要だと明らかになってしまう。

大澤　ある意味でそうです。肉を切らせて骨を断つなのか。いやもしかしたら骨の方を断っているのではないか。そんな危ういところが摂関政治についてはある。

木村　摂関政治は天皇の貴族性が通奏低音としてあるからこそ成立しているのだと思っていたのですが、天皇制が骨抜きになっている可能性もあるわけですね。

「とりあえずビール」「とりあえず天皇」

大澤　即位に関するニュースを見ていると、即位の礼のセキュリティが厳重でしたよね。どこかで爆竹が爆発したり、一部の人も暴れたけれども、ちゃんと警察が守ったので大事に至らずにすみました。僕が想像するのに、警察と新左翼の一部の人は、やるならここまでというお互いの顔立てはあったんじゃないか。持ちつ持たれつ、無害な限りでやっていた。そう考えると、なんのための厳重なセキュリティなのか。「天皇危うし！」みたいな気持ちが重要なんでしょう。荷物チェックももう儀式の一部です。そんなにみんな、天皇のことを狙っているのかな……。賛成する人も、反対する人も、みんな天皇萌えをしているのでしょう。

木村　若い人の関心は薄れつつありますけど、廃れるわけじゃない。天皇に対して批判的な声が出ると、「天皇はすばらしい」「失礼なことを言うな」という声がお約束のように上がってきます。「とりあえず、ビール」のような「とりあえず、天皇」。ビールに関心はないけど、飲み会ではとりあえずビールを頼んでしまうので、ビールは廃れない。

大澤　ちょっとそれに近いですよね。実際天皇に対する関心が薄くなる時期ってありますからね。日本の歴史の中で、現在はわりと関心のあるほうですよ。むしろ、関心をもたれていないほうが天皇制の常態です（笑）。でも、天皇制には、いざというとき使えるぜ、みたいなところがある。

「とりあえずビール」というときに、そんなにビールだけが特別に好きではないけれど、最終的にはビールだよって時もある。天皇制も、ほとんどの期間に「とりあえずビール」ぐらいの活躍しかしてないので、役にも立たないのかなと思わせるときもあるけれど、要所、要所で突然存在感を発揮するということがやっぱりあるんですよね。

武士はどこから出てきたのか

木村　それでは、鎌倉時代の話に入りましょうか。中世までは朝廷が政治の中心地でした。しかし鎌倉時代になってくると、政治の中心が必ずしも朝廷とは言えなくなっていきます。先ほどから言及されていますが、まずは武士が生まれてくる。

大澤　武士が確実に力を発揮し始めるのは平安末期から鎌倉にかけてです。武士は開発領主から生まれてきたという説があり、僕らは教科書でそう学びました。現在の日本中世史の専門家は、このかつての通説には懐疑的です。僕らは、ここまで「武士」について日本人なら誰でも知っているという前提で話してきましたが、あらためて武士をきちんと定義しておくと、二つの条件が重要です。第一に、戦闘者だということです。ただし、戦えばなんでもよいというわけではなく、武士らしい戦い方というものがある。武士といえば「刀」と思われていますが、本来は、むしろ「弓馬」です。武士の家のことを「弓馬の家」と言ったりする。弓馬というのは、馬術と弓術ということではなく、馬にのって弓を射るということです。第二に、何のために戦うか、ということですが、土地のためです。武士は領主なのです。このような二つの条件をもつ武士は、どこから出てくるのか。開発領主が武士の中心であるはずはないのです。なぜなら、弓馬というのは、かなりの高等技術なのです。普段、農作業をしている人が、いきなりできるものではない。ではどこから武士が出てきたのか。

先ほどから税の話をしましたが、農民は、税を運ばなくてはならないのです。朝廷か、あるいは荘園の最終的な所有者である「本家職《ほんけしき》」と呼ばれる公家・寺社などに、です。実際に運ぶための責任者になるのは、律令体制の中では郡司に任命されるような地元の実力者です。しかし、これはあまり割のよい仕事ではない。というのも、まず彼らは、税を運ぶ途中で強盗に襲われるかもしれないのです。もし襲われて、運搬物を奪われても「お前が租税を失くしたなら、お前のせいだ」と言われてしまう。もともと税自体が収奪ですから、襲ってくる奴に払ったほうがいいともいえます(笑)。とにかく、運送する人は、盗賊に備えて武装している必要がある。で、どういう人が盗賊になるかというと、実は、階級的にみれば、運送する者と強盗する者はわりに近いのです。

では、地方で跋扈する運送業者であると同時に盗賊でもあるような人が、武装してそのまま武士になるかというと、そうはならないのが面白いところです。まだ肝心なものが足りない。武士のリーダー、いわゆる棟梁は、地方に散った源氏や平氏が多いじゃありませんか。源とか平とかいうのは、天皇の子や孫なのですが——あの「光源氏」の場合のように——、将来天皇になる見込みがなくなった者が、天皇の臣下になったときにつける姓です。「源の朝臣《あそん》」とか、「平の朝臣」となるのです。あと、武士のリーダーには、源氏、平氏ほどではないですが、藤原氏もいます。平将門の乱のときに活躍した、藤原秀郷とか、です。つまり貴族、つまり王臣子孫で、都で出世する見込みがなくなった者が、たとえば国司とかになって地方にくだったとき、そのまま地方に留住し、群盗的な運送屋と一緒に戦いつつ、彼らのリーダーになる。貴種的な核があると、群盗たちがまとまると言いますか……。

木村　効くわけですよね。

大澤　効くんですよ、それがやっぱり。土地と租税の取り合いをしている土着の実力行使軍団に、貴種的なものを混ぜ合わせたもの、それが武士だと思います。

木村　ハイブリッドした存在なわけですね。

大澤　そうです。土着した貴種が、地元の豪族と結びつくのは、結局、豪族たちの女《むすめ》と結婚する、というかたちですから、文字通り、ハイブリッドです。中世史の桃崎有一郎さんが、最近『武士の起源を解きあかす』(ちくま新書、2018年)という本で、後に武士になった人のルーツを徹底的に調べぬくことで、この点を実証しており、実に説得力があります。貴種（王臣子孫）が核にないと、武装集団は、武士というアイデンティティや自尊心をもつことができないのです。彼らは、本来は天皇がとるべき租税を自分のものとして収奪したり、強奪したりしている連中ですから、天皇をないがしろにしてると言わざるをえない。しかし、武士のリーダーが貴種である根拠は、結局、天皇との近さにあるわけで、彼らは天皇制に依存もしている。

そんな中、平将門（?－940）が天皇制を否定しはじめる。彼も、平氏ですから、ちょっと高貴な人で、戦いも強くて、地方の親分のような感じになります。そのうちに、都から派遣されてきた国司をやっつけちゃう。ここまではまったく問題ないのです。これは、朝廷も容認している盗賊同士の争いの一環です。しかし、将門は――どのくらい深く考えたのかわかりませんが――自分が新しい天皇だと、「新皇」と名乗ってしまった。そうすると天皇に対するアンチテーゼであり、完全な逆賊になってしまうのです。これが将門の失敗だと思います。こうして彼は追討されてしまう。実際の武士は、逆賊一歩手前なのですが、ぎりぎり天皇に依存しているという二重性が重要なのです。

土着と貴族の二重性を持つ武士

このように武士には、土着志向と中央志向の両方がある。だから、武士の起源についての説が二種類に分かれてしまうのだと思います。土着志向に注目する人は、武士は開発領主であり、開墾して自分の土地を持った実力のある農民が武士になったと考える。他方で、武士の起源は都だという説もでてくる。たとえば『武士の日本史』（岩波新書）の著者である高橋昌明さんは、武士は衛府に由来するという説を唱えている。つまり宮中のガードマンが、武士のルーツだ、と。確かに、武士はかなり都風で、甲冑とかすごくおしゃれなんですよね。トレンドの服を着ている感じで、貴族志向が強く、そのへんの田舎のおっちゃんではないのだという感じもする。

でも、僕は土着性と、貴種との二種類から出来たという説を支持します。先ほど名前を出した桃崎さんはその説です。要するに、地方の武装した豪族と都に由来する王臣子孫（貴族）とが合成されると武士になる。桃崎さんは、牛乳（地方豪族）に酵母（王臣子孫）を加えてできたチーズが武士だという比喩で語っています。こうして摂関期に発生した武士が、どんどん実力をつけてきた。院政時代を経て、平氏は一時は朝廷を牛耳るまでにいくわけですが、すぐに失敗してしまう。そして都ではなく、地方（鎌倉）に拠点をおいた源氏のほうはうまくいった。ここまでくると、武士だけでもほとんど日本列島を支配が出来そうな状態にせまっている。それなのに……

木村　中央には朝廷がまだ残っている。

大澤　そう、なお残っているんですよ。源頼朝（1147－1199）に対して、朝廷が守護・地頭職の設置と任免権を与える形にしました。「文治の勅許」というやつですね。なぜ、こんなふうに、天皇から権限を与えてもらう形にするのか。すでに朝廷にはたいした実力がないというのに、です。そして、武家の内部の主従関係、つまり武家の棟梁と御家人の関係は、朝廷側の制度とはまったく関係のない完全に私的なものです。その後、頼朝は「征夷大将軍」の地位も与えられますが、もともと頼朝は、天皇や法皇の部下ではないわけです。なぜ、わざわざ天皇に、そんなかたちで認めてもらう必要があるのか。

木村　栄典のようなものですよね、実態を表すというよりも、「○○賞」のようなものとして官位をもらうわけですね。

大澤　まあそんな感じですね。その官位は、必要ないように見えます。

木村　朝廷から「征夷大将軍」に任命されなくても、鎌倉幕府を開ける力はあるわけですからね。

大澤　そもそも平安時代の段階で、朝廷の支配はほとんど空無でした。各地でヤクザのような人たちが出てきて、勝手に裁判権や行政権を行使してきた。そんな状態の中で、天皇から「守護と地頭はお前が決めてもいいぞ」と言われても、言われなくたってやれる状況です。その後、鎌倉幕府は源氏が三代続きますが、そこで血が途絶える。その後、北条得宗家が幕府で実権を握る。だったら、北条家が、武士のリーダー、幕府の頂点でよさそうなのに、その後も、かたちだけの将軍を、摂関家や皇族から呼んできて、それを維持する。この「将軍」は、実際の政務にはまったくかかわらない。将軍は、武士の政府を朝廷とつなぐ臍の緒です。だけど、これは必要かな？って思えてしまう。

木村　実権を持っているはずなのにわざわざ将軍を立て、しかも皇族からって、二重に意味がわからないですよね。

大澤　そうなんです。でも、それがないとうまくいかないような気分になってるんですよ。とりあえず、ビールって感じで。

木村　好きなものを頼めばいいはずなのに、とりあえずビール（笑）。そこから始めなきゃいけないという決まりでもあるかのように。

大澤　しかも、普通に見ると、武士たちはその「将軍」を思いっきり馬鹿にしている感じもある。若いうちだけ置いといて、物心ついて物を言うようになったら交代だ！と。はっきりと、武士の方が朝廷よりも実力があるということが明らかになるのは、承久の乱です。承久の乱は、武士が、皇室を全体として敵にまわして戦った、最初で最後の機会です。このとき、武士側、鎌倉幕府側が圧勝する。ここで、武家政権は、天皇制を廃止してもよかった、ように思える。

北条側は、しかし、後鳥羽上皇をはじめとする朝廷側の首謀者を厳しく罰しはしますが、しかし、天皇制というシステムだけは温存するのです。その承久の乱以降は、だれが天皇になるかも、幕府の意向で決まるようになる。そして、幕府は、その天皇に任命された、かたちばかりの征夷大将軍を、うやうやしく迎え入れる、という形式をとった。

仕えつつ自律しているという二重性

木村 対外関係に目を向けると、聖徳太子の時代には、中国との関係で「天皇」という名称を用いることで、中国に従属しているわけではないと示したという話でしたよね。鎌倉時期には、国際社会との関係では天皇はまったく無意味だったのか、何か役割を果たしていたのでしょうか。

大澤 その後、元寇がありますね。天皇が対外的にどうだったかは別として、武士の支配にとっては、この事件は大きな意味を持ちました。

木村 幕府は「元には従属しない」という態度をとるわけですね。

大澤 そうですね。考えてみると、御家人というのは、源氏の棟梁との個人的な主従関係に過ぎなかった。将軍に統括された御家人の集団という意味での武士団は、いわば特別に大きなヤクザでしかなかった。非御家人の武士もいくらでもいたわけです。しかし、元寇をきっかけにして、幕府が、全国の武士に対して命令権を持つようになった。元寇は大変だから、全国連合で対抗しようと、鎌倉幕府は、非御家人に対しても権限を持つことになる。

ところで、日本人は野球のナショナルチームを「侍ジャパン」と言ったりして、日本人の最も良質なエートスは武士的な態度によって代表されるというイメージを持っていますね。確かに、ずっと後の話ですが、明治維新の時に、日本の近代化に対して最も大きな貢献をしたのは武士です。武士というエートスが日本の近代化にとって重要だったのは確かです。でも、僕が不思議に思うのは、では、日本社会というのは、そんなに武士、つまり戦闘者というものが重要性をもつような社会だったのだろうか、ということです。戦闘者が真に不可欠になるのは、ほんとうは、対外的な危機があるとき、外部からの侵略の脅威があるときです。しかし、日本にとっての対外危機は、ペリーが来るまで、ほとんどこの元寇しかない。世界の国々を考えると、外敵が襲ってきたり、常に危機がある。朝鮮半島なんか日本よりずっと大変ですよ。日本は相対的に平和だったはずなのに、戦う奴が一番かっこいいとなっているのは不思議です（笑）。

木村 「武士」という言葉がいつのまにか、「侍」という言葉になった。侍というのはもともとは「さぶらう」ですよね。公家に仕える人。武士というのは、公家との関係で規定されているからこそ、侍という言葉がなじんだのでしょうか。

大澤　うん、つまりそこがまた武士というものの不思議なところなんですよ。一方で武士には、ある種の独立性や自律性を重視している感じがありますよね。坂上田村麻呂が武士の中心にならなかったのは、あまりにはっきりとした天皇の家臣だからです。朝廷のシステムの中で、直属の軍人であることがはっきりしているような人は武士らしくない。むしろ、朝廷とはある程度独立した地元勢力感がなきゃだめなのです。じゃあ、100%地元勢力ならいいかというと、それもだめなんですね。やはり公家的なものへの従属や依存という面も必要になる。北条氏だけでは、武家政権は作ることができなかった。どうしても、源氏が必要だった。
　そこが不思議なところなんです。公家や天皇に対してさぶらっているのに、他方で自律していることを重視する。その二重性がすごく重要な気がします。本当には自律してないんだけど、かといって、主人（天皇や公家）の配下、その完全にその一部になってるみたいな者は、武士としてのオーラがゼロになってしまうんですね。

木村　何かに捧げているというのは理想的な武士のイメージですね。

大澤　そう、理想的な武士のイメージですね。

木村　個人主義者になるとただの強盗になってしまう。

大澤　そうですね。武士は主人との関係では、御恩と奉公の関係にある。主人も武士です。御恩というのは、基本的には、本領安堵、もっといえばその土地への「当知行」を承認するということで、奉公の内実は、戦のときに主人のために戦うこと。では、なぜ、その主人に従うのか、どうしてその主人による本領安堵、つまり土地の実効支配への承認が意味をもつのか。ここに、最終的には、その主人が、源氏である等のことが効いてくる。つまりここに、先ほど述べた、貴種性が効いてくる。ということは、主人は、天皇にゆるやかな意味で従属しているか、少なくとも天皇に由来するオーラを帯びているということです。興味深いのは、まったく正反対の力が武士において働いている、ということです。一方では、天皇的なものからの自立へと向かうベクトルがあり、他方には、天皇的なるものへと従属するベクトルがある。どちらか一方だけでは、武士は成り立たない。どうして、この二律背反的な二つの力が働くのか。

日本で戦闘者の威信が高いのはなぜか

大澤　もうひとつ僕が不思議に思うのは、日本では内戦もあるし、盗賊もいるし、安全でのんびり出来るわけではないけれども、外部からの本当の脅威は少ないわけですよね。それなのに、戦闘者の威信はかなり高く、中世〜近世における事実上の支配者です。他方で中国は常に脅威にさらされていて、しばしば激しい戦闘状態になるのですが、軍人よりも文人の方がはっきりと威信において勝っているのです。軍事力の必要性の低い日本の方が、戦闘者がいばっているのはどうしてなのか。

木村　理想的中国人は文人ですよね。

大澤　中国人として最も望ましいのは弓馬が優れている人ではないんです。

木村　項羽ではなくて劉邦であると。

大澤　そのとおりです。『史記』では、武人としては、劉邦よりも項羽の方が優れているという印象で書かれています。劉邦の方は、勝者ですが、「馬上で天下をとることができても、馬上では天下を治められない」という儒家の説客・陸賈に説得されています。あるいは『三国志演義』でも、武人として有能な魏の曹操よりも、文人的な雰囲気が強い蜀の劉備の方がよく描かれているでしょう。中国は、日本よりはるかに厳しい軍事的な脅威にさらされているはずなのに、軍人の威信は低い。中国に比べたらずっと安全な日本では、武士がけっこう頑張っている。

ただね、これもまた微妙なひねりがある。先ほど言ったように、武士は公家に憧れていま す。それに対して公家のほうは、自分は武士のように野蛮ではないということを大切にしていて、武士に憧れてもいないし、積極的には武士になりたいとは思っていない。平安時代は都だけ見ると平和です。殺し合いもあまり起きない。いつからそうなったのか。平安初期に「薬子の変」（810）というのがあります。平城上皇の愛人である藤原薬子の名前が乱の名前に使われていますが、要は嵯峨天皇と平城上皇の喧嘩です。一旦、天皇位を譲った上皇が、天皇への復帰を求めた。それが乱になって、最終的には、関係者を死刑に処したり、薬子など女性さえも自殺して果てるような、激しいものになった。つまり、このときは未だ、貴族や皇族が自分で武器を用い、血を流しあって戦ったのです。でも、そこから保元の乱（１１５６）まで一度も平安京では死刑がないのです。日本の貴族は武器も持っていないし、公家はいかに自分が軍事的な野蛮さから遠いかをカッコよさの源泉にしている。他方で武士は、自分は弓と刀と、特に馬と弓が得意なところがすごいんだぞと言う。ここには屈折したものを感じます。なんていうか、僕らもあるじゃないですか。ちょっと差別されてるときに、卑屈にならないで、逆にその差別のポイントになっている性質こそがいいんだぞっと、自分の自尊心の根拠にする、ということがね。

木村　むしろ、それがカッコいいみたいな。インテリとヤンキーとか、リア充とオタクの関係みたいですね。

大澤　そう。「お前なんか腕力強いだけじゃねえか」と言われたら、「腕力の強いのがかっこいい」と開き直る感じですよね。

木村　差別を前提に開き直る。

大澤　いずれにしても、日本では、中国に比べると武士と文人との間にはっきりした上下関係は決まっていません。中国では、文章の才能のある人が官僚になって、その下に軍人がいる。軍隊は官僚の言うことを聞かざるをえない。日本の場合も建前上は公家や朝廷の言うことを聞いてることになってるけど、そんなに言うことを聞いてる感じでもないですよね。逆に、武士側が上から目線になったり、威張っているときも少なくはない。どっちが偉いかわからないのです。

木村 今のお話を聞いていて、天皇制というのは皇族との距離を利用する人も含めたシステムなんだという気がしてきました。天皇制が生み出す貴性が、源頼朝のような人にも必要だった。ただの強盗のトップではまずかった。

大澤 そのとおりです。そうしたことをする奴がいるもんだから、天皇の権威はどんどん下がってるんですけど（笑）。

木村 源頼朝は自分で貴種をもっていたけれども、北条得宗家の支配の時にはそれがないので皇族から人をとっていく……。

大澤 そうなんです。

天皇への敬意がゼロだった信長

木村 日本人の理想的イメージが武士というのもなかなかおもしろい話ですよね。

大澤 現在の日本に、公家風になりたい人ってあんまりいません。「摂関ジャパン」とかないでしょう（笑）。天皇はそこそこ尊敬されている雰囲気はあるけれども、誰もなりたいとは思っていない。武士になりたい人はいるかもしれないけれども。織田信長（1534―1582）になりたいとか。

木村 織田信長というと独創的な人のイメージがあるのですが、やはり侍として何かに仕えているのでしょうか。

大澤 織田信長はまさに武士の中の武士であると同時に、武士としての条件を極限までつき詰めたために例外的な武士でもある、というところがあるのです。武士には二重性があると言いました。一方では、天皇への直接の従属から離れて自立しようとする面。他方には、天皇や公家へと憧れ、最終的にはそれらに従うという面。前者が、天皇からの遠心力で、後者が、天皇への求心力です。織田信長は、前者が非常に強く、後者が極小化した唯一に近いケースです。信長が仕えるとすれば、足利将軍か、天皇ですが、結論だけ言えば、彼はどちらにも本気で仕える気はない。天皇を自分の上に見なかった唯一の武士が信長です。詳しくは説明しませんが、彼が、志半ばで謀反にあって殺されてしまった、究極の原因は、彼の天皇への敬意がゼロだった、ということにあると僕は考えています。

木村 たしかに、通常の武士は、自分の思うままに自由に独創的に生きる人というよりも、我慢の人という感じがします。『ルパン三世』の石川五右衛門がそれですよね。やっぱりルパンにさむらってるわけですけど、本人はいろんな我慢をしてるというか、享楽的な人間ではないという。

大澤　なるほど、言われてみればそうですね。で、刀しか使わないしね（笑）。

木村　変な格好をずっとしてるし。

大澤　本当はいろいろよくわからないところがあるんだけど、細かいことで言うと、武士というとだいたい刀をイメージしますよね。

木村　でも武士は戦闘のときにはほとんど飛び道具を使っていて、刀は合戦じゃなくて最後に首を斬るための道具だったと。

大澤　そうです。実際の合戦では、最初は、馬に乗って弓を射るということがすごく重要だったわけで。だから刀はどの段階でそんなに重要になったのかな……。後に、日本にも鉄砲が入ってきますよね。ヨーロッパでは鉄砲の普及によって、特に訓練しない人でもそれによって強くなるので、これが身分制度の相対化や崩壊に、最終的には市民革命に繋がっていきます。つまり、ヨーロッパでは、鉄砲という武器と市民の自立とが相関している。ところが、日本では、大量の鉄砲が入っても、身分制の崩壊に繋がるようなインパクトはまったくなかった。「ゴルゴ13」が鉄砲を使っていますけど、長い間、日本人にとっては鉄砲はカッコよいものではない。鉄砲は、刀や弓馬とちがって、自立や自尊心の根拠にはならなかったのです。武器として役に立たない刀の方が、かっこいい。だから鉄砲で頑張っても、偉くなれない。鉄砲を使わされるということ自体が、むしろ、ハイアラーキーの末端にある従属性の印になってしまっているのです。

木村　敵を倒すという目的からすれば、鉄砲の方が明らかに合理的なのに。

大澤　そうなんです。特に馬なんか乗りながら弓引くって難しいじゃないですか、技術的に。この難しさが重要だったと思いますね。非常に難しいから非常にプレステジアスになるわけです。誰でも使えるような簡単な武器だとカッコよくないわけですよ。日本には戦車というものがなかったけど、たとえば古代ローマなんかだと馬が引く戦車に乗りながら弓を射るってすごいカッコいいわけでしょ。日本はあんまり平らなところがないから戦車が役に立たないでしょうね。

木村　山地ばっかりですから、邪魔でしょうがない（笑）。

大澤　でも、馬はとにかく普及しましたね。まあ馬はさっきの税の問題とも絡んでいて、運ぶのにすごく重要なので、けっこう大事なことなんですけど。

武士は滅びて天皇は残る

大澤　そもそも天皇がいることの不思議さがあるのですが、中世のここまでの段階で、さらに微妙になってきている。

木村 そして、建武の新政（1333－1336）が起きますね。

大澤 実質的にいろいろなことをしているのは武士の政権の方なのに、武士の政権やその担い手となる家系はしょっちゅう滅びるんですよね（笑）。

木村 源氏が滅び、北条氏が滅び……

大澤 いろいろ頑張ったのに北条氏も滅びてしまう。天皇が頑張ったから生き延びたのかといえば、べつになんにもしてないんだけど。天皇のほうは残って、武士は滅びてしまうのは不思議なところですよね。

木村 南北朝になり、足利義満（1358－1408）が統一しました。義満が「日本国王」と名乗ったあたりは重要ですよね。

大澤 義満は天皇を狙っていましたよね。義満が天皇になろうとしていた、というのは今谷明氏の有名な説です。今谷説は通説になっているわけではありませんが、しかし、義満が、上皇や天皇が担っていた儀礼的な役割をできるだけわがものにしようとしていた、ということまでは言えるようです。義満は、天皇そのものになり代わろうとしたかどうかはわかりませんが、少なくとも義満は、「治天の君」のようにふるまい、その地位を、寵子義嗣に継がせたいと考えていたと思う。結局、義満の死後、義嗣が兄の義持との争いに敗れ、この継承はうまくはいきませんが。

少し話を戻すと、源氏が滅亡して、北条家が実権を握りますが、彼らは地方豪族に過ぎませんでした。しかし足利尊氏は源氏の出自であり、貴種だったのが重要です。足利尊氏（1305－1358）は天皇を利用しながら、最後には後醍醐天皇（1288－1339、第96代）と喧嘩してしまう。とはいえ、幸いというか、そのとき、南北朝の対立につながる、天皇家自体の分裂があったので、尊氏は、後醍醐と敵対関係にあった持明院統の光厳上皇の院宣を受ける。つまり彼もまた、後醍醐とは仲違いをしますが、天皇一般を倒すのではなく、むしろ天皇を活用してその命令に従う形で覇権を握ったのです。そして、いわゆる南北朝時代が長く続く。足利幕府は、いちおう北朝を支援しているわけですが、南北朝の対立自体が、武家政権にとってすごく有利に作用したと思います。朝廷の内部に対立があることで、朝廷自体が、武家政権を脅かすような強さを絶対に獲得できないからです。本郷和人さんの最近の説ですが、南朝側は楠木正成が没したあとは戦力的にはゼロなのにどうして、足利幕府は南朝をやっつけなかったのか、ということに関して、本郷さんは、わざと存続させていたのではないか、というのです。室町幕府の体制が十分に整うまで、南朝を残し、北朝を牽制していた、というわけです。この説が正しいかはわかりませんが、とにかく、南北朝の対立は、武家政権にとっては有利だった。そして、義満のときに、半世紀ほど続いた南北朝時代は終わった。義満のときが、室町幕府の絶頂期になります。

木村　義満自身が、明への国書で「国王」と名乗りましたね。

大澤　中華帝国の冊封体制の中で、日本の国王としていちおう承認されたわけです。明からすると、誰が国王なのかよくわからない状態ですよね。将軍なのか、天皇なのか。いずれにせよ、義満は、明の国王からの冊封によって、天皇の上に立とうとしているのではないでしょうか。先ほど述べたように、義満は、自らが天皇になろうとした、という説もある。あるいは、義満は、自分の子の義嗣を天皇に予定していた、という説もあります。ただ、天皇になろうとか、あるいは、明の皇帝からの承認によって天皇を越えようとか、という発想自体が、すでに、天皇制に負けていると思いますけどね。

目的や主題がない応仁の乱

木村　天皇になることに、どのような意味があるのでしょうか。すでに最高権力はほぼ握っているのに。

大澤　本当ですよね。天皇になったから言えることって、「天皇になった」ということだけなんですよね。いちおう、ずっと天皇から官職をもらう形ですが、究極の形は自分が天皇になることなのかもしれない。だって官職なんかもらってもいいことないですよ。

木村　このころは、官職を得るために朝廷にお金も払っていますよね。

大澤　朝廷にとっては、重要な収入源でした。売官制度ですよね。

木村　でも、官職をもらったところで、それに権限も報酬も伴わない。ほとんど賞状のような状態です。

大澤　鎌倉の時代には、多少の重みがあったのかもしれませんが、この時代になると、律令由来の官僚システムの中の官職を得ても、なんの実質もないでしょうね。

木村　この辺を見ていると、天皇は賞状係になっている。オリンピックで金メダルを取る人は偉いけれど、あげる係の人はべつに偉くないですよね。金メダルは欲しいけど、金メダルをあげる係になる必要はそんなにない。天皇になりたいかというと……

大澤　そうですね。日本の歴史を見ても、本当に天皇になろうとした人は、そんなにたくさんいない。義満は天皇という地位に肉薄した。そして肉薄したのに失脚しなかった数少ない人ですよね。奈良時代の道鏡は、義満よりもっと露骨に天皇になろうとしましたが、しかし、失脚している。

さて、義満のときから一世紀ほど後に、応仁の乱（１４６７－１４７８）がおきます。この乱のときには、天皇も将軍も機能していない。鎌倉幕府や江戸幕府は関東に拠点を持ちますが、室町幕府は京都です。征夷大将軍の権威の源泉が天皇にあるのだとしたら、もっとも天皇に近い場所にいる室町幕府は有利だったはずです。どこかの田舎で、遠く都にいる天皇の権威を振りかざす奴よりもね。実際、一見、室町幕府は非常に強い武家政権で、鎌倉幕府と対比すると、武士の朝廷への優位はついに決定的なものになった、幕府が朝廷を呑み込んでしまった、と言える部分もあるのです。たとえば財政的基盤、どこから税を徴収するか、です。先ほどていねいに説明したように、公地公民制が形骸化していたので、天皇にとって地方からの税収は少なかった。それなのに、天皇がやっていけたのは、ずっと京の町から税を徴収していたからなのです。室町幕府は、京都に拠点をおいたとき、その京都の徴税権を奪ってしまい、朝廷の財政的な独立を困難なものにした。その意味で、室町幕府は朝廷を呑み込み、非常に強大で安定的な権力を築いたかに、ちょっと見には見えてしまう。しかし、実際には、室町幕府は、非常に弱い武家政権です。その権力は、列島のすみずみまでには及んでいない。関東にすら及んでいない――関東管領というのがいるけれど、あれは幕府の出先機関という建前ですが、いつ歯向かうかわからないほとんど独立の勢力です。そして、義満のときには、そこそこ繁栄するとはいえ、室町幕府の安定的な支配はごく短期間しか続かない。天皇の近くに根拠地をおいた武家政権である室町幕府は、非常に弱体なのです。そもそも尊氏はどうだったんでしょうか。本当は鎌倉に幕府を開きたかったのでしょうかね。

木村　呉座勇一先生の『戦争の日本中世史』（新潮選書、２０１４年）を読むと、尊氏は期待されたエースではなく、仕方なく出てきた人みたいですね。

大澤　消極的な人だったらしい。日本史って、それぞれ個人の意思や動機とは関係なしに動くところがある。というか、個人の意思と歴史の意思、個人の理性と歴史の理性とがずれるのは、一般的なことなのだけれども、日本史の場合には、両者の乖離が特別に顕著です。その日本史の中でも、個人の意思と歴史が客観的に示している抽象的な意思との間の乖離が最大になったのが、応仁の乱ではないかと思う。呉座さんが書かれた『応仁の乱』がベストセラーになりましたが、それは、応仁の乱というものを日本人なら誰でも知っているのだけれども、では、誰が何のために戦ったのかを説明できる人はあまりいないからです。関ヶ原の合戦とか、戊辰戦争とか、だいたい誰と誰が何のために戦っているのか説明できるのだけれども、応仁の乱はできない。それもそのはずです。一応、足利義政の後継者のことが争われていたとかいろいろなことが言われるわけですが、要するに、登場人物たちが、勝手に、それぞれの個人的な争いを、この応仁の乱の中にもちこみ、この乱に便乗して、ライバルをやっつけようとしているのです。十年以上も、です。応仁の乱は、いわば「紛争一般」というべき紛争で、そこにさまざまな個人的な争いが代入されていた。だから、応仁の乱には、乱全体を規定するひとつの目的とか主題なんてないのです。そもそも、誰が味方で誰が敵かさえも流動的で、自軍の大将が敵に寝返ったりしている。しかし、具体的には目的を特定できない紛争一般であるということこそ、応仁の乱の本質だと思う。まさにそのことによって、日本の前近代の歴史における最大のターニングポイントにもなっているのです。そうするとどうなるかというと、この乱に、それぞれの当事者がこめているつまらないちまちましたケンカのつまらなさと、乱そのものの客観的な意味との間の乖離がものすごく大きくなるわけです。

中央にいて地方も治めるのは不可能

大澤　とにかく、室町幕府は鎌倉幕府や江戸幕府と違って、拠点を京都においた。まさに天皇のすぐ脇に拠点があったがゆえに、逆説的にきわめて弱体化し、最初は地方を十分に制圧できなかっただけなのですが、最後には、京都すらも治められなくなって、応仁の乱になったわけです。京都に拠点をおいた端緒は、尊氏にある、ということになります。

木村　そうですね。室町に開府したのも、制圧したのが京都だったというのはあるかもしれません。

大澤　尊氏は、流れとして、そこに居ざるをえなくなったのか。普通に考えると、鎌倉の方ですからね、あの人の出身地は。

木村　幕府の命で畿内に派遣されたのが尊氏で、関東では新田義貞（１３０１－１３３８）が鎌倉を攻めて得宗家を滅ぼしてしまった。京都では続けて南北朝の動乱が始まったものだから、京都を出られなかったということなのかもしれないですね。

大澤　気がついたらここが拠点だということでしょうか。武家政権というのは、直接貴族風にやると、どうやらうまくいかないのですね。

強調してきたように、武士のエートスの中には、朝廷を中心とした公家システムに向かっていく求心的なベクトルと、地元の実力者としての土着しようとする遠心的なベクトルと、両方がある。その二重性をよく示しているのは、姓と名字の二つを持つということですね。姓は、本来は天皇からもらうもので、求心的なベクトルを代表している。名字は基本的に土地の名前で、土着志向を代表する。現代の人にとって、氏はひとつしかないですが、江戸時代が終わるまでは姓と名字の両方があったわけです。

そして、応仁の乱がおこります。先ほど応仁の乱は、日本の前近代史における転機になったと言いましたが、応仁の乱を通じて、日本の支配者たちは――ということは武士のリーダーということになりますが――、ひとつのことを学んだのです。中央（京都）にいて、地方を治める、ということは不可能だ、ということです。先ほど、もともと日本の権力というのは、中心（都）から離れると、その実効性が大幅に低下する、という話をしたでしょう。それでも、荘園公領制――とりわけ先ほど説明したような荘園の重層的な所有のシステム――が成り立ったのは、中央の貴族の権威が地方でも効いたからですが、しかし、貴族は自分の荘園や領地を統治しているわけではなく、地元の農民の土地への実効支配を認める代わりに収奪しているだけです。しかも、応仁の乱によって、権威の源泉である中央が、つまり将軍も天皇も、完全に弱体化してしまったのです。そうなると、たとえばどこかの守護に任命されたとして、京都でふんぞり返っていても、何の利益もないのです。武士のリーダーたちは、自分の領地である「国」にもどり、そこに留まらなくてはならなくなる。これは、地方・地元へと向かう遠心力と中央へと向かう求心力のうちで、後者がほとんどゼロになった状態です。

木村　日本は地元権力が強いというのは、地形的なものなのか、精神的なものなのか、あるいは経済的なものなのでしょうか。

大澤　究極的な原因は、日本が外部から侵略を受けないですむ場所だったからでしょう。そうすると、ローカルな勢力が大きくまとまっていく必要がない。まとまるということは、ほとんどの人にとって誰かに従属することです。誰かに従属するというかたちで連帯して戦わなければいけないような強い敵がいなければ、まとまる必要はないし、その利益はない。かといって、完全に小さな共同体が100％独立して、誰にも従属しない、という形式にはならない。「税金払わなくていいじゃん！」とは言わずに、どんなローカルな共同体でも、租税は納めます。少しだけれども。

木村　税金を払う程度には、中央の下にまとまっておくんですね。

天皇の権力がきかない戦国時代

大澤　先ほど述べたように、応仁の乱の後では、武士の支配者は、地元に留まっていなくてはならない。そんな地元に根をもつ武士のリーダーの中から、戦国大名が出てくるわけです。戦国大名は、もともと守護大名だった者もいるし、そうでない者もいる。いずれにせよ、守護大名ならば、足利将軍の代理人として地方を支配しているという体裁になりますが、戦国大名にはそんな意識はほとんどない。こうして、中央の権力、幕府の権力、そしてもちろんのこと天皇の権力もほとんどきかない戦国時代に突入するわけです。そのかわり、戦国大名の統治機構は、ローカルなものだったとはいえ、日本の歴史上初めて、僕らが今日「政府」と呼んでいるものと同じ意味での政府を実現したのです。戦国大名は、自分が治める国のすべての農地から税をとって、それを誰にも上納しなかったわけですが、そのかわり、公共サービス的なこともやったわけです。非常にゆるやかな意味での福祉国家といってもよいかもしれない。戦国大名は、空間を面的に支配したんですね。その域内に限れば、自分に従わない者はいない、という形式の支配で、こういうのを「一円支配」というわけです。もともと、武士の主従関係というのは、御家人のシステムですから、点と点の関係だったわけですが、はじめて面を対象として支配が、ローカルなレベルで確立した。

木村　石井先生が本で引用する1502年の細川政元（1466－1507）の日記では、即位の大礼をやるお金がないと天皇から言われて、「即位大礼というのは御儀無益なり」と返している。大礼がどうであれ、立派な人は立派だからいいじゃないと。かなりの公費をつぎ込んだ最近の即位の大礼との対比で、こんな時代もあったのかと思いました。

大澤　戦国時代というのは、武士の天皇への関心や配慮が最も小さくなった時代でもあるのですよ。まったく「天皇萌え」がなくなったわけではないですが、たとえば上杉謙信みたいに天皇や上皇の命令を受けたかたちで戦いたがった人もいるわけですが、しかし、戦国大名の天皇への忠誠心や敬意は乏しい傾向があります。ということは、朝廷に貢いでくれる人がいないので、朝廷がすごく貧乏になるのです。戦国時代というのは、天皇の在位期間がとても長い。すると天皇制が安定していたと思いたくなるけれども、そうではない。新天皇が即位したり、新たに上皇が誕生したりすると、多額の費用がかかるのです、天皇が退位できなかったのです。というわけで、戦国時代には、天皇は、かなりないがしろにされたのですが、ならばやめればよいのに、と思うわけですが、そうはならない。

木村　この時期、教科書的には、元号制定と官位授与の権限が天皇に残ることで、日本全体の統一を図っていたと指摘されます。この元号制定権についてはどうですか。

大澤　まあね、もうこれは最後の砦ですよね。元号があるおかげで、京都も坂東も同じ時間が流れている。でも、戦国大名になると時々自分だけの元号があったりしますよね。あと残るのは官位の授与です。これもずっと不思議なところですね。この官位にどのようなレジティマシーがあるのか。法的にどうなのでしょう？

木村　この時代の官位には実態がないんですよね。法的には、実態がないものは官位とは呼べないと私は思います。

大澤　本当に実態がないですよね。いちおう、律令制のランキングに従って職が与えられますよね。律令制の時代はそこに実態があったけれども、律令制が形だけのものになってしまうと、職だって形だけになってくる。つまり、ランキングにふさわしい職をもらうわけだけど、実際にその職をするわけではない。そうすると、何も意味しない空虚なランキングとしてしか機能していない。ランキング信仰ですよね。本当はなにもないけれども、自分は少し輝いている感じになれる。やっぱり不思議ですね。

日本の雇用システムの源流は天皇に

大澤　小熊英二さんが『日本社会のしくみ』（講談社現代新書）で論じていることがおもしろい。この本の「日本社会」は、近現代の日本社会のことで、僕らが今話しているような前近代のことではありませんが、興味深いことが書かれている。小熊さんの着眼は、社会のしくみを決めている最も重要な契機は、就職雇用システムだ、というわけです。では、日本の現在の雇用のシステムの源流はどこにあるのか。小熊さんは、例によって、実に手堅く実証的に調べていくわけですが、結論を言うと、現在の雇用システムは明治の官僚、役人の雇用システムにすべての源流がある。そこで「任官補職」というやり方がとられた。まず「官」に任ぜられたあと、「職」があてがわれる、という意味です。この官というのはランキングのことなんで、官位システムの官です。今でも「キャリア」と「ノンキャリ」と言われますが、これは明治期の「官」の等級の変容したものです。どの官で雇われるかが決まってから、具体的な職が決まる。この官庁のやり方が、私企業にも広がっていったのです。だから、日本人は、就「職」しているんではないのです。まず任官されるわけですから、就「職」に就く「官」が先立っているのです。「官」というのは、一種の身分ですよね、社会人としてのどのくらいの格か。考えてみると、欧米というか、普通の国では、人は就「職」します。その仕事に就くわけですよね。ところが、日本人の場合は仕事に就くんじゃなくて……

木村　まず身分を選ぶ。

大澤　ええ、身分的なランキングが与えられる。それから、具体的な職になります。日本人は、「トヨタに就職した」と言いますが、考えてみると、「トヨタ」は職ではない。他国の人は、たとえば「私はエンジニアの職に就いた」というわけです。だから労働組合だって、日本は企業別ですが、欧米では職業別です。この「トヨタ」というのには、微妙に身分制的な含みがあります。東京等の大都市に基盤をもつ大企業なのか、地元の中小企業なのか。日本人は、職に就く前に、身分的な含みのあるランキングの中でポジションを得る。

木村　総合職と一般職もそうですね。

大澤　そうです。そして、そうしたランキングの源泉はどこかというと、小熊英二さんによれば、もとのもとまでたどっていくと、結局、明治の官庁制度にあった等級のシステムだというわけです。官僚ですから、天皇陛下の臣下です。そこでのランキングとは、天皇への近さの程度です。ランキングが高いほど、天皇から直接任命されている、と思えるようにできている。「あなたを◯◯に任じる」と直接言ってもらえる人もいれば、文書のようなもので間接的に任じられる人もいる。現地採用の下級役人だと、天皇からは何も来ない。要は、近代においても、天皇から与えられるランキングというのは、非常に重要だった。というか、明治において、いったん形骸化していた（もとは律令由来の）官位的なシステムにあらためて実質を与え、近代的な官庁制度として復活させた、と言えなくはない。

そして、小熊さんによると、その官庁のやり方が民間にも採用された。もちろん、民間の企業では、雇い主は天皇ではありません。しかし、あたかも役人が天皇から官に任じられるかのような気分で、民間企業のランキングに人は入っていくのです。こう考えると、日本人にとって、天皇に直接任命されるということ、天皇から承認されるということは、人間としての格の一番重要な部分だったんですね。

先の戦争が終わったときに、そういう体裁が完全に消えてしまった。だから日本人にとって就職ということに特別な意味が宿らなくなったのですね。会社から命令されてるだけで、天皇陛下から頼まれているというコノテーションが完全に消えてしまった。これが、戦後の日本人にとって苦しいところです（笑）。

木村 天皇疎外みたいなのが起きてくるんですね。

大澤 そうそう。

木村 「なんで俺は働いてるんだ」と。

大澤 その通りです。天皇陛下から「おまえ頼むぞ」って直接呼びかけられ、依頼される。そうすると、やっぱり頑張ることができる。しかし会社の上司に言われてるだけだと、頑張れない（笑）。それはともかくとして、この空虚なランキングをいただくというシステムだけはずーっと残っていくんですね。

天皇を蔑ろにする者は排除される

木村 戦国時代もそうですよね。織田信長も、足利義昭（1537－1597）を15代将軍として擁立しつつ、正親町天皇（1517－1593、第106代）を利用して右近衛大将に任命されていますし、豊臣秀吉（1536－1598）は関白太政大臣になった。

大澤　石井先生は、織田信長、豊臣秀吉、徳川家康を並列的に扱っていますが、信長は他の二人には比べられない特権性があると僕は思います。信長も、天皇や将軍の権威をときに頼りにしているようなそぶりを見せることがありますが、彼は自分の目的を遂げるために、彼らを純粋に利用しているだけです。足利将軍を何とも思わなかった武士は沢山いますが、天皇のことを信長ほど蔑ろにした武士はいない。正親町天皇は、信長に、左大臣とか、征夷大将軍とかの地位を与えようと提案しますが、信長の方は、これらを歯牙にも掛けない。天皇から官位をもらえそうでも、べつにまぁ、いらないかなと。信長は、「武士に天皇は必要ないのだ」という真実を生きたのです。

頼朝であれば、彼が守護を決められるのは天皇から命じられているからです。しかし、戦国大名は自分の実力で領地を治め、領民たちを従わせて、年貢を取っているわけです。誰のおかげでもなく、俺の実力だ！　と胸を張って言えるはずです。それなのに、ほとんどの戦国大名は内心、天皇からの承認を欲しがっている。織田信長だけは、なんで？　俺の実力じゃん？　と思っていた気がします。しかし、どうやら日本人としては、そこまで徹底的に天皇を蔑ろにしたら生きていくことができないらしい。家臣の明智光秀に裏切られ、殺されてしまう。光秀は、べつに天皇のためにそうしたわけでもないし、天皇をバカにしている信長に憤慨したわけでもなく、多分、個人的な恨みによってああした行動に出たのだとは思います。しかし、日本史というものに内在している「論理」からすると、天皇をそこまで蔑ろにする人は排除される運命にあるのです。光秀は、天皇制とは関係ないし、個人的な動機で信長を殺していると思うけれども、ここにヘーゲルのいう「狡智なる理性」が働いているのです。歴史の理性はときどき、小物に大役を与えるんですね。

木村　こういう仮説はどうでしょうか。呉座先生が、信長は人間関係が下手だったとおっしゃっています。部下との関係がうまくいかなくて、松永弾正にも、明智光秀にも反乱を起こされている。人を蔑ろにする傾向の延長で、天皇を蔑ろにしている。天皇を蔑ろにする人に人望がないのは、わりと論理的なんじゃないかとも思います。

大澤　そうかもしれないですね。簡単に言えば、「空気読めないね、この人」みたいなことですよね（笑）。危機の時代、戦いに次ぐ戦いのようなときは空気を読んでいる場合じゃないけれども、勝利が見えてくると、日本人の普通のコミュニケーションの中で疎まれてしまった。でも、この人は異様であったと私は思いますね。

最近様々な説があり、「織田信長意外と平凡説」も出てきたり、天下布武と言ったって、実際に信長が手にいれたあんな狭い範囲は天下じゃないじゃん、という説もある。でも、当時としては天下布武目前なのですよ、たしかに。特に足利幕府が実効支配できていた領域が、ほぼゼロになっていたこととの対照で考えるべきです。

木村　先日、日本史の先生と話したときに、若い人は従来の学説とは違うことを言わないと目立たないので、若い優秀な人たちが信長平凡説みたいなところにまずは行く、という話題になりました。平凡説は面白そうですが、歴史の大勢からすると……

大澤　そうですね。通説と逆を張ったときに、まず基本があり、そこから例外があることを見ていかないといけない。

信長、秀吉、家康の3ステップ

大澤　とにかく戦国時代の集大成は信長であったといえる。以前は日本列島が、点と点をつなぐような形でしか支配されていなかったのを、戦国大名は、先ほど言ったように初めて面として支配した。最初はその「面」はローカルで狭いわけですが、面としての支配を少しずつ大きくしていって、やがて日本列島を覆うことになる。その過程は、織田信長、豊臣秀吉、徳川家康の3ステップを必要としたわけです。その過程を起動させたのが信長。もっとも最終的に完成した徳川幕藩体制というのは、列島を一つの均質な面として支配するものではなくて、大名たちの面としての支配をパッチワークのようにつないだもののわけですけれど。

とにかく、信長は、天皇と将軍のセットを極限まで相対化したところに特徴があります。

そのような徹底性は、秀吉や家康にはない。秀吉に関していうと、その身分は、信長よりも圧倒的に卑しい。その意味で、彼は、天皇や将軍を中心においた秩序の周縁にいたわけですが、そのことに強い劣等感をもっていたと思います。特に徳川との関係で、です。徳川は源氏系で身分がかなり良いことになっていますから。そこで、秀吉は――征夷大将軍にはなれなかったけど――、天皇から「豊臣」の姓をもらい、「関白」の地位をありがたくうけとったわけです。

木村　かつて、作家のSF作家の新城カズマさんと対談したときに、「豊臣秀吉トランプ説」を言ってましたね（笑）。

大澤　なるほど。でも豊臣秀吉は刀狩りをしたけれども、トランプは銃規制をする気はない。

木村　刀狩りの一方で鉄砲は残しますよね。この時期、農村でも猪をやっつけるために銃は必要です。攻撃力の高い銃を残して、刀だけ取り上げたのは、身分の象徴を取り上げたのではないでしょうか。

大澤　なるほどね。それでもやはり、農民の方が唯々諾々と刀狩られるのはすごいですよね。日本だけではなく、世界中で見ても、ここまで武器を取り上げることに成功した前近代の支配者はいないのではないか。本当に刀を全部取り上げちゃうんだからすごい。

天皇の存在感が希薄な江戸時代

大澤　いよいよ、江戸時代に突入します。ついに天皇はいらなくなりました、というふうに見えます。鎌倉と室町では、武家政権と天皇は細い糸で繋がっていたのですが、徳川家康が樹立した政権では天皇の位置はもっと低く、天皇の存在感ははるかに希薄です。江戸時代を見ると、実質的には武士や幕府の方が公家や天皇よりも上であることがいろんなかたちで示される。たとえば、幕府は「禁中並公家諸法度」を出しますよね。天皇が何をすべきかを、幕府が勝手に、上から目線で決めてしまう。その前は、後水尾天皇（1596－1680、第108代）も擁立しますし。

木村　天皇も決めてしまう。

大澤　家康はたった2年で、天皇からもらった「征夷大将軍」の地位を息子の秀忠（1579－1632）に譲ってしまう。この地位自体はあまり重要なわけじゃないという感じも受けます。家康は、徳川家が「将軍」の地位を世襲することも他の大名たちに示そうとしているわけですが。

石井説の「天皇親政せず」の究極の姿が江戸時代にはあります。本当に親政していないし、ほとんど存在意義もわからない。でも天皇は京都にいる。不思議な感じがします。

木村 石井先生の解説では、家康は頼朝を信奉していたようですね。だから頼朝にならって、征夷大将軍になった。頼朝はいちおう皇室を尊重した点もポイントかなと思います。

大澤 なるほどね。頼朝は相当、貴種ですからね。

木村 これまでの日本の支配者のモデルを振り返っても、何らかの形で天皇を使っている。家康としても、じゃあ征夷大将軍になるかと思ったのではないか。秀吉のように関白になるとか、太政大臣になるとか、いろんな手はあったと思うんですが。

大澤 でも征夷大将軍を選ぶ。そのモデルが頼朝にあるんですね。

木村 関東で幕府を開いたのも頼朝と共通しています。やはり歴史は繰り返しますね。一度目の悲劇が鎌倉幕府で、二度目の喜劇が江戸幕府という（笑）。なぜ征夷大将軍だったのか、なぜ江戸だったのかを説明する鍵は、案外、「この人に憧れていたから」なんて非常にパーソナルな話なのかもしれない。

大澤 なるほどね。征夷大将軍のほうがカッコいいんですかね、関白や太政大臣よりも。これは面白いですね。関白にしたって、征夷大将軍にしたって、律令的な根拠はない地位です。関白は公家的なイメージで、征夷大将軍は武家的なイメージなのでしょう。「征夷」といっても、征服すべき夷狄なんかいないのに、「武家としてえらいんだ」っていう感じを与えるのでしょう。

もし徳川家康が豊臣家と一緒に天皇家も滅ぼしていたら、徳川政権は長く続かず、短期で崩壊していたのかな……。

木村 滅ぼすメリットはどこにあるのでしょう。

大澤 確かに、あんまりないように見えますよね。それだけに、しかし、天皇を完全に無視してもよかったようにも見えるのです（笑）。

木村 無視する選択肢はありましたよね。滅ぼすのは、利得が少ないわりにリスクが大きい。

大澤 あまりにも役だってないものですから、滅ぼすことの利得がないんですよね。今だって天皇制反対とか言ったって、そんなに利得がないですよね。

木村 皇室の維持にかかっている費用、年間数百億円ぐらい浮くだけ。国民一人あたり数百円です。

大澤 そうそう（笑）。だから今、天皇制を整理すると、文化的デメリットのほうが大きいと思う。なんていうか、不思議ですよね。終始あまり機能していないために、それを無くすコストの方が大きい。だから残っている。

木村 天皇を滅ぼす利得はなく、尊敬する頼朝モデルを踏襲できる。そして、家康の実力からすれば、天皇のコントロールは容易。

大澤 もし自分が家康だとした場合に、滅ぼすことも出来るけど、一方でなんとなく心配な感じもする。つまり誰かが天皇をかつぎだし、天皇側に自分を位置づけたらどうなるのか。天皇はそれ自体としては何者でもないのに、誰かが天皇を支える者という態度をとったとたんに、天皇が強くなって、面倒なことになる。そうなると、自分の方は、言ってみれば「朝敵」になってしまうわけですよ。天皇それ自体はちっとも強くないのに、朝敵になったら必ず負ける。実際徳川幕府は最後は朝敵にされて倒れちゃうわけですよね。

木村 そう考えると、長期的に見れば、残したリスクは大きかったですね（笑）。

大澤 その通りです（笑）。徳川幕府としてはもっと早い段階で幕府と朝廷との間の上下関係をはっきりさせておけばよかったかもしれない。いくらでもひねりつぶせるような時期があったはず。でも気がついたら自分たちがひねりつぶされる方にまわってしまった。まったく役に立っていなかったものなのに、いざというときの最後には効いてくる……。

木村 やはりタイブレークにはなっちゃうわけですね。

大澤 江戸時代の皇室は、かなり貧乏ですよね。

木村 そうですね、大嘗祭も出来ないような。

大澤 それに庶民にとっても天皇というものは、どうでもいいものに感じられていた。人形浄瑠璃や歌舞伎にけっこう天皇が出てきますが、たいてい道化的な役割です。庶民にとって、天皇って具体的なイメージがないんです。見たこともないわけだし。どっちかというと、嘲笑の対象になっていた。江戸時代に流行したお伊勢参りでも、天照大神と全然関係なく、天皇への敬意というものに繋がってはいない。庶民的な感覚からしても、天皇のプレゼンスというのは非常に小さくなっているのです。けれども、天皇はきっちり残り続けている。

神話的な権威が効いていない

木村　ここまで急ぎ足で歴史を振り返ってみました。いくつか質問があります。天皇には宗教的な権威があり、神道によって自らを正統化しました。これはどの程度天皇の地位と関係していたのでしょうか。というのは、歴史を振り返ると、天皇が果たした役割は官位の授与であって、天照大神とは関係がない。現在に比べてドライな、律令制の支配の中にいたわけです。天皇の正統化神話は、日本史の中でどう効いているのでしょうか。

大澤　どの段階を見るかにもよりますが、天皇の神話的正統化が重要だったのは、律令以前の古代だと思います。とくに中世以降は、天皇の神話的な正統化はほとんど効いていないと思います。近世になってから天皇が天照大神と繋がっていることについてはっきり主張したのは、本居宣長です。宣長のような合理主義者がなぜそんなことを言うのか、よく問題になります。

このことで、宣長は上田秋成と論争になった。「日の神論争」と言われるわけですが、『呵《か》刈葭《かいか》』という書物に、この論争の書簡が収められている。『古事記』に記されているのだから、太陽そのものである天照大神がこの日本列島で生まれて、四界万国つまり世界全体を照らしているのだ、と宣長は主張した。日本というのは、世界全体を照らす太陽が生まれた特別な国だ、というわけです。しかし、鎖国をしていたとしても、日本が特別な国ではなく、地球の中の小さな島国に過ぎないことは、当時の識者はみんなわかっている。だから上田秋成は「何、子供じみた愚かなことを言ってるんだよ」と突っ込んだわけです。はっきりいえば、学者としては、上田秋成よりも宣長のほうがはるかに上です。『呵刈葭』に収められた論争でも、国語学に関連する論点に関しては、宣長のほうがずっと論理的で説得力がある。ところが、「天照」に関連する件では、サンタクロースを信じている子どものように、宣長は『古事記』に書いている通りだと言い張る。不思議なものです。ここが宣長の解釈者たちを悩ませてきた。

しかし、いずれにせよ、僕たち日本人は、万世一系の天皇を特別視しています。でも、天皇家だけが特別に神聖なのか、なぜ木村家や大澤家より天皇家が特別によいのか、その根拠が、日本人自身よくわかっていない。あえて、その根拠を言おうとしたら、神話に訴えるしかない。でもほんとうは日本人が本気で記紀の神話を信じているわけではない。宣長のように「皇祖は太陽そのものである神だ」と思っている人は、いないでしょう。しかし、この誰も信じていない神話を抜いたら、天皇家の特権性はどこにもなくなってしまう。とにかく、天皇制の正統性は、他の王権のレジティマシーの在り方とは違うと思います。

中国の王権——というか皇帝——であれば「天命」を受けたことを人々に納得させなくて

はならない。「天命」を受けていることの証明は難しいですが、天命が確かにこの皇帝に対してあった、と皇帝自身もまた臣下も、はっきりと証明されたと思うくらいの実質が必要です。天命がなくなれば、革命です。ヨーロッパの王権神授説でも、神の委託を受けていることを示し続ける必要があった。あるいは、カントーロヴィッチが明らかにしているように、ヨーロッパの中世・近世の王権においては、王は、自分自身の自然的身体とともに、政治的身体が継承されているということを示す、キリスト教由来の繊細な政治神学を通じて、支配の正統性を維持してきた。「天命」とか「王権神授」とか「政治的身体」に対応するものが、天皇制にはない。多分、天皇が、天照の子孫でなくても、天皇としての資格や権威が消えて無くなるわけではないのです。ただ、他人から、天皇とは何で、なぜ特別なのか聞かれたら、ほかに答えようがないので、日本人は、皇祖神として天照を持ち出すしかない、ということでしょう。

このように、天皇に関しては、神話的な権威が、普通の意味では効いていない。かといって、日本人と天皇制が、そうしたものから全く解放されているわけでもない。日本列島の住民は、千五百年も天皇の身体に聖性や高貴さがあるかのようにふるまってきた。その聖性や高貴さの源泉が何であるかを説明しようとすると、天照大御神に発する万世一系性に訴えるしかないわけですが、ある時期以降の大半の日本人は自分でもそんな説明は嘘であることを知っている——にもかかわらず天皇の特権性がいささかも消えることがない——、そんなゲームを続けているのです。この間の即位のパレードであれだけセキュリティチェックするのも、玉体に傷がついたら大変なのだという感覚があるからです。

木村 だから警察も、やりきったと充実感が得られるところまで徹底的にやるわけですよね。

大澤 そうですね。それが不思議です。

調整問題解決装置としての天皇

木村 先ほど、天皇はタイブレークだとか、とりあえずビール説だと言いました。昭和天皇崩御による自粛の折に、長谷部恭男先生が、「なぜ日本人は権利を真剣に受けとめないのか?」という論文で(同『権力への懐疑』日本評論社、1991年、第8章)、「日本人は様々な問題を調整問題として見ている」と書いていました。「調整問題」とは、どっちに決めてもいいけれど、みんなで同じ行動をとることが重要な問題のことです。道路の右側通行・左側通行が典型例ですね。別に天皇のことを敬愛しているわけではない。でも、みんなが泣いているから泣いといたほうがいい。長谷部先生には、国民の過剰なまでの自粛が調整問題の一つに見えたようです。

調整問題は、いずれにすべきかについての合理的根拠はさほど重要ではなく、何はともあれ決まっていること自体が大事、というタイプの問題です。実は、どの権力に従うべきかは、調整問題としての側面があります。もちろん、権力が正しければ、それに越したことはない。でも、権力は安定していること自体にも、強い社会的価値がある。たとえ独裁政権だったとしても、治安を維持してくれる分、内戦よりマシです。だから、家康でも、秀吉でも誰でもいいから、一番強い人にみんなで従っておく。そうすれば社会の安定が得られます。

誰が一番強いのかについて、多くの人の間に合意があるときには、自ずとそれに従うことになるので、天皇の出番はありません。でも戊辰戦争みたいに、「徳川か？ 官軍か？」と勢力が拮抗しているときには、天皇が使われる。天皇は調整問題解決装置として便利なので、使われてきたのではないか。こう考えれば、天皇の神話をベタに信じているわけではないけれども、天皇に権威があるということを説明できるのではないかと思いました。

しかし、そう整理しても、天皇がなぜ調整問題を解決出来るのかという問題は残りますね。

大澤　……結局、神がかりに戻ってしまいますね。

長谷部先生のおっしゃっているところはある真実を突いてると思いますね。そして、木村さんが言うように、やはり疑問が残る。

シュモクバエという目が細長い角のように両側に飛び出したハエがいます。両目の間の幅の大きいオスほど、メスとの交尾のチャンスが大きいのです。昆虫に限らず、多くの動物種で、オスたちが交尾相手となるメスをめぐって、生きるか死ぬかの争いをします。ところがシュモクバエのオスは、目と目を合わせて、両目の間の幅の大きな方が勝つことになっている。目を合わせただけで、お前の方が大きいねと、幅の狭い方のオスは諦める。こうした性質がどうして進化してきたのか、ということを考えると次のように推測できます。どんな種でもそうですが、当然のことながら、こうしたケンカは、ほぼ身体の大きい方が勝つに決まっています。ところで、両目の間の距離と身体全体の大きさは、おおむね比例していると考えてよいでしょう。きっと、シュモクバエの祖先にあたる種では、実際、他の種と同様に、オス同士がメスをめぐって争っていたのでしょうが、戦いのコストを完全に削減するような方向に進化の圧力が働いたのです。どうせ身体が大きい方が勝つ。つまりどうせ目と目が離れている方が勝つ。それなら、実際には戦わず、目を文字通り合わせて、目の幅だけで決めてしまった方が、勝つ側にとっても負ける側にとっても利得が大きいのです。そうすると、やがて、実際のケンカの強さ、実際の身体全体の大きさとは相対的に独立に、両目の距離自体が、オスの生殖機会の向上に効いてくるようになるのです。両目が離れている者ほど、子孫を残す確率が高いわけですから、どんどん目と目の距離を大きくするような淘汰圧が働く。要するに、戦ったらどっちかが死ぬ可能性もあるので、「目が離れているから、お前が強いことにしてあげるよ」、というわけです。

天皇制も戦いのコストを削減する方法で、「天皇がお前の側についてるから、お前が強いことにしてあげるよ」というシステムのような気がする。武士は、領地をめぐって戦う戦闘者です。本当に強い人が領地を拡大し、最後には天下を統一します。しかし、ただ強いということだと、その戦いに勝っただけにすぎず、第二、第三のチャレンジャーが出てくることになる。そうしたリアルな戦いは、シュモクバエの場合と同様に、コストは大きい。だから、最後の決勝戦に勝った徳川家がずっと一番強いことにしようとしている。実際には戦わないけれども、強いことの印が、天皇が、徳川家の側についているということ、つまり徳川家を将軍としているということです。天皇が誰を自分の味方として指名しているかということが、シュモクバエの大きな目の幅に対応している。

客観的に見れば不可思議なゲーム

大澤　ちなみに、日本人は、260年も「徳川家が強い」というゲームをやった。これは、空気に基づくゲームです。ほんとうに強いかどうかは、もうずっと戦っていないのだから、わからないのですが、「徳川家が強い」という想定のもとで、日本人は行動していたのです。これが、空気による支配だったことは、外国船がちょっと来ただけで、安定政権が一挙に崩壊したことからわかります。ペリーの黒船は、外からやってきたKYであり、空気を冷やす水です。「徳川家が強い」は、誰もそのことを証明すべく実際には戦おうとはしない限りで維持されている前提です。いわば証明されない限りで妥当な前提。ところが、ペリーは、いざとなったらほんとうに戦うという構えでやってきてしまった。そうなると、たちどころに空気を支えていた前提が壊れてしまうわけです。

いずれにしても、長谷部先生が言ったように、天皇制には紛争処理システムの面はあるでしょう。そしてみんなゲームに従っていた方が楽だと思っていた。でも実際に外国からの脅威が来たら、そんなゲームはしていられなくなってくる。そう考えると、日本列島は外部からの強烈な侵略の経験がなく、内輪もめ的な戦いしかしてこなかったことが、最後には大きな影響をもたらした、とも言えます。それにしても、天皇をめぐって日本人が不思議なことをしているのは確かです。

木村　長谷部先生は、この論文の中で、調整問題にしてはいけないのが人権問題だと書いています。人権問題の発見は、ヨーロッパでは、宗教戦争を通じた苛烈な経験の帰結として説明されます。でも日本史には類似の経験がない。私は、日本社会は人権問題も含めて調整問題と思っているのではないかと考えています。

大澤　おっしゃる通りですね。調整問題は、調整のためにはほかのものを犠牲にしてもいいと思ってる人たちの間でしか通用しません。人権のほうが大事じゃないか、って言われたらアウトなんですよ（笑）。天皇よりも大事なものはないというゲームをしてもらわないと困る。そんなの大事じゃないと思う人が入ってくる状況では通用しなくなってしまう。国内ではいいかもしれませんが、そんな方法で国際問題は解決しません。

ここまで僕らは、天皇のゲームについて、少し突き放して相対化しながら議論してきましたが、日本人は、それくらい客観的に見たら不可思議なことをしている。

幕末・明治維新へ

大澤　ここまでをまとめると、上世、中世、近世となっていくにつれ、天皇の存在理由が薄れてきているように見える。少なくとも外見的にはそのようです。上世は、「天皇親政せず」といえども、支配のシステムの中で、しっかりと天皇や朝廷が明示的な機能をもっています。中世になって圧倒的に力を持った武士が出始めても、武士たちの天皇への依存度はある程度あって、天皇に官位を与えられたり、勅許とか宣旨とかを武士たちは欲しがったりしています。近世の幕藩体制になると、天皇の役割は、ほとんどミニマムになる。天皇の意向はほとんど尋ねられることはなく、天皇が官位を与えるという儀礼的な手続きは残りますが、天皇から与えられる官職で有意味なものは、令外官である「征夷大将軍」ですが、これだって、実際には徳川だけで決めている。むしろ、禁中並公家諸法度を幕府側が制定して、天皇や公家を上から目線で指導するような状況です。このように、どんどん天皇の明示的な機能は少なくなっていくわけですが、しかし、天皇は残ってきた。

木村 そうですね。どんどん権力が減ってきたところで、黒船来航で急に幕末に注目を浴びた。

大澤 そうなんですね。天皇の権力は幕藩体制の期間中、ほとんどゼロに近かったのに、黒船がやってきた後の幕末の経緯の中で、突然、天皇の権力が極大になったような感じです。

中学の教科書にも書いてあるように、幕府は、日米修好通商条約を結ぶにあたって、孝明天皇に開国の是非について問うているのですね。幕府だって、天皇が正しく賢明な判断ができるなどと思っているわけではないのに、です。そもそも、江戸時代を通じて、大事なことを決めるにあたって、天皇の意向に従った、なんてことは、幕府は一度もやったことがないのに、このときだけ、突然、そんなことをやった。幕府側は、すでに開国やむなし、と思っていたわけですが、孝明天皇は、それを追認せず、開国には反対だ、と明言してしまったことから、幕府にとって著しく不利な流れが生じ、やがて倒幕につながる。

これは何をやっているかというと、こんな感じだと思います。ずっと、天皇がその意向や意思を積極的に表明したことなどないけれども、幕府の政治は、天皇の意向にそっている、というゲームをやってきた。これは、例によって一種の「空気」なのです。しかし、ペリー来航以来、空気が壊れかかっている。そこで、幕府側は、空気の再確認、再構築に出たんですね。天皇の意思が明示的に訊ねられたり、表明されたりしない、その限りで、幕府は天皇の意向に従っている、というゲームをやってきたわけですが、このゲーム＝空気が壊れかかったので、この暗黙の前提を再確認しようとしたわけです。ところが、天皇側は、すでに空気は壊れている、というふうに対応したわけです。そもそも、僕らは「空気を読む」と言いますが、空気というのは、絶対に「声に出して読まない」限りで存在できるものなので、幕府側が空気としての前提を明示的に確認した時点で、幕府自らが、その意図に反して、空気はもはや壊れている、ということを行動を通じて示してしまったのです。

いずれにしても、まさか天皇は自分たちの意向とは異なることを言うとは思っていなかったので、誤算だったですね、ここは。それこそ、天皇が空気を読んで、幕府が欲していることを追認すると思っていた。

木村　悔やまれますね（笑）。

大澤　でも不思議ですよね。天皇にどうするか聞くけれども、天皇が正しい判断を出来るとはだれも思っていない。倒幕したい方も、天皇を尊敬しているわけではない。でも天皇を立てないと、対幕府勢力を結集させることが出来ない。

幕府としては、今までと同じように天皇の意向を無視していればまだよかったのかもしれません。とはいえ、難しかったでしょうね。彼らが孝明天皇に打診したのは、彼ら自身も、ほんとうは空気が終わっていることを知っていたからです。

さらに付け加えれば、尊王攘夷をかかげて倒幕する側も実は空気に従っている。彼らだって、ほんとうに天皇を尊敬しているわけではない。明治維新の中心にいた薩長の下級武士たちは、孝明天皇や明治天皇を尊敬していたわけではありません。天皇が、将軍を超える名君だと思っていたわけでもない。尊皇だから倒幕したわけではない。逆に、倒幕のためには、尊皇というイクスキューズが必要だったのでしょう。気に入らないのは幕府です。日本には、正しいことは天皇の意思に合致している、という公理のようなものが、まさに空気として存在している。それまでは、幕府の政治と天皇の意思とが合致しているという前提でやってきたわけですが、黒船に対してひるんだところから、この合致の前提が崩れ、新しい空気になったわけです。ただ、空気の空気というのか、空気のさらなる空気的な前提は継続している。それは、今言ったこと、日本にとってよいことは天皇の意思と合致しているという前提です。だから、倒幕が義であるとすれば、それは尊皇と整合していなければならない。

それにしても、理屈からすれば、徳川は、いちおう「征夷大将軍」なんだから、夷狄が来たらやっつける係だろうということになる。260年間、一度も夷狄とは戦わず、ほんものの夷狄がきたときには、戦わずに事実上降伏するというのは、かっこ悪いところです。

それに、「攘夷」というのも変なものです。攘夷派だって、少しでもまともにものが見えている人は、本当に攘夷する気になってる者はいない。だって実際攘夷しないんだから(笑)。攘夷派が勝ったのに攘夷はしない。

木村　無理ですからね。大砲の射程からして違いますし。

大澤　攘夷は、幕府を困らせるためのネタですね。幕府が気に入らないということの倒錯した表現です。実際には攘夷しない限りで、攘夷を唱えていた。

いずれにせよ、幕末明治維新において、空気の中の空気、日本社会を全体として覆い尽くすような最大の空気が動員されているように思います。それは、天皇という空虚な意思、そこにどんな意思をも代入される空虚な身体を中心においたゲームです。

今回、駆け足で、江戸時代までの天皇制についてふりかえってきました。次回は、明治以降の近代の天皇制について考えましょう。

第3章　近代の天皇制——明治維新から敗戦まで

江戸幕府末期の天皇制

木村 前回までは古代から江戸時代までの天皇制を駆け足で見てきました。今回は明治維新から敗戦まで、近代天皇制を考えていきましょう。

江戸幕府末期は、天皇制にとっての重要局面です。明治維新、つまり、江戸幕府が倒れた。まず引っかかるのが、「維新」という言葉です。外国の歴史では、統治体制が大きく変わる出来事は「○○革命」と呼ばれることが多い。しかし、日本では「明治維新」と呼ばれる。革命なのか、それとも他の何かなのか、よくわからない言葉です。また、世界史の教科書に掲載されている「革命」では、不満を持っていた民衆が立ち上がり、旧権力が倒された……という流れになりますが、明治維新はそうした記述はされません。

まずは、革命の記述に沿って、明治維新について考えてみませんか。

大澤 いい考えだと思います。明治維新を「革命」との偏差によって特徴を摑もうというわけですね。革命と対応づけようとすると、維新というのは、なんだかわかりませんよね。明治維新は誰がどのような目的でおこなったと言えるのか。

木村 徳川家に反乱するほど重たい税金が取られていたわけでもない。専制的な君主に我慢が出来なかったわけでもない。

大澤　階級闘争の延長上にある典型的な革命は、民衆や市民が反乱を起こして、君主が廃され、新しい政治のエージェントが出てくる。これが、一般的な革命の構造です。しかし、日本の明治維新の場合は幕府を倒して、最終的には代わりに天皇が出てくる。

木村　アンシャン・レジーム（旧体制）から、アンシャン・アンシャン・レジームへ変更された（笑）。

大澤　そうなんですよね（笑）。徳川幕府が悪政で、より懸命な君主である天皇に仕えたい人たちが勢力を――という筋ではないのが明らかです。当時の孝明天皇（1831－1867）のほうが徳川将軍よりもいいと本気で思ってた人はいないと思うんですね。孝明天皇も、これは暗殺説もあるわけですけれども、不思議な死に方で突如亡くなって、若き明治天皇が16歳で皇位を継承します。16歳の少年なんてますますあてにならないわけで、徳川慶喜よりも少年の天皇のほうが優れた主人だと思っていた人はほとんどいないでしょう。

　教科書的な説明をすると、「度重なる外圧があり、挙国一致で戦わなければいけないときに、徳川幕府では力不足だと思っている賢明な若き下級武士たちがたくさん出てきた」という構図になるのかもしれませんが。

木村　これは日本の宿命のようなものだと思うのですが、外圧と自尊心との板ばさみになってしまったのではないでしょうか。国内の革命勢力は、攘夷を掲げて外圧を排除したい。これは、日本風の自尊心でしょう。しかし、圧倒的な軍事力格差があって、実際には攘夷のための具体的行動には出られない。誰が政権をとっても、それは同じです。

大澤　僕らは本を読んだり、歴史ドラマを見たりして、この時代の英雄たちの活躍を納得してみています。しかし、初めてこの話を聞かされた人にとっては本当にわけがわからないと思いますよ。だって、最初は攘夷を掲げていて、実際に攘夷派が勝ったはずなのに、攘夷ではなく開国している。もともと幕府が開国したのがけしからんといって倒幕したにもかかわらず、結局、勝った攘夷派も当たり前のように開国しているのです。すると何がいけなくて幕府が倒されたということになるのか（笑）。

木村　そうなんですよ。

大澤　そもそも幕府が日米修好通商条約を結んでしまったことへの反発として、攘夷派が立ち上がった。これがとんでもない不平等条約なのですが、ともかく、最初は、長年の慣行を破って、幕府が勝手に開国したのがけしからんというわけです。黒船というか、西欧列強が脅威であるという点では、開国派も攘夷派も、最初から共通した認識だったと思います。が、いろいろなことをやっているうちに、日本の当時の国力からして攘夷――ということは戦争ということですから――なんてとうてい不可能だということが、誰の目にも明らかになってしまう。だから攘夷のために戦っているはずなのに、途中で攘夷なんていう目的は無くなってしまった。

新しい「われわれ」の必要性

大澤　とりあえず整理して言えるのは、こういうことだと思います。まず、維新の推進者たちは挙国一致でこの危機にあたらなければいけないと考えたと思います。究極の主題は、日本が植民地化されてしまうのか、それとも独立を保てるのか、にあったはずです。ところで、徳川幕府は順調にいっているときには挙国一致体制に見えますが、原理的には、徳川家のためにあるものです。徳川家とは大きなイエであり、これは日本という概念とは別です。ところで、当時の武士たちは、まずは自分たちのイエである藩への忠義心をもっているわけです。しかし、同時に、この危機にあたって、この危機をよく理解している一部の武士たち――とくに下級の最底辺の武士たち――は、自分の藩のためだけで動いてはいけないとは思い始めている。その際、コミットメントの対象が徳川家であっては不十分なのです。なぜなら、徳川もまた、原理的に言えば、諸藩と並ぶワンオブゼムのイエに過ぎないからです。ここで、薩摩藩のためでも、あるいは長州藩のためでもなく、そして徳川家のためでもなく、新しいわれわれ（日本人）を打ち出す必要がある。そのとき、ずっと京都に温存されていた、天皇が呼び出されたわけです。

当時の幕藩体制では、エリート武士は基本的にどこかの藩に所属していて、有名企業の幹部クラスのような感じです。

木村 重役ですね。

大澤 ですから会社のためにやるわけですが、会社は徳川本社の系列会社のような形になっている。エリート武士は、「自社」への忠誠から自由になりきれないのです。明治維新の中心的な推進者が、武士の中では最下級の者だったことには理由があると思います。藩の中でのその武士の地位は世襲ですから、一生「ヒラ」でしかありえない下級武士にとっては、藩を超えたところにコミットメントの対象を見出してこそ、はじめて、意味のある人生をおくることができる。

それでも、倒幕のときに活躍した下級武士、維新の三傑（西郷隆盛、大久保利通、木戸孝允）の年齢の武士たちを見ていると、藩への所属意識や忠誠心と、藩を超えた日本人的なものへの忠誠心の両方の間で分裂しているような感じがあります。むしろ、彼らは、藩や藩主への忠誠心を踏み切り板のようなものとして、より大きなものへの忠誠心をもつくっている感じでしょうか。藩へのこだわりのようなものが真に消えるのは、維新の三傑の世代からみると弟分のようなものになる武士たちです。たとえば、伊藤博文などは、長州藩だ何々藩だという仲間意識はほとんどありません。

私（わたくし）と公（おおやけ）

大澤　ところで、この明治維新における「天皇」という問題を考える上で、理解しておかなくてはならないことは、「私（わたくし）／公（おおやけ）」の概念です。これは、ハンナ・アーレントが重視したような「公共性」と、日本の「公」は全然ちがう。西洋の「公共性（パブリック）」と「私的（プライヴェート）」は絶対的な区別ですが、日本の「私／公」は相対的な区別です。これは、日本独特の組織としての「イエ」というもので考えると最もわかりやすい。イエというのは、重層的にできているのです。先ほど、武士にとってのイエは、藩だと言いましたが、それぞれの武士は、もちろん、個々の家族・親族を中心としたイエをもっている。自分の家族を中心としたイエとの関係で、主君を中心とした藩のことを考えると、前者が「私」で後者が「公」です。しかし、それぞれの「おイエ」としての藩は、さらにより包括的なイエとしての幕府の中に組み込まれている。このときは、前者が「私」で、徳川家が「公」です。

というわけで、どの集団が「私」で、どの集団が「公」かは、完全に相対的なもので、どこに視点を設定するかで決まる。幕藩体制では、一応、最大レベルの「公」が徳川家になるはずですが、しかし、もともと「公」は「私」へと転じ得るポテンシャルをもっている。幕末の危機の中で、突然、徳川家だって、ひとつの「私」に過ぎないではないか、という感じになってしまったのです。

というわけで、徳川をもこえる「公」としての天皇・朝廷がもってこられた。もっとも、天皇・朝廷だって、ほんとうは、イエです。むしろ、皇室や天皇家こそ、イエの中のイエとも言えます。決して、アーレント流の公共性ではない。もっとも、この特権的なイエは、長い武士の支配の中では、「私／公」の一元的な系列の中には組み込まれていなかった、そこから外れたところにいたのです。だから、徳川がとつぜん相対化されたとき、徳川をもひとつの私的なイエとして位置づけるような上位の審級として、天皇がもってこられたのでしょう。

徳川には正統性が不足していた

大澤　倒幕の背景には、もともと徳川幕藩体制の支配に正統性が不足しているという問題があると思います。徳川幕府は２６０年もの安定政権ですが、安定しているからといって正統性があるわけではありません。

日本の思想史には二回の大きな山場があります。一回目は、鎌倉時代です。そこで、さまざまな鎌倉仏教が出現し、独自の思考を展開した。二回目は、江戸時代の中盤以降です。今度の思想の主役は、仏教ではなく、儒学と国学です。儒学と国学の間には、明らかにつながりがある。今、一回目の方は関係がないので、脇に置いておくとして、どうして、江戸時代の中頃に、儒学・国学というかたちで、思想が深化したのか。それは、人々が支配の正統性ということに不安と疑問を抱いていたからだと思います。つまり、そこには支配の正統性の不足という問題があったのではないでしょうか。

武士は典型的には、自分自身のイエの家長であると同時に、より包括的なイエの中で、そのイエの主人（主君）に忠義を尽くす、というかたちになっています。そのイエの重層的システムの頂点に、先ほど述べたように、徳川家がある。しかし、ではなぜ徳川家が偉いのか。どうして、徳川家にすべての武士は仕えるのか。徳川家が政治の頂点にいて支配することに、どんな正統性があるのか。そうした理由がよくわからない。だから、江戸時代に儒教が栄えたわけです。儒教というのは、政治的な支配の正統性にかかわる思考だからです。しかし、儒教は、もうひとつ日本の現状を説明するのにしっくりいかない。儒教的な知へのアンチテーゼとして発達したのが国学。国学は、必ずしも、支配の正統性を中心的な主題としてはいませんが、儒教がピンとこない、ということに関係した学問、儒教への反作用という面をもつ。

天皇という主題と深く関係しているところなので、この文脈で少し整理し、解説しておきます。もともと、徳川家康は、鎌倉・室町幕府に倣って、自らの政治的支配を、朝廷の権威に依存するようなかたちで正統化したわけです。つまり、天皇から征夷大将軍として任じられるかたちで支配した。しかし、これは、やはり都合が悪く、十分な説得力がない。家康は、征夷大将軍だったから天下を統一したわけではなく、事実上、天下を統一したことを追認するように地位が与えられているだけですし、天皇が将軍を従えているというより、将軍の方が天皇を自在に操り、見下しているようにすら見える。というわけで、儒教の立場から、朝廷に依存しないかたちで、幕府の覇権を正統化しようとする動きが出てくるわけです。儒教的にはもっとも明快なのは易姓革命論です。徳川幕府は、天命をうけた新王朝だというわけです。『大日本史』の徳川光圀とか、山鹿素行とか、あるいは新井白石とかは、だいたいこの線を打ち出しています。しかし、そうすると、どうして朝廷なるものが存在し、将軍や大名や武士に位階や官名まで授与しているのか、ということが説明できなくなる。白石は、朝廷は幕府の附属機関だという趣旨の苦しい説明をしていますが、附属機関の方からわざわざ将軍として任じられているというのはいかにもおかしい。だから、白石にしても、荻生徂徠にしても、幕府は、朝廷に依存しない独自の正統性や栄誉の体系を構築すべきだ、という趣旨のことも述べています。

というわけで、儒教的には、朝廷が存在し、しかも官位の授与などの役割を担っていることは問題なわけですが、前回の対談で繰り返し述べたように、どういうわけか、圧倒的に強力な武家政権は、朝廷を廃止することができない。そうすると、儒教の本来の筋には反しますが、やはり、朝廷というものの優位性を認めた上での論理が出てくる。有名なのは、名分論と大政委任論。名分論というのは、主君が主君らしくなくダメな人だったとしても、臣下は何が何でも忠誠を尽くさなくてはならない、という論理で、山崎闇斎の尊皇論や後期水戸学の大義名分論などが、これに属します。しかし、徳をもたず、天命も受けていそうもない主君にも尽くさなくてはならないというわけですから、もう完全に易姓革命論の否定です。でも、無力で無能な天皇にも臣下として仕える将軍は、よけいに立派だ、というふうにも言えることになる。大政委任論というのは、名分論を、少しだけ易姓革命論の方に妥協させた考え方です。天皇が、徳川家が有徳だと認めて、大政を委任したという考えです。易姓革命の「天」の代わりに「天皇」を置くわけですが、天皇にどうしてそんな権限があるのかわからないし、また征夷大将軍が任じられるのは徳があるからでもない。

というわけで、儒教も、またそこから逸脱した説も、論理的に不備があるうえに、実態ともあわない。武士たちが徳川将軍に従った実際の理由は、どの説とも違う。では何が理由か。それは、徳川家が「強いから」です。もう少し厳密に言えば、「徳川家が圧倒的に強い」という想定が――ほとんど「空気」としかいいようのないかたちで――維持されていたのです。どうして、徳川家が強いとされるのかといえば、17世紀の始めの頃に武士たちの間の決勝戦で勝ったという事実以外には根拠がない。第一回の甲子園大会で優勝していて、その後、大会自体が開催されなかったので、そのまま優勝旗が徳川高校に残っているような状態です。徳川幕府はこの虚構を守り続けなければいけなかった。他の大名たちも、「徳川家は神がかり的に強い」という虚構＝空気をわざわざ壊すことのコストの方が大きいので、これにずっとつきあってくれたのです。

黒船に対し幕府は自信がなかった

大澤　しかし、こういう空気は、日本国内だけでやっている分には問題なく維持されるのですが、江戸時代の中期になってくると、比較的外交が少ないとはいえ、情報は入ってきます。徳川家なんか問題にならないほど強いやつが世界にはたくさんいるらしいと。知識人のレベルではよくわかっていたけれども、ごまかしてきたわけです。さらに幕末になると、ご存知のように、欧米列強は、開国・貿易を求めて外圧をかけてくる。ペリー来航から「日米修好通商条約」のような不平等条約を結んでしまうまでの過程で、徳川幕府が明らかに強くないことが示されてしまい、その正統性が著しく失われたわけです。黒船が来たことで、徳川幕府の強さということを空気として維持することすら難しくなってしまった。

僕が思うのは、ペリーが来る前から、幕府の方も自信をなくしてきている。18世紀末から19世紀の頭の頃、北海道にロシア船が来たり、その後も日本近辺にアメリカ船、イギリス船、フランス船などが来たりしているのですが、幕府は、こうした外国船渡来の状況を、わざわざ朝廷に報告しているのです。幕府の政治的決定を報告する習慣など、もともとなかったのに、外国船についてはこういうことをやっている。これがのちのちに、幕府にとっては仇になったと僕は思っています。それ以後、外交問題についてはほぼ朝廷にお知らせして、暗黙の承認をもらうことが前例になっていたのです。情勢が幕府にとって決定的に悪化したのは、日米修好通商条約を、勅許をもらえずに締結したことにあります。条約を結ぶことに関して、孝明天皇に拒否されたことで、幕府は墓穴を掘るわけです。もともと勅許を得ようとしなければよかったのです。

それにしても、なぜそこまで危機にならない段階から、幕府は、わざわざ朝廷に外国船状況を知らせたのか。勝手な憶測をしてはいけませんが、この段階ですでに幕府には自信がないからです。不安感があるんですよ。北海道にロシア人が来て通商を求めてきた際、松前藩から連絡がきた幕府は、長崎に行くようにと回答したりしています。ほかにも外国船を打ち払ったりしている。その段階で幕府側にも、これでいいのかという不安感があるのです。だからそこで、天皇もそう考えているというような、保証が必要だったのではないでしょうか。そう考えている時点で自分たちが一番強いわけではない、自分たちは十分に強いわけではないと徳川家自身が感じています。今までは徳川家が圧倒的に強いという想定のゲームだったのに、そのゲームの基本設定が成り立たないような状況になってしまった。

こうなってしまえば徳川家のもとで挙国一致の連帯は不可能です。もっとも、だからといって、なぜ、統合のシンボルが天皇なのか？　という疑問もあります。

木村　徳川家はもうだめだということで、より強い制度を目指して明治政府が立ち上がったと。

大澤　そう。でもフランスのロベスピエール（1758－1794）のようなリーダーが出てきて、平民グループが階級的な連帯によって自分たちの新しいレジティマシーを築く——といった感じにはならなかった。

明治維新における革命のエージェントの主要メンバーは武士で、しかもそれほど身分の高くない武士です。岩倉具視のような超下級貴族も入ってきますが、メインは下級武士です。フランス革命のあとは、第三身分こそまさにフランス人である、という時代がやってきます。シェイエスの『第三身分とは何か』という有名なパンフレットがあるでしょう。あそこに、「第三身分とは何か。すべてである」と書かれている。しかし、革命前は、第三身分は、第一・第二身分に対して、ほとんどゴミのような扱いで、ほぼ無だったわけです。無であった階級がすべてに転換するのが、革命です。では明治維新はどうだったのか。維新の前に、下級武士は、武士としてはひどい立場ですが、武士は武士ですから、無というほどではありません。しかし、自分たちが維新を起こして、その結果どうなったか。まさに、武士は無になったわけです。明治維新は、武士が主要な担い手であったにもかかわらず、終わってみると一番わりを食ったのが武士です。武士なる身分がなくなってしまったからです。自分たちが変化を起こしたはずなのに、自己否定的な結果になる。不思議な状況ですよね。

天皇と武士との不思議な相互依存

木村　ここまでお話を聞いて、改めて不思議に思ったことがあります。フランス革命では、ロックやルソーなどの思想が発達し、その革命を正当化しました。ロシア革命も同様の面がありました。しかし戦国時代においては、自分たちの支配の正統性を確保するための思想づくりを熱心にしていたようには思えません。それはなぜなのか。単に強いだけで良かったのでしょうか？

大澤　そのあたりは説明が難しいところです。ある意味では、武家政権が政治的に支配できた理由は、単に強いだけです。最も安定していた徳川幕藩体制を含む武家政権の支配が可能であった根拠を探していくと、結局、まさに暴力という意味での強さ以外にはなくなってしまう。しかし、単に物理的暴力において強いということだけでは、広域の、しかも持続的な政治的支配は不可能だ、というのは、社会学や政治学の常識中の常識です。そうだとすると、武家政権がそこそこ持続できた理由が、単なる物理的な強さには還元できないものとしてあるはずです。そこにこそ、天皇というか、天皇に関連する無意識の制度のようなものが効いているわけです。

しかし、ここで注意しなくてはならない。そうすると「武士を含む日本人は、天皇の権威に服していて、その権威によって裏打ちされていたから武家政権は安定していたのだ」と説明したくなりますが、そういう明快な仕組みになっていないのです。まず、中世・近世の武士は、ほとんどの期間、ほとんどの場面で、天皇をそれほど尊敬してはいない。自分たちの方が天皇や公家よりずっと強いこと、自分たちなしには朝廷は維持できないことをよく理解していた。まして、武士より身分の低い民衆は、天皇には無関心です。天皇に確固たる権威があって、それが武家政権の支配を正統化していた、とは言い難い。ヨーロッパの王権や世俗の権力が、キリスト教に依存していたような意味では、日本の武家政権は、天皇には依存していない。

しかし、それでも、天皇と武士との間のふしぎな相互依存の関係が利いていて、ある意味では「ただ強いだけ」としかいいようがない武家政権が、それなりの安定性を保つことができたわけです。しかし、その「相互依存の関係」が、まことに微妙で、それを概念的に説明するのはとても難しい。それこそ、私たちのこの対談の主題のひとつとも言えます。

木村　統治には思想が必要だと思うのですが、律令制、広い意味の天皇制がそれを代替していたわけではない？

大澤　強いていえば、大幅に崩れた律令制と顕密的な仏教思想が支配の正統性にある程度は関係している。ただ、日本の場合、政治的支配の実態を捉えるには、思想に目をつけるよりも、いきなり、租税の形態に注目したほうがよいかもしれません。世界中どこでも、王や支配者が税を取るのは大変なことです。人はそう簡単に税を納めてはくれない。支配者が税を取ることを正当化するために、様々な理念や思想がある、といってもよいくらいです。あるいは、ヨーロッパの中近世には身分制議会なるものがありますが、その中心的な機能は、王の課税を許すかどうか審議することにあったわけです。だから、思想も議会も、王が十分な税をとるための装置だったと、言えなくはない。ところが、日本の場合は、思想とか議会とかの媒介なしに、税が徴収されている。ただし、税率は低い。つまり、日本は昔から、税に関しては、「取られることは仕方がないけれど、少しにしてください」という考え方なんです。人々は、税を納めないとは言わない。ただし、気前よくたくさん納めるわけではない。現在でもこの点は、同じですね。

ただし、租税の納め先が多様というか、あいまいなわけです。本来の律令制の設定からすれば、もちろん、租税は天皇に納められるはずです。しかし、荘園公領制のもとでは、この建前の設定は大幅に崩れる。戦国大名の時代には、その荘園公領制だって一掃され、もともと「公地公民」で税は天皇に納めるということすらもう誰一人として覚えていない、という感じです。いずれにせよ、律令体制といわれているときからして、天皇のもとに集められる税はほんのわずか。律令制のもとでは、官僚にあたるのは公家ですが、公家は、天皇の臣下として、天皇から給料が払われていたかというと、そんなことはない。彼らは、主として、自分の荘園からの上がりで食べていた。

プラグマティックな関係

木村 思想よりも、「税金は払うけど、なるべく安くして」という現金さが日本の特徴だというのには、思い当たる節がいくつかあります。

私のゼミ生が、ヨーロッパの表現の自由をテーマに1年間研究しました。ヨーロッパにはパブリックの感覚がもともとあるので、「公共空間を守るためならば、表現の自由は規制されてしかたないよね」という感覚がある。だから、表現の自由を議論するときには、まず「そこは公共空間なのか?」「その表現は公共空間で出てきていいのか?」と問われます。

一方で日本の表現の自由論は、アメリカの影響を受けた面もあるのですが、実害主義の傾向が強い。「この表現によって、あなたは何か不利益を被りましたか? じゃあ、やめておきましょう」みたいなところがあります(笑)。

ゼミ生たちは、そういう日本の感覚の中で勉強をしてきたので、ヨーロッパの表現の自由論に、違和感や驚きを持っていました。

家族観にもそうした面があります。ヨーロッパでは離婚や結婚は個人的なことではなく、国の基盤だと捉えられているので、結婚や離婚、親子関係にも公的な介入があります。一方、日本の家族法はもっとプラグマティックで、家族が国家を背負うような感じはない。「結婚したら相互に扶養義務を負います」「離婚するなら、財産は清算しましょう」と当事者間の権利義務が定められているだけで、家族は当事者が好き勝手に決めて良い領域になっている。

大澤　こうした実害主義やプラグマティズムは、「政府が機能してれば年貢は多少払ってやる」という感覚と同根に見える。つまり、日本では、政府がプラグマティックに機能してさえいれば、思想的な意味での正統性はさほど問題にならないのかもしれない。

木村　まったくおっしゃる通りです。あいつに税を払っておくと、庇護を受けられるという感覚ですよね。

大澤　ギブ&テイクであると。

木村　ええ。自分がそこを占有している状況を、誰かに保護してもらう。他の人が税を取りに来た時に「あなたに払ういわれはありません」と跳ね返せるかどうかが問題で、基本的には誰かに税を取られることについては、みんな承認しているのです。では、それは誰なのかを考えて行くと、荘園公領制の場合には、やっぱりどこかで天皇に結びついているのではないか。

原型には、租庸調という天皇に結びつく税の形がありますし。公領の場合は、税は、国司やその上にいる知行国主、さらには朝廷に納めるということですから、天皇と結びついているのは当たり前ですが、荘園でも、税の納め先が、「本家」とか呼ばれる上級貴族や寺社勢力であることを思うと、やはり天皇と無縁ではない。というのも、摂関家とか院宮家とかいうような貴族や皇族にそのような力があった根拠も、結局、彼らが天皇と近い位置にいるということしかないですから。

ところが、幕藩体制はそうした制度ではありません。税は、直接領主に支払う形式になっていて、藩主と天皇との結びつきは弱い。それから徳川家は全国から直接に税を取っているわけではない。つまり荘園公領制は、一応は、天皇に税を集めるシステムがあって、それが大幅に崩れ、またさらに荘園というものがそこに寄生するというかたちですが、幕藩体制は、大名ごとに分権的に税をとる多元的システムがあって、それを束ねているという感じです。束ね方も弱くて、全国一律に収税する力はない。

木村　藩が領民を実効的に支配する一方で、藩には徳川家に対抗する実力もないので、強力な統合の理念がいらなかった。

大澤　ということになりますね。一対一で徳川家に勝てるやつは誰もいないという構造です。しかし面白いのが、最後には、完全に小ばかにしていた朝廷の名で、辺境の武士たちが幕府に攻撃をしかけてきたことで、幕府があっさり崩壊してしまうことです。非常に不思議です。

幕府は、あわてて大政奉還して、朝廷への忠誠を示したにもかかわらず、その攻撃をかわすことができない。最後の方は徳川家だからという理由で攻撃されていた。

武士たちの自己否定

木村　外国との対等な関係を目指す新しい政府としては、富国強兵を図らないといけなかった。それには「国を挙げて」の空気が必要で、民衆が傍観者であっては困る。身分制を撤廃して身分にとらわれない優秀な人材を雇用したり、議会制を導入したりする。西欧のような公共の理念は持たないものの、実利の観点から近代的な制度を導入する改革をしていった。こうした構図になると思います。

大澤　そうですね。この過程で、革命の中心メンバーだったはずの武士が、自己否定せざるをえなくなっていく。そのような動きになっていきました。この矛盾が、西南戦争へと至る士族の反乱です。西南戦争もそうですが、士族の反乱がすべて倒幕運動の担い手たちを輩出した地域で起きていることには理由があります。

日本は明治維新において様々なトラブルがありましたが、改革をし、植民地化されることもなく難局を乗り越えることができたのは、それをやるだけのエートスを持った人たちがいたからです。それは武士だったと言わざるをえません。下級武士たちは、武士の中では冷遇されていて、将来の出世も約束されていない、貧乏で気の毒な人たちでした。それだけに、むしろ武士というアイデンティティに対するアタッチメントが強い。武士の誇りが非常にあるわけです。

木村 武士でなければ、ただの貧乏人ですから。

大澤 ええ。農民や商人とは違って、武士なのだと誇りを持っていた。だからやる気もあって、幕末には活躍していた。江戸時代の武士というのはもはや普段は戦っていない。本来の武士とは、生活様式は全然違う。けれども、武士としての独特なエートスを持った人々がいた。特に、それが武士としては底辺に近い人の中に多かった。そのことによって、ある種の思い切った変革が実現したことは確かです。しかし武士はその革命が概ね成功に向えば向かうほど、否定されなくてはならなくなる。武士自身によって自己否定へと導かれていく。

木村 武士のままでは近代化が果たせない。

大澤 果たせない。武士の誇りで動いてきたし、動いているが、武士であることを目指すことはできなくなる。

木村 それを支配の条件にしてしまったら、人材が登用できませんし、なにより民衆の動員ができませんからね。

大澤 そうです。武士は、自分たちの革命のベースになった動機を自己否定するしかなかった。

アメリカの思想家・文学研究者フレドリック・ジェイムソンが提唱した、「消滅する媒介者」(vanishing mediator)という概念の典型例だと思います。ある変化の原因になっているのに、変化が終わったころには、消えてなくなってしまう要素のことです。

木村 ジェイムソンはなにを見て、そう考えたのでしょうか。

大澤 マックス・ヴェーバーの「プロテスタンティズムの倫理」を念頭においています。資本主義の精神が熟したころには、プロテスタントの敬虔な倫理はなくなってしまった……という と言い過ぎかもしれませんが、そうとうに弱まり、それが資本主義を成立させる有力な要因のひとつであることはわからなくなってしまった。しかし明治維新のときの武士のほうがもっと劇的な「消滅する媒介者」です。短期間により徹底して消滅している。あきらかに武士的なエートスによって革命はなされているのに、終わったときには、武士という身分が、ほかのどの身分よりも徹底して否定されている。

議会と天皇の関係性

大澤 さて、明治維新のときには、天皇が日本の政治の中にあらためて投入されるわけですが、このときにはもちろん議会なんてない。しかし、自由民権運動等があったりして、明治天皇が「国会開設の詔」を出し、明治22年には帝国憲法が公布され、それによって議会が設置されました。ここから議会と天皇の関係性について考えたいのですが、法学ではどのように捉えられているのでしょうか。

木村　議会と君主の教科書的な説明としては、フランスやドイツの歴史を参照することが多いです。

フランスでは、フランス革命（1789年）が起こり、国民主権の原理が確立します。ただ国王や皇帝がいなくなったわけではなく、後に王政復古もするし、ナポレオン一世も三世も出てくる。フランスの君主の特徴は、「自分は国民の代表である」と主張することです。フランスの最初の憲法である1791年憲法で、ルイ16世は国民の代表だと言いましたし、ナポレオンは1804年に国民投票を実施して、自分を正統化します。他方で、民衆勢力は議会に集まる。君主勢力と議会勢力が対立し、どちらもその正統性の淵源は国民にある。どちらがより国民の代表たるに相応しいかをめぐり、君主勢力と民主勢力（＝議会）が綱引きするようなイメージです。ここには宗教的正統性でもって自分の正統性を示すモチベーションはありません。

他方、ドイツの特徴は、君主勢力の強さです。それを支えていたのは、主権は国民ではなく、法人としての国家にある、という国家法人説です。君主も議会も国家法人の一機関であり、それぞれの役割をはたすのみ、ということになります。君主が一機関にすぎないのだとすれば、「朕は国民代表なり」と称するフランス式にした方が、君主は強力になれそうです。しかし、国民との近さという点では、議会の方が圧倒的に有利です。実際、フランスでは、議会が国民主権原理にのっとり力をつけて行きました。これに対して、ドイツ式だと、議会も、法人の一機関にすぎないので、君主は国民主権に打ちのめされることなく、固有の存在意義を維持できるのです。

では日本はどうかというと、明治維新を主導した、アンシャン・レジーム下の特権階級である藩閥勢力がある。他方で、民衆にも政治参加の道が開かれ、政党という新しいアクターが現れた。特権階級と政党とが対立するという枠組みです。一見するとヨーロッパと似ていますが、日本の場合は藩閥勢力の正統性の淵源が天皇にあるので、究極的なところでは、かなり神がかったものにならざるを得ない構図になってしまった。

大澤　おそらくそこが大きく違うところなのでしょう。明治全体が終わってみれば、議会がつくられ、市民革命的なものが起きたように思えます。しかし、王権・天皇制ということに着目したとき、西洋の市民革命と日本の明治時代が達成した変革の間には、ひとつ大きな違いがあるのです。「王」というものは、歴史を振り返れば、世界中至るところにいましたが、ヨーロッパの中世・近世の王権というのは、他にはない特徴があった。それは、議会――身分制的で代表制的な議会――というものとセットになっていたということです。身分制議会と王権の間に依存関係と緊張関係の両方があった。正直、中近世の間は、議会はあまり機能していているようには見えず、めったに召集もされないのですが、しかし、最後に、議会が、過剰に働く、つまり想定されていた枠を超えてそこに孕まれていたポテンシャルを発揮する。それが市民革命になった、という構図です。議会を脇にもっているというのが、ヨーロッパの王権の特徴で、王権自体はどこにもあるのですが、他の地域には議会がない。たとえば、中国の皇帝は、大規模な官僚システムをもってはいますが、中国には、皇帝に拮抗する議会のようなものは存在しません。ヨーロッパの市民革命というのは、王対議会の対立の中で、議会的なもののほうが勝っていく過程だと見なすことができます。

しかし日本の場合の天皇制は、もちろん、議会とは関係がない。徳川幕府では、重臣たちの合議制がありますが、これらは、市民革命の源泉どころか、逆に彼らも明治維新の中でやっつけられた側に入っています。ヨーロッパの君主と天皇とはかなり性格が違いますが、それにくっついている議会の有無という点でも、違いがある。ヨーロッパの王権の正統性の源泉には——ここはあとで詳しくお話ししたいのですが——やはりキリスト教ということが、直接的にも、間接的にも関係しています。王権は、教会や神に、あるいはその反響のような観念や制度によって正統化されていたわけですが、これらが、王権を支えられなくなる。代わりに、正統性の根拠を、「国民」の方から調達しようとするわけですが、国民からの支持ということを、王は議会との間で争わなくてはならなくなるわけです。

「自然的身体／政治的身体」の二重性

大澤　ヨーロッパにおける、王権と議会との関係がいかに複雑で精妙かということは、最初の市民革命とも見なすべき、17世紀のイングランドのピューリタン革命を見るとわかります。これは、ピューリタンを中心とする議会派とチャールズ1世の宮廷とが戦い、前者が勝ち、王は処刑されてしまう。このとき、ピューリタンのスローガンは、「王を倒せ」「打倒、国王」という単純なものではないのです。この対談の中でも何度か言及しているカントーロヴィッチが述べていますが、議会が国王に突きつけた罪状は、〝the king against the King〟というものです。チャールズという王 king は、大文字のＫｉｎｇに反していた、というわけです。言い換えれば、議会はその大文字の King の味方だというわけです。これを読み解く鍵が、王の「自然的身体／政治的身体」という二重性です。議会は単純に、王に反抗しているわけではない。彼らは、王 King の名のもとで王チャールズに対抗しているわけで、（王の）政治的身体 King という大義がなければ、議会は、王 king を完全に排除するなどということはできなかったでしょう。

だから、ヘーゲル風に言うとこんな感じです。ヨーロッパの王の観念には、実は、ある矛盾が内在していたわけです。その矛盾は、「王／議会」というかたちで外化されてもいたのです。議会が、それのために闘っている政治的身体は、最初は、もちろん王によって具体化されているわけですが、やがて、王によっては支えられなくなる。政治的身体の担い手が、やがて「国民」になる。王の身体から国民の身体への置き換えが完遂すると、市民革命が実現した、ということになります。王の政治的身体のために闘っていた議会は、やがて国民の代表になるわけです。これがヨーロッパのケースです。この戦いで、すごく重要な役割を果たしているのが政治的身体です。日本にはしかし、そんなものはない。その代わりというか、その補いとして、天皇をどうしても神がかったものにせざるをえなかったのでしょう。

木村　明治維新期の日本では、議会も含めて「民衆の代表」という正統性の原理がなかったので、神がかりから入らざるをえなかった。その結果、大日本帝国憲法は、近代風に議会を作る一方で、天皇は神がかった存在としてデザインされることになったと。

大澤　そうでもしないと、民衆の側に天皇に従わなければいけない理由がないですよ。

木村　そうなんです（笑）。

大澤　だから天皇に権威やオーラを宿らせる理由をつけざるを得ない。「万世一系」とかなんとか。

木村　正統性を国民に印象付ける原理が選択されたと。

大澤　おそらく、「万世一系」という言い方を日本人がよく使うようになったのは、明治憲法からでしょう。それ以前は、江戸時代も含め、万世一系だなんて、そんな気にしちゃいないと思うんですよ。でも、それを引っ張りだしてきたのは、それ以外にいかなる正統性の根拠もないからでしょう。

ほんとうは、古いからなんなの？　と反発したり、相対化したりすることも十分できます。いずれにせよ、「万世一系」といいたくなるほど天皇の系譜が特別に古いとして、なぜそうなったのかの客観的な原因を考えてみると、逆説的になりますが、日本人が、天皇の万世一系のアイデンティティにこだわらなかったからだということになります。もし万世一系ということを厳密に受け取り、継承権のある人が正しく継承していくべきだということにこだわると、長い歴史の中では、必ず、正統な継承権をもつ人が一人もいなかったり、継承権をもたない人が実力で天皇位に就いてしまったり、ということが起きます。つまり、万世一系性に厳密にこだわり、それを正確に維持しようとすると、かえって万世一系が壊れてしまうのです。ほんとうは、日本人は長い間、万世一系とは何かということに厳密にはこだわらなかったからこそ、結果的には天皇は万世一系になってしまった。それが、明治以降、あたかも、万世一系性が目標であったかのように主客転倒させて捉え、天皇が特別に偉いことの根拠にしてきたのです。

特に戦中期においては、だんだん天皇が神がかってきますが、明治憲法の段階では、天皇の神話的起源はどれくらい重要だったのでしょうか。

木村　明治憲法制定時に、天皇の性質をどう位置付けるかは、大きな問題になったようです。それは、天皇にどんな仕事をやってもらうのか、皇位をどう継承するのかとも密接に関連してくる。

明治憲法を作る際には、皇室典範も作ります。皇室典範とは要するに皇位継承法ですが、天皇の家のルールなので、戸主である天皇が定めるという形がとられました。ここで争点になったのが、女帝を認めるのかと、庶子の天皇を認めるのか。女帝については井上毅が非常に嫌がったそうです。女帝を認めると、天皇の婿として名字を持った人間が入るから嫌だと。それがなぜ嫌なのかは理解しがたいと、奥平康弘先生も書いておられます。

女帝を否定すると世襲が難しくなるという問題は必然的に生じます。明治政府は、妾をたくさん置くことも考えたようですが、欧米諸国に対して日本も近代的な国なのだとプレゼンするための憲法ですから……。

大澤　妾なんて近代的とは言えない、と。

木村　ええ、それもなかなか難しい。また、天皇が実質的な仕事、政治的に重要な意思決定をするポジションなのであれば、天皇には有能さが求められます。そうなると長男子が優先継承する仕組みは合理的とは言えない。本来ならば、たくさんの人の中から最も優秀な人を選び、その人がなにか問題を起こしたら退位を認め、責任を取らせる仕組みを取らなければいけない。でも、明治憲法はそうした仕組みは取らなかった。天皇に政治的負荷がかかることを想定していない憲法システムです。つまり、明治政府の人たちは、天皇を立憲君主としては考えていなかった。お雇い外国人であったベルツの『ベルツの日記』を読むと、伊藤博文は「天皇は鳥かごの中の鳥である」と意識していたのだといいます（トク・ベルツ編、菅沼竜太郎訳『ベルツの日記（改訳版・上）』岩波文庫、1979年、204頁）。

機能がないから侵すまでもない

木村 ただその一方で、明治憲法の条文上は、天皇は統治権の総攬者であり、立法権も行政権も全部天皇にあるという建前がある。その建前に正統性を与えるものとしての神話が書き込まれていきました。

大澤 なるほどね。たとえば大日本帝国憲法の第3条では、「天皇は神聖にして侵すべからず」となっていますね。その神聖の根拠はなんなんですかね。

木村 第3条は、君主無答責というヨーロッパ的な原理を表現した条文と理解することも可能です。天皇が悪政・失政をしても、それは輔弼《ほひつ》した大臣の責任だという原理ですね。しかし、「神聖」の根拠を天照大御神に求め、より神がかった解釈もできてしまいます。

第3条には、無視できない帰結が潜んでいます。「神聖にして侵すべからず」を実現するためには、天皇は責任を取るような重要な仕事はできません。天皇は政治的機能を有しないとする現行憲法4条と、機能的にはよく似たものにならざるを得ない。

大澤　要は、天皇には機能がないと。いかなる積極的な機能をも担わせないことで機能するのが、天皇だ、と。

木村　機能がないから、侵すまでもない。これをイデオロギー的にみると、天皇は神様であるということになるのでしょう。

大澤　なるほどね。「長続きしている家です」というだけではちょっと弱いので、長続きしたものが神様になっているということを暗黙のうちに含んでいるのだと思います。でも憲法に書くわけにはいかないでしょ？

木村　憲法の告文（神に誓う文書。前文の位置に置かれている）では、明治天皇が「皇祖皇宗の神霊」に誓っていますから、憲法に書かれているんです。

大澤　あ、書かれているんですね。これは、なかなかすごい（笑）。

木村　時代背景を考えても、異様な印象は受けると思います。

大澤　ヨーロッパの王様だって、当初は王権神授説のようなことを言っていて、神からの委託を受けているのだと主張していました。でもそれは相当怪しいし、どういう根拠があるのかもわからない。だから、王権神授説で主張していた正統性をいかに世俗的に表明するのかでものすごく苦労しています。もう少し近代的で、啓蒙的な合理性にかなったような言い方にどんどん変えていく。そのために理論武装したり、制度上の工夫をしていくプロセスがあった。先ほども「議会」との関係で引き合いに出した「王の二つの身体」の理論こそ、そうしたプロセスの最終産物です。

しかし日本の場合は、ずっと忘れ去られていた天皇を、いきなり表に出してきたため、その神聖さを、呪術的ともいえる論理でポジティブに言うほかなかった。しかし、啓蒙の時代以降の観点からは、これは変な感じがしますね。

木村 そうですね。近代化のために憲法を制定したはずなのに、その正統性を獲得するために超古代を持ってくるわけですから。

ここは、「天皇が神だと誰が信じていたのか?」という問題に繋がると思います。明治憲法を素直に信じて、日本は神の国なのだと思っているとしたら、富国強兵をしなくても大丈夫なはずです。でも、実際には、一生懸命に大砲や戦艦を作った。天皇が神だとは思っていなかったのでしょう。その一方で、天皇への熱狂は準備されていく。

江戸時代は、大澤先生の用語で言うと「ノンアルコールビール」の天皇でした。武力もお金も権力もない。江戸幕府から見れば、ノンアルコールだからと思って安心してたら、この微量なアルコールがアダになってしまった。飲みすぎたところで260年目を迎えた。

これに対して、明治憲法の天皇制は、典型的な「アイロニカルな没入」に見えます。意識レベルではみんなが、近代的に「現人神なんているわけがない」と距離をとれているのに、行動のレベルでは極めて深く没入している。憲法に「皇祖皇宗の神霊」、教育勅語に「天壌無窮」と書くほどですから。しかし、みんなが天皇を信仰していたかというと、そうした信仰によっては説明できない近代的な科学をどんどん発達させた時代でもある。

大澤　そうですよね。これは不思議な現象です。明治維新のとき、誰が天皇を信仰したのか、と考えてみると、実は一人もいない。特に錦の御旗を掲げ、天皇の名のもとに闘った倒幕派のリーダーたちは、天皇を神として崇めてもいないし、天皇を尊敬してもいなかったと思う。孝明天皇を最初に担ぎ出すとき、彼らは「孝明天皇はすごく英明な人だから、あの人にお願いしよう」と考えたわけではないと思うんです。明治維新の倒幕は、将軍継嗣問題からの流れにあるわけですが、「一橋家の慶喜様はなかなかできる人だから将軍になってもらおう」と考えていた人はいるはずです。しかし、その人たちが「尊皇」を唱えはじめたとき、「孝明天皇のほうがもっとできるぜ」って思ったわけではない。孝明天皇が適切な政治判断ができないことはわかっていたけれど、天皇を担ぎ出した。まして、若すぎる明治天皇が賢明だと思っていた人は、周囲にもいなかったと思う。

エリートがこんなふうだとして、民衆はどうなのか。明治のはじめのころまでは、日本の民衆は天皇についてのリアリティを持っていなかった。お伊勢参りが流行していましたが、天照大御神が祀られていることを知っていても、それが天皇家の皇祖になっているなんて、あまり意識していなかったと思います。だから民衆のレベルでも誰も天皇を信じていない。

たとえばキリスト教を布教させることを考えると、少なくとも宗教的エリートたちはキリスト教を信じています。民衆は本当のことを知らないから、教えてやろうと、教える側は信じているわけですよね。ただ天皇の場合、天皇を一生懸命持ち上げている人も、本当は信じていない。

天皇制における「アイロニカルな没入」

大澤　先ほど木村さんは「アイロニカルな没入」という僕が作った語をうまく使ってくださいました。ところで、「アイロニカルな没入」という態度は、誰かが少なくとも本気に信じているということを前提にして可能になる状態です。たとえば、お葬式に行き、故人の冥福をお祈りしますとか言っても、自分は根っからの唯物論者で、死者が冥界に行くなんてまったく信じていないとします。それでも、葬式では、故人の冥福を祈るのです。どうしてそうするかというと、本気で、冥界の存在を信じ、死者がそこで幸福になったり不幸になったりするということを信じている人がいるからです。「私は信じていないが、あの人たちが信じているので……」というねじれの中で、アイロニカルな没入は可能になる。このようにアイロニカルな没入は、本気で信じている人間が最低でも一人いるということが前提なんですよ。

ところが、明治のとき、天皇の神性を信じている人は誰もいない。仕方がないから、政治指導者たちは、本気で信じるやつをわざわざ作り出そうとさえしたわけです。天皇のありがたみを教える側は、本当はそれを信じていないが、民衆たちには、素朴に信じている、ということにしたわけです。これを戦後、久野収は、顕密体制と呼んだのです。伊藤博文ら政治指導者の密教としては、天皇は、活用できる道具で、アイロニカルな没入のわけですが、民衆が信じている顕教では、天皇は現人神である、と。

ところで、「アイロニカルな没入」において、真実は、「アイロニー」の方ではなく、「没入」のほうにある、というのがこの概念を導入したときの僕の強調点なのです。アイロニカルな距離をとって相対化しているつもりでも、実は、それもまたもうひとつの「没入」である、と。顕密体制で、密教的に天皇を道具視していた指導者も、いやそういう指導者こそ、結果的には、最も天皇の神性に没入することになる。

いずれにせよ、スタート地点において、なぜ誰も信じていない天皇を突如として出してきたのか。しかもそれが首尾よく機能したのはどうしてなのか。ここがやはり不思議ですよね。

木村　この装置はずっとしまっておいたから、長い間動かないと思っていたけど、いちおう動くじゃん、みたいなことで、修理をしながら使ってみたのかもしれない。

大澤　やはり一定の基盤はあったということなのでしょうか。

そうですね。でもその基盤というのを、どう解釈したらいいのか。

木村　日本をまとめるための象徴は、誰でもよかった可能性もありますよね。たまたま天皇を使ったけれど、他のものでも代用できた可能性は、敗戦直後のマッカーサー崇拝の熱狂をみていると感じます。

標準型から外れている日本のナショナリズム

大澤　ここで日本のナショナリズムについて少しだけ立ち止まって考えてみます。ベネディクト・アンダーソンは、『想像の共同体』の中で、ナショナリズムには三つのパラドクスがあると書いているわけですが、三つの中で理論上最も興味深いのは、ネーションは客観的には新しいけれども、主観的には古いということです。歴史学者の観点からは、国民（ネーション）は比較的新しい歴史的実体です。かなり古い国民でも、250年くらいしか遡ることができない。しかし、ナショナリストは、自分たちの起源をそれよりずっと深い過去に見出したがる傾向がある。たとえば、ヨーロッパで、〝nation〟という語が、今日と同じ意味で使われたのは、フランス革命のときです。だから、「フランス人」という共同体は、フランス革命よりも前には存在していないと言っていいわけです。しかし、フランス人は、たとえばシャルルマーニュ（カール大帝）が戴冠したときとか、もっと遡ってフランク王国が建国されたときだとかに、フランスの起源があったと見なしたがる。すると、フランス人自身の目には、フランスは実際よりも千年以上古く見えている、ということになるわけです。

ただ、ここで注意しなくてはならないことは、そのネーションの「古い起源」は、客観的にはネーションの起源ではないとしても、実際にあった出来事、経験的な事実だということです。つまり、それは、神話のようなものではない。神々の時代ではないのです。フランク王国のカロリング朝にシャルルマーニュという王が実際に存在し、彼が西ローマ皇帝となったことは経験的事実です。ネーション以前の共同体は、たいてい、自分たちの起源を神話の領域、神々の時代に見いだすのです。たとえば、ローマ建国の話に出てくる、ロムルスとレムスの双子は、軍神マルスの子ですし、半分神話の世界に属しているじゃありませんか。あるいは、中華帝国の起源にある三皇五帝は、半分以上、神話の世界です。しかし、ネーションの場合には、いくら古くに起源を見るにしても、神々の時代ではない。

ところが、日本の明治に生まれたナショナリズムは、この点で、ナショナリズムの標準型から外れているわけです。日本の場合も、起源は邪馬台国だと言っている分には、普通のナショナリズムと同じで、客観的な新しさには大きく反していても、経験的な事実、実際の出来事に起源を想定していることになります。しかし、万世一系で「天壌無窮」だとか、神武天皇が初代の天皇だとか言い始めると、それは、天照大神の領域と直結しているわけで、完全に神話的なものです。明治のナショナリズムは、起源を神話的なところに想定している点で、標準的なナショナリズム、近代的なナショナリズムとはかなり異なっているのです。その点では、むしろ、ネーション以前のやり方に近い。

木村 もうひとつ日本の特徴として気になるのは、革命の主体に人気がないことです。普通は革命を実現した人物は英雄になるはずですが、伊藤博文と大久保利通はあまり人気がない。鹿児島に行けば西郷隆盛のほうが人気があります。

大澤 ここもまた特徴ですよね。

木村 司馬遼太郎以降は、坂本龍馬がヒーローですから。

大澤 たとえばアメリカでは、ワシントンとかジェファーソンなど建国の英雄がいますよね。もちろん彼らは勝利者のことです。しかし日本の国民形成では勝利者より敗北者のほうに人気がある。坂本龍馬は突出して人気があるのは、すごいことをやる前に死んでしまった、完全な無念の敗者だからでしょう。大久保利通も伊藤博文も悪くないはずなのに、完全には英雄にはなりきれない。

明治維新の逆説

大澤 なぜこうなるのか。やはり明治維新に、逆説があるからだと僕は思っています。武士の精神によって始められ、成し遂げられたことなのに、武士が自己否定的に消滅するというねじれた結果を得てしまった。敗者に人気があるのも、大久保よりも西郷隆盛の方がカッコよかったからとか、人間的に魅力があったからというよりも、そのねじれを反映しているからだと僕は思う。まして、天皇なんか全然英雄ではない。

木村 孝明天皇や明治天皇を主人公に大河ドラマは作れないですね。やっぱり西郷隆盛、新選組、坂本龍馬になります。全部敗者ですよね（笑）。

大澤 建前上は、権力の頂点に立ったのは明治天皇であるはずなのにね。ついでにこの文脈で言っておけば、孝明天皇は、建前上は、勝者側ですが、勝者となった倒幕組からもちょっとやっかいな困った者と見なされていたと思います。

木村 きっと初代首相の伊藤博文でもドラマにならない。明治維新の語りは何となく暗さがあって、革命記念のようなお祭りにもならない。

大澤 日本が近代化し、植民地にもならずにすんだのだから、もっと勇ましく、アメリカの独立革命のように語られてもいいはずですが、明治維新に対して、全面肯定的には語られず、どこかに否定的な自重する気分が日本人にはある。何を達成したのかもよくわからないし、どこで達成したのかもわからない……。戊辰戦争も、南北戦争のようにすばらしい戦争だったとは思われていません。

木村 それこそ戊辰戦争の英雄は土方歳三ですから。

大澤　戊辰戦争でも、負けたほうに、はるかに人気がある。土方歳三で思い出したのですが、一度、僕は講演で新選組の話から始めようと思って、新選組についてどんな研究がなされているか調べてみたことがあったのですが、あまり研究がないことに気づいたのです。僕たちは新選組についてたくさんのことを知っていますが、ほとんどフィクションからくるもので、歴史学の研究に由来するものではない。歴史学者の主題になるようなことに新選組が積極的には貢献していないということです。それが、新選組が敗者だということです。しかし、新選組は人気があって、人々の想像力を刺激もしてきた。

木村　歴史や制度になんの影響も与えていないですからね。伊藤博文のほうが歴史研究としてははるかに重要です。

大澤　そうなんです。学者からすると、歴史を作った人のうちに入らないので、研究自体が少ない。彼らは、何年か京都でチンピラのように活動していた、みたいなものでしょう。大久保利通の研究はたくさんあるけれど、新選組の研究は全然成り立たない。でも新選組にずば抜けた人気がある。キャラも一人ずつ立っている。細かい断片的な伝承を盛り上げて、フィクションを描いてきたからでしょう。最近は中高生の歴史の教科書から、坂本龍馬が消えるらしい。というのも、重要なことをほとんどしていないからららしいです。新選組と同じで、龍馬も、「負けた」ということ以上のことはほとんどしていない。でも日本人にとって彼は英雄なんですね。

やはり僕たちは、明治維新に対する屈折した思いがあるのです。多くの日本人は、大久保利通よりも新選組の方に感情移入してしまう。維新で達成できなかったもののほうが良かったんじゃないの？　という気分がある。しかし、現代の日本人は、かといって徳川幕府を応援しているわけでもない。開国はもちろんですが、倒幕したことも正解だったと思っている人が圧倒的に多いでしょう。しかし、にもかかわらず、その「正解」に対して手放しのポジティブな感情を持ち切れていない。本当のところでは、天皇に対しても似た思いがあるのではないかという気がします。

大日本帝国憲法と皇室典範

大澤　ここから、木村先生に明治憲法を説明していただきたいと思います。

木村　明治政府が成立すると、近代的な議会政治の導入が課題になりました。ドイツ風の君主大権に基づく制度を目指す伊藤博文に対し、大隈重信はイギリス風の議院内閣制導入を主張した。先ほど、君主と議会の力関係の綱引きについて、ドイツとフランスをモデルに説明しましたが、実は、イギリスはかなり早い段階で議会優位が確立していて、そもそも綱引きが生じていません。ドイツ型かイギリス型かの対立は、明治14年の政変で大閥が政府からパージされる形で決着し、1890年（明治23年）に大日本帝国憲法と皇室典範が施行されました。

ただ、ドイツ型と言っても、君主とされた人がその権限を自分の責任で行使することは想定されていません。明治憲法における天皇制の特徴は、生前退位なき世襲制です。しかも長男子継承で、非常に限定された人しか皇位継承資格を持ちません。また、天皇は統治権を総攬するとされ、すべての権限を天皇が持つ構造になっています。軍隊の統帥権も当然天皇です。他方で、天皇は「神聖にして侵すべからず」なので、責任のある判断は任せられない。

大澤　こうした仕組みは立憲君主制ではポピュラーなのでしょうか。

木村　立憲君主制においても、女系・女性継承や君主の退位の仕組みがあることは多いです。皇位継承資格者がたくさんいて、有能な人を抜擢できる制度なら、君主の権限をより強化し、実質的な権限を与えることもできます。しかし日本はそのような方法は取らなかった。

大澤　他国にも似たようなものはあるのですか？

木村　ゼロではないでしょうが、日本の特殊性が強く出ていると思います。日本の制度は非常にアンビバレントで、機能的には権限は与えられないのに、名目としては権限が与えられているので、やろうと思えば、いくらでも権力を持つことができてしまいます。天皇の自粛を前提とした制度です。

次に帝国議会との関係を見てみましょう。帝国議会は貴族院と衆議院の二院制です。比較憲法的にみると、ここは君主から議会にかなり権限を譲ったとみることもできます。予算の協賛権限を議会に与えたからです。予算に関与する権限があれば、議会は国政に大きく口出しできることになります。ここは、国の制度設計における大きな分岐点の一つです。

一方、行政権については、明治憲法は「国務各大臣ハ天皇ヲ輔弼シ其ノ責ニ任ス」と定めるだけで、内閣に関する規定がありません。輔弼するとは、天皇に助言するという意味です。内閣総理大臣は1885年から置かれているので、明治憲法よりも前からある職です。内閣は、憲法よりも下の命令に分類される法規範で存在が決められていました。

こうしてみると、明治憲法の関心は議会に集中しており、「議会設置法」のような意味を持っていたということになります。

明治憲法の特徴は、国政の中心が定まっていない点です。誰が日本のリーダーを担うのかすらわからない。天皇は無答責だし、議会は立法と予算の協賛権限のみで首相を指名できるとは書いていない。内閣にいたってはそもそも規定がない。なぜこのような憲法になったのかを考えると、議院内閣制にすることで、帝国議会を基盤にした強力な指導者があらわれ、立法と行政が一手に握られることになることを嫌ったのではないか、という説があります。

大澤　それは、贔屓した評価じゃないかという感じもしますけど（笑）。

木村　そうですね。そういう評価もある、ということです。

中心が空洞な憲法であることによって、何が起きたのか。その時々に応じて成立する慣習や取り決めによって、実質的意味の憲法、つまり、国家運営の重要なルールが変化することになりました。

憲法学と歴史学の融合領域に、どのように憲法体制を運用してきたのかを調べる「憲政史」という分野があります。明治憲政史は注目度が高い分野で論文も多くありますが、日本国憲法の憲政史はそれほど盛り上がりません。明治憲法下で内閣総理大臣をどのように決めたのかは、条文に書いていないので、とても面白いテーマになる。これに対して、日本国憲法では、国会で指名するとの明文があるので、どんなルールになっていたのか調べる意味がありません。憲政史としてアプローチするよりも、自民党の総裁選を政治学的に分析した方が、はるかに面白いでしょう。

憲法の運用、四つの時代

木村　続いて、どのように憲法が運用されてきたのか、少し整理したいと思います。ざっくりと四つの時代に区分してみました。

第一期、第一回帝国議会から桂園時代（1890－1913年）：藩閥政府vs帝国議会

第二期、第三次桂内閣から五・一五事件へ（1913－1932年）
：憲政の常道と政党内閣の失政
第三期、軍部の台頭（1932－1936年）：穏健派軍人首相と二・二六事件
第四期、開戦へ（1936－1941年）：軍部首脳の首相指名拒否権

第一期の帝国議会の発足直後は、黒田清隆や山県有朋などを典型とする、いわゆる「超然内閣」で、議会の多数派とは関係のない人たちが政権を担っていた。これには、議会の成長と共に藩閥政治だとの批判が強くなり、大隈重信、板垣退助らが政党内閣をつくるようになります。

1900年から1913年はいわゆる「桂園時代」で、伊藤博文、西園寺公望といった政友会の党首と、超然勢力である桂太郎とが交互に首相に就任する時代でした。超然内閣と政党内閣が、それぞれ天皇の大命を受けて内閣を組織し、お互いに競い合っていたわけです。

この時期に、官僚や軍部といった新しい政治プレイヤーも生まれます。明治憲法の重要な特徴の一つに、軍人や官僚を身分に関係なく平等に登用することが定められていたことがあります。その結果、学歴と試験で選ばれた優秀な人材が集まり、文官と軍人という独特の勢力が出来上がっていった。特に軍部については、一大勢力になっていきます。

第二期は、いわゆる「憲政の常道」と呼ばれる時代です。「元老」が推薦し、天皇が「組

閣の大命」を下して首相を指名し、組閣をするという運用が定着します。

大澤　この「元老」というのは、ある日突然、いきなり出てきますよね。

木村　この元老は、伊藤博文、黒田清隆といった天皇の助言者と認められた明治維新の功労者たちです。憲法や法律に明文はありませんが、慣習的に与えられた地位でした。明治憲法には首相の選び方や政府の作り方が書いていなかったので、慣習や天皇の判断で、重大な権限を持った地位や機関を融通無碍に作り出せたわけです。

この頃には、議会の支持がない超然内閣は成立しなくなってきました。やりたい政策があっても、議会が納得しなければ、それを実現するための法律が作れず、予算も下りない。これでは、政府は何もできません。そこで、衆議院多数派の支持を受けて、原敬政友会内閣や加藤高明護憲三派連合内閣などが成立します。当時の議会勢力は「護憲」や「立憲」という言葉を好んで使いましたが、この時期の立憲や憲法は議会主義とほぼイコール。議会を尊重することこそが、立憲主義だったということです。

しかし、その後、政党内閣の失敗が相次ぎます。政友会などの保守政党が財閥と結びついたことで、議会・保守政党に対する国民の信頼が低下します。恐慌や社会問題に関する失政もあり、民衆の不満を受け止めることが出来なかった。国外に目を向けると、ロンドン軍縮条約の強行に代表されるような政党主導の協調外交は、軍部の不興を買いました。そうした中、軍部が不満を持った民衆の受け皿になり、政党や議会を攻撃するようになりました。それが1932年の五・一五事件で頂点を迎えます。政友会総裁の犬養毅首相が青年将校によって殺されました。犬養首相自身は、満州事変を追認し、ロンドン海軍軍縮条約を批判するなど、軍部寄りの人だったにもかかわらず、事件は起きてしまった。それほど、政党への不満が強かったということでしょう。

第三期である1932年からは、政党内閣が崩壊し、軍人が内閣を率いることになる。当初は、軍人の中でも穏健派で国際的視野もある人物が選ばれていた。対外的侵略はある程度抑制しつつ、経済を安定させる戦略をとり、相対的な安定期を迎えました。しかし、不穏な空気が日本を覆うようになります。1935年に美濃部達吉の天皇機関説事件が、1936年に二・二六事件が起きました。二・二六事件は、若手将校が、首相や大蔵大臣など政府要人や天皇側近の暗殺を謀るとともに、メディアや警視庁なども占拠する、大規模なテロ事件です。二・二六事件で、天皇が信頼していた多くの側近を失ったとされています。

第四期から、日本は開戦へと突き進んでいきます。その第一歩は、陸軍、海軍の両大臣を現役の将官だけが務められるようにする、軍部大臣現役武官制の復活です。陸海軍が大臣を出さなければ内閣が作れないので、軍部は「この人が首相になるなら、軍からは大臣を出さない」という交渉ができるようになった。つまり、陸海軍が組閣について事実上の拒否権を持つようになったのです。ここから日中戦争、日米戦争に入っていき、軍部の勢いを抑えきれず、議会がどんどん力を失っていくことになります。

駆け足ですが、これがざっくりとした憲法の運用史です。

重要なエージェント、元老

大澤　これだけを聞いていても、面白い特徴がありますね。たとえば、天皇の無責任性について。政治にはパラドックスのようなものがあります。独裁者や権力者、利権を持っている人は、良い思いをしているようなイメージがあり、まぁそうなのかもしれませんが、逆説があるのです。ヨーロッパ風の言い方をすると、主権を持つと、共同体の存続に対して責任を持たなければいけません。しかし一人の人間が共同体の存続や秩序に対して責任なんて取れない。それでも政治は、本来は取れない責任を、誰かに取らせる仕組みを持っていると思うのです。誰一人、共同体の安全や秩序を永続的に保障できる人はいないけれど、それが可能であるかのようにふるまわないと、秩序は成り立たないので、誰かによってその責任が担われているという幻想を持つことができる仕組みになっている。それが政治で、誰か偉い人が責任を負わなければいけない。でも大日本帝国憲法では、誰も責任を負わないようにつくっていますよね。

木村　天皇は無答責。かといって、内閣が議会や国民に責任を負うとも、憲法には書いていません。

大澤　誰も責任なんか取れないのだと、はじめから言っている。でも政治はここで不可能な責任を担うことで、ひとつの政治が成り立つという逆説がある。そこを棚上げしていくようになっているのです。

なんといっても、国政の中心がこの憲法はどこにあるのかわからない。強いて言えば天皇なのですが、天皇は責任を負わないわけですから。本来、究極の責任がそこに集中しているはずのその場所が、「無答責」ですので、結局、誰も責任を負わないかたちになっている。その意味で、中心が完全に空虚になっているわけですよね。その中心の空虚を、半分インフォーマルなエージェントで埋めていく。

そうしたインフォーマルなエージェントの中で特に重要なのは、元老ですよね。元老が内閣総理大臣を決めることができる。この元老は、明治維新にかかわった英雄とされている人たちですよね。明治維新の時代から遠ざかれば、みんな年を取って死んでいく。それ以降は明治維新がないので、元老はいなくなっちゃいますね。最後の元老、西園寺公望が日米開戦のおよそ一年前になくなったのは不吉な予兆のようなもので、このとき、中心の空虚を隠蔽してきたインフォーマルな蓋自体がほんとうになくなってしまった、という感じがします。いずれにせよ、元老というものが権威をもったということは、明治維新に、最低限のレジティマシーがあったということだと思います。

ハンナ・アーレントが『革命について』という本の中で、アメリカの憲法の正統性について書いています。憲法はどこから正統性を調達しているのか。結論を言えば、建国という行為そのもの、新しい政治体を創設したということ自体が、権威を生み出していて、憲法の正統性の源泉になっているというわけです。建国という偉大なことを成し遂げたことに、自分自身で感動し、深い敬意を抱く。憲法を維持したり、修正したりするということは、この建国という行為のある意味で、反復なのです。憲法があり、あるいは違憲であれば文句を言える最高裁判所がある。建国をすると、偉大なことをしたと自信がつきます。ですが、この自信を歴史的に保存しないと、共同体としては成り立ちません。ですから、憲法を修正したり、違憲を厳しく監視し、偉大なことをずっと反復することによって、正統性が担保される。

しかし、日本の明治維新は、反復できない建国です。日本は、建国という行為の反復を制度的に保障する装置をもたなかった。大日本帝国憲法は、建国と深くは結びついていない。つまり、それは、アメリカの憲法とは違って、建国そのものを全体として保存し、反復する装置にはならなかったと思う。日本人は、こうして、建国によって得た、歴史的な自信や、そうしたものを保存する制度を持ち切れなかった。なぜなら革命の意義を、虚構の天皇に全部丸投げしているからです。建国の理念に、ほんとうは誰も信じてはいなかった「天皇の神聖性」をおき、憲法も、天皇が制定し公布したという虚構によってその正統性を担保した。

天皇自体は、ほんとうは、建国に主体的に関与していないわけですから、そしてそのことを天皇自身も国民もほんとうは知っているわけですから、こんな虚構を作ってしまえば、建国の偉大な行為を、憲法を通じて反復したり、保存したりはできないわけです。だから、建国という行為の権威を反復するために、実際に建国を行った元老というものに頼らざるを得なかった。元老だけが多少のオーラを発していますから……。しかし、元老は、生身の人間ですからいつかは誰もいなくなる。

木村　おっしゃる通りですね。憲法には、建国時の歴史や情熱がどこかしらに書き込まれるものですが、明治憲法を読んでも、明治維新の面影は大臣の名前としてしか残されていない。

憲法制定まで時間がかかった理由

大澤　日本の場合には、維新の達成と憲法の間に断絶があるのではないか。明治維新から20年ほどかかって、憲法が出来ていますよね。フランス革命では、革命の最中にどんどん憲法が作られます。アメリカ合衆国憲法は、独立革命の後に作られますが、革命の延長上にあるものとして理解されています。しかし、日本の場合は、維新と憲法の間には強いつながりがない。もちろん、維新のリーダーたちに、まだ西洋風の「憲法」なるものへの理解がなかったでしょうから、仕方がないことではありますが、それにしても断絶が大きい。

教科書的な理解だと、伊藤博文がヨーロッパで視察をし、キリスト教の代わりになる精神的支柱が必要だと感じ、やはり天皇中心にいかなければならないと判断した、ということになると思います。憲法は、そのような理解や判断に基づいて制定されている、と。

木村 確かに、制定までにかなり時間がかかっています。議院内閣制のような、民衆の力をより積極的に取り込む道もあったはずなのに、当時の政府は民権勢力を抑えられるように、君主制原理に基づく憲法を作った。政治権力はすべて天皇に属することとして、議会が力を引き出せないような仕組みにしたのです。国民主権原理を採用すると、国民の支持を盾に議会がどんどん権限を増やしてしまう。明治憲法はそれを遮断する仕組みを入れたわけです。

大澤 天皇に議会以上の権限を与えた。

木村 憲法に明文がないことについての対応が問題になった時、何を根拠に決めるかと言えば、正統性の淵源に遡ることになります。正統性の淵源が国民にあるなら、国民の支持を得ている議会が権限をある程度拡大してよい、という話になる。もちろん、そういう議論をした憲法学者や政治学者もいました。しかし、明治憲法の正統性の淵源は天皇と神霊ですから、「議会は書いてあることしか、やってはいけません」という議論になりがちです。

大澤 民主主義革命のようなものが起きて作られた憲法とは違っている。

木村 そうですね。モデルになったプロイセン憲法は、議会と君主が綱引きをしているときに、議会権限を限定する思考で作られたものです。

大澤　ある程度は議会に権限を持たせなければいけないことはわかっているけど、持たせすぎると困ると思っている。

木村　とりわけ行政に口出しをしてもらうと困るので、超然内閣を作れるようにしています。

大澤　自由民権運動があったうえでも、結局、こうした憲法になっている。

木村　そうです。議院内閣制は明治憲法下では違憲であるという議論もあったようです。

大澤　すごい議論ですね。

木村　明治憲法は、議会の力を制限しようとする思想に基づいて、作られていましたから。

大澤　「超然内閣」という言葉は、今聞くと非常に不思議な語感があります。この言い方は、ヨーロッパや他の国ではあるのでしょうか。日本的現象を指すために使われたのか、それとも諸外国でもそうした議会とのつながりが薄いのか。

木村　「超然」という言葉は、黒田清隆が有名な超然主義演説で使った言葉です。ただ、たとえば、プロイセンのビスマルク政府は、「超然主義」だったと思います。

大澤　なにから超然しているんですか。

木村　議会からも国民からも超然としている。この時代のアメリカ、イギリス、フランスでは、すでに大統領制や議院内閣制をとっていて、国民や議会を軽視する制度設計の参考にできるのは、プロイセンぐらいだったのです。

大澤　アメリカ大統領の場合は、議会からは超然とできても、国民からは超然とできない。超然としていないことを売りにしますよね。トランプでさえも、一部の人には超然としているかもしれませんが、いちおうは国民を代表している。

でも「超然」という言い方が成り立つところに日本の内閣や近代政治の特徴があります。議会から超然としているところが売りになる。戦後は議院内閣制ですから、超然とはできないようになっていますが。

木村　国民主権の時代に、「超然主義」はまずいです。

超然としている方が偉い

大澤　そして桂園時代になっていきますよね。ふつうリーダーが交代するときには、二大政党制のイメージを持ちます。共和党vs民主党のような形です。しかし、政党関係者vsそうではない人の綱引きをする。日本の議会は、独特のスタートの方法ですよね。

マルクスは、貨幣を王、臣下を商品に喩える有名な脚注で、ヘーゲルの議論に沿いながら、臣下が王を王として承認するがゆえに、王は王たりえているのに、臣下はみんな王が王だから私たちは従っているのだと思っている、と書きました。かつての王は、自分がそれ自体として神聖であるから従えと言った。しかしこのマルクスの論が成り立つのは、前近代的な支配者の場合です。近代の政治リーダーは違う。たとえば今のアメリカの大統領は、国民が私を支持しているから私は大統領としてふさわしい、と言い立てるし、国民の方も、当然、そう思っている。かつての王は、臣下が承認してくれるから、やっと王になれるのだという真実は、隠されていなくてはならず、はっきりと意識もされてはいない。要するに、前近代の王は、超然としていなければいけなかった。したがって、簡単に言うと、前近代の支配者は、いかに自分が超然としているかを誇示しようとし、近代の政治指導者は、逆に、自分が超然としていないことを人々に納得させることで、正統性を得ている。

ところが、日本の場合は、近代のはじまりにまず天皇を超然とさせたわけですよね。だからこそ、天皇の代行をしながら政治をやる内閣も、超然としている方が偉いという理屈が成り立つのではないかな（笑）。だから、近代としては、非常に変則的だということになります。かといって、議会がないわけではありませんから、100％超然としていればいいと思っているわけではありません。だんだんと超然性が下がらざるを得なくなってきた。

木村　そうですね。このあたりはヨーロッパの歴史を大急ぎで後追いしている感じがあります。当初は君主権が強く、「せめて憲法に列挙された自由だけは議会に留保しましょう、議会の承認を得なければ制限できないようにしましょう」というところから始まり、議会が力をつけていくのに従って、国民の自由一般を制限する場合に議会の承認が必要になっていきました。憲政の常道の時代には、内閣は議会を基盤に作られていますから、議院内閣制的になってきます。

大澤 そうですね。ですがこの論理の根拠からいくと、内閣が超然とできるのも、究極的には政治の中心にいる天皇が超然としているからです。面白いのは、内閣が文句を言われることはいくらでもあっても、天皇がいけないと言い出す人はいない。

木村 「こんな内閣を選びやがった天皇が悪い」とはならない。

大澤 ならないのです。ここが面白いところですね。伊藤博文がヨーロッパを見ると、キリスト教のような精神的支柱があり、しかし日本にはそれがなかった。キリスト教に匹敵するような精神的支柱が必要だと考えて、天皇を重要視したのではないか。これは教科書的な理解ですが、だいたい合っていそうですよね。

文官に軍人をコントロールした経験がない

大澤 第三次桂内閣のあたりから、超然内閣が終わります。政党内閣も失敗したと。ここで軍部が出てきますね。軍人がクーデターを起こし、政治のトップになることは様々な国でよく見られます。国家の定義として、物理的暴力の独占があるともいえるので、一番直接的な力を持っている軍人が影響力を持つのは、普通に考えられますね。近代や前近代を問わず、一般に国家は、軍隊を持っているわけです。

しかし日本の歴史を全体として考えてみると、国家が軍隊を持っているのか、持っていないのかよくわからない時期がかなり長いところに特徴がある。古代の律令国家は軍隊を持っていますが、中世の国家を、朝廷を中心として把握したときには、国家に属する軍隊がない、ということになります。他方で、武士という戦闘者がいますが、彼らは基本的には朝廷から独立している。朝廷の傭兵でもないし、もちろん徴兵されたわけでもないし、たまに志願兵的に活躍するときがありますが、基本的には、朝廷に属しているわけではない。

武家政権、とりわけその完成形としての幕藩体制はどうか。幕藩体制における官僚は、武士ですから、ある意味武官でもあります。彼らは、文官かつ武官。強いて言えば、本職は武官だけれども、ついでに文官的な事務もしていて、事務をしていた時間の方がはるかに長いということになる。

こう考えると、日本は、政治家や文官が、軍人・武官をコントロールするという支配のやり方を、ほとんど経験していない。明治になって、政府は、徴兵し、いきなり軍隊をもつようになった。軍人というのは、生きるか死ぬかのことをやらせるわけですから、国家へのロイヤリティが最も高く純粋な人です。それだけに、そいつらが暴走すると、とても困ったことになる。だから、どの国家も、軍人が独自に暴走しないようにするのに、非常に苦労します。だからこそ、説得力のある様々な理念やイデオロギーがあるわけです。しかし日本の場合にはそうしたものがない。それどころか、「天壌無窮」とか言っているわけですね。

木村　天壌無窮を命をかけて守るというのも、不思議な話です。それが徴兵の根拠にもなった。

大澤　そのために私は死ぬんですか？　と思いますよね。死ぬに値するほどの価値がなければいけない。「アイロニカルな没入」の「没入」の部分が空虚なままになっているような状況です。とはいえ、すべてがアイロニーですよとは言えないですし。

木村　国内防衛に必要な実力組織は、正統性を持ちやすい。軍人だけではなく、国民にも命の危機がありますから、みんなで協力しようとなりやすい。しかし、外に出て侵略をしようとする場合には、相当なイデオロギーがないと説明がつきません。

大澤　フランス革命のときに、国民軍ができる。ナポレオンが率いた軍隊は国民軍です。「国民（ネーション）」という共同体に主体的にコミットした、ヨーロッパにおける最初の軍隊ですね。だから強かったわけです。日本は、明治維新のときに、ヨーロッパのモデルをまねして国民化する。そのための策が富国強兵ですね。これが意味するところは、国民というのは、皆、ある意味で労働者であり、そして、潜在的には皆軍人だということでもあります。特に、軍人としての側面をコントロールするには、イデオロギーが必要になる。

美濃部達吉の天皇機関説事件

木村 そうしたイデオロギーの暴走のひとつとして、美濃部達吉の天皇機関説事件が起こります。

大澤 これも美濃部としては、当時の通説を主張していただけですよね。

木村 そうですね。少し学問的な文脈を整理したいと思います。

近代に入ると、国家を法的にどう構成するのかという問題が出てきます。これを扱うのが国法学と言われる分野で、その中心となったのはドイツです。もともと近代法学では、あらゆる対象を「人」と「物」に区別する、という体系がとられていました。人は意思の主体であり、権利の主体。これに対して、物は権利の対象であると。この理論を国家について応用すると、「国家は君主の財産である」という理解と「国家は意思の主体であり、ひとつの法人なんだ」という理解の二つが可能です。いくら君主勢力の強いドイツとはいえ、君主の好き勝手に国家を動かせるのは困るということで、国家を一つの法人とみなす立場が通説になりました。これが先ほどお話しした国家法人説です。君主や議会や裁判所などは国家の機関であって、それぞれの役割に応じた職責を果たすことで、国家の意思を具体化しているという議論が構成されました。

この国家法人説は、ドイツでどのような意味を持ったのか。当時、君主こそが主権者であると考える君主主権説と、国民こそが主権者で、政府は国民代表の集まる議会に従うべきだと考える国民主権論の対立がありました。国家法人説によるならば、君主も議会もそれぞれに主権を持つ国家の一機関であるという位置づけができる。そう捉えるならば、君主か議会かという対立を和らげ、かつ、国家全体の統一が図れる。そうした理屈として、発展してきました。

大澤 なるほど。明快です。議会（国民主権）と君主との対立を中和させるものとして、国家法人説があった、というわけですね。

木村 美濃部先生は、このドイツの通説である国家法人説にのっとり、大日本帝国憲法を解釈しました。もっとも、国家法人説だからといって、天皇の権限が強いとも弱いとも論理的には定まりません。たとえば、株式会社も法人ですが、会社とひとくくりに言っても、権限が社長に集中するワンマン社長の会社もあれば、各役員に意思決定を分散させる会社もある。この空白部分を美濃部は解釈で埋め、日本には天皇不親政の伝統があり、大日本帝国憲法は天皇は親政しないという原則で作られているのだと説明した。つまり、天皇機関説は、第一段階としてヨーロッパの通説、第二段階として美濃部解釈としての天皇不親政論が入っているのです。天皇機関説が攻撃されたときには、法人説だけではなく、不親政論にも攻撃が及んだと考えられます。

次に、この天皇機関説が当時の通説だったのかについて。これはまさに顕教・密教と言われる話に関わっています。つまり、大衆的な素朴な理解と、エリートによる機能的理解の間には乖離がある。確かに、エリートの登竜門である文官試験においては美濃部学説が通説でした。しかし、軍部の学校や、初等中等教育では、天皇中心の憲法学説が教えられていたのです。

これは、今の国民主権論でもある話です。高校までは、日本国憲法の三大原理は、「基本的人権の尊重」「平和主義」「国民主権」と教わります。しかし、大学に入ると、国民主権よりも権力分立を重視した勉強をします。「国民主権だからと言って、国民投票で最高裁判決を覆してはいけません」とか「国民主権とは、国民投票で賛成を得さえすれば、どんな法律を作ってもよいという概念ではありません」と習うわけですね。権力分立と主権論とは、実は折り合いの悪い概念です。誰が一番権力を持っているのかではなく、それぞれが役割分担をするという話だからです。このように、私は、顕教と密教は今の日本でも存在すると見ています。

大澤　美濃部さんは、極めて合理的に解釈していたわけですよね。多少の解釈の揺れはあるかもしれませんが、学説ですし、特別にスキャンダラスなことを言っているわけでも、不敬なことを言っているわけでもない。一般の国民であっても少なくとも半分の人は、そして学者であれば少なくとも8割ほどは賛成するような解釈だと思います。けれども、なぜか非常に不敬なこととして扱われた。

確かに、「天皇機関説」という語感だけをとると、何か天皇を機械の部品のようなものとして扱っていて不敬である、という印象を招く。しかし、天皇が、それの機関だとされているところの国家という法人、その法人という概念は、宗教的な起源があります。つまり、法人は、ある意味で、神聖なのです。今では、「法人」というのは、法的な手続きを簡単にするための便宜上の仮構のように言われますが、その源泉にまでさかのぼると、とても宗教的なものであることがわかる。その点を詳しく論じているのが、この対談でも何度か話題にしてきた、僕のお気に入りの本、カントーロヴィチの『王の二つの身体』です。この本の主題は、西洋の中世・近世の王権ですが、同時に、かなりの部分、法人論でもある。ポリティカル・ボディ（政治体）は、実は、一種の法人だからです。

『王の二つの身体』を読むと、法人という概念が、たいへんな産みの苦しみののちにようやく誕生したことがわかります。どうして「産みの苦しみ」があったかというと、一神教との関係で、その位置付けが怪しげなものになってしまうからです。実際、イスラーム法は、法人という概念を認めていません。どうしていけないのか。法人というのは、ほんとうは人ではないものを、法律上は人とみなす、ということですよね。人であるならば、宗教的な義務を果たさなくてはならない。たとえば、一日五回の礼拝をしたり、ラマダーンの断食をしたりしなくてはいけない。しかし、会社にはそんなことはできない。とすれば、それを人とみなすことは許されないわけです。

しかし、キリスト教世界では、宗教との葛藤をもちつつ、法人という概念が創造され、活用された。どうしてかというと、キリスト教の方には、法人の種のようなものがはじめからあったからです。それこそ、ほかならぬキリストです。教会は、キリストの身体だとされ、「神秘体」などとも呼ばれていた。これは、もうほとんど教会は法人だと言っているに等しい。あと、実はローマ帝国も、法人以前の法人なのですが、話がややこしくなるので、省略します。結論をいえば、神秘体としてのキリストの身体こそが、ポリティカル・ボディの源泉であり、そして法人一般の起源でもある。

というわけで、法人というのは、かなり神聖な概念です。しかも、今述べたように、宗教的には本来あるべきではないものなのに認められてきた、というようなことがあるので、本来は、濫用できるものではなかった。初期の法人としては、ポリティカル・ボディのほかに、大学がそうですね。ヨーロッパの伝統的な大学は中世からありますが、最も初期の法人のひとつです。いずれにせよ、もとをただせば、法人は勝手に自由に作ることができるようなものではなかったわけです。

木村　おっしゃる通りです。ヨーロッパでは、かなり最近まで、特別な許可がなければ法人を作れませんでした。

天皇制の顕教・密教

大澤　法人概念をとても自由に活用し、たくさんの法人を作りはじめたのはアメリカです。アメリカなるものを建設し、その後もアメリカ的なものを担ってきたのは、ピューリタンたち、つまり最も信仰の厚い人たちだと言える。そういう最も敬虔なクリスチャンが、宗教的には微妙な法人というものを徹底的に活用し、それをひどく世俗化させた、というのはおもしろいところです。

だから、天皇が法人の機関だと言われると、腹を立てた人がたくさんいるわけですが、少なくとも、法人についていえば、本来、とても神聖なものです。法人は、神聖にして、かつ世俗的なわけですが、それは、神にして人間であるというキリストの二面性に由来するものです。しかし、キリスト教の伝統をまったく実感できない日本人が、「法人」という概念を聞くと、世俗的な側面しか感じられない。だから、「法人の機関」などというと、ひどく冒瀆的に感じてしまうのですね。

顕教的には、天皇は、マジカルで神聖なものなので、法人の一機関であるという言い方に著しく反するように感じられたわけです。たとえば、二・二六事件を起こした人たちは、顕教的な天皇にコミットした。でもあのとき、天皇の方は、密教的に振舞ったというべきでしょう。

ところで、近代天皇制の顕密体制というのは、久野収の概念ですが、本来は、「密教」の方こそ神秘的なのに、近代天皇制では、密教の方が、神秘性を完全に消し去り、顕教が神秘的で、本来の顕密とは逆なのは面白いですよね。

木村 そうですね。不思議ですね。

大澤 天皇制の顕教・密教というのは、「タテマエ・ホンネ」とちょっと似ていますね。少し脱線しますが、この前、必要があって、加藤典洋さんが比較的若い頃に書いた論文をいくつか読み直しました。その中で、ひとつびっくりしたことがあります。僕らは「タテマエとホンネ」という二元性は、日本人的なものをほとんど歴史貫通的に特徴づけていると見る傾向がありますが、加藤さんによると、「タテマエとホンネ」が、今みたいな意味で使われるようになったのは、戦後なのだそうです。この語法が最初に登場したのは、1950年頃で、急激に普及したのは、1970年代になってからだというわけです。

それはともかくとして、天皇概念に、顕教的な側面と密教的な側面があったために、数々の行き違いのようなものが起きる。二・二六事件はそのような行き違いの生んだ悲劇のひとつですね。皇道派の青年将校たちは、顕教の方に徹しているわけですが、天皇自身が、そこまで顕教に純化していない。むしろ密教の方に近い態度をとり、将校たちを怒った。

三島由紀夫は、戦後、天皇が人間宣言をしたことを怒ったわけですが、これも、考えようによっては、次のようにいえます。三島は、天皇が戦前の顕教的側面を完全に放棄したことを怒ったのだ、と。天皇が、密教の方に自分を特化させてしまえば、二・二六の将校も、特攻隊の死者も浮かばれないですから。

日本社会の隠された身分制度

大澤 ひとつ聞いておきたいのは、任官の仕組みについてです。現在の、キャリア、ノンキャリアの原型になるような話ですよね。

木村 官僚を採用するときに、勅任官・奏任官・判任官と、天皇がどれだけ関与するかにはランク分けがあります。キャリアが高ければ高いほど、天皇の関与が強くなる仕組みになっていた。重要なのは、明治憲政初期に、文官と軍部がそれぞれ試験をやり、有能な人間を身分にかかわらず登用して一大勢力をつくっていったことです。

大澤 いちおう、明治維新で身分制度がなくなりますね。華族/士族/平民といった区別は残りますが、江戸時代の士農工商と比べたら、圧倒的な平等指向です。華族などの区別は、まずは国民としての平等を前提にした上でのものにすぎませんから。その後も、たとえば、大正

15年には、普通選挙も始まりますし、戦後になってくると、女性も選挙権を得るようになります。このように、明治以降、一貫して、身分的なものの意味を小さくし、平等化が進んできました。

他方で、僕は、日本社会には、どうしても消えず、執拗に残るゆるい、インフォーマルな身分制があるように思うのです。厳密な意味での身分制ではありませんが、身分制的なものが、日本社会から消え尽さない。その究極の原因は、天皇がいるからではないか、と思うのです。まず、確実に言えることは、天皇だけは、あるいは皇族だけは、特別な身分です。そして、歴史を振り返れば、もともと、日本社会における身分というのは、基本的には天皇からの距離です。公家（貴族）とは、朝廷に仕える身分でしょう。公家が武家に対していばっている根拠はここにある。公家の中でも、殿上人でなければ、たいしたことはないとされる。殿上人というのは、天皇が住んでいるところ、つまり清涼殿の殿上にのぼることができる人という意味ですよね。さらに摂関家は、もっと天皇に近くて偉い。とにかく、身分の高さとは、天皇からの近さです。明治維新以降は、日本人は、身分をどんどん無化してきたわけですが、身分そのものを生み出す源泉としての天皇だけは、排除しなかった。そうすると、身分的な区別・差別を消しても消しても、微妙な残香みたいな感じで、身分的なるものが――正式な身分ではないけれども身分的な含みがほんのわずか帯びるような格差が――再生産され続けるのです。

たとえば、正社員か非正規雇用かということは、今日の日本人にとってものすごく重要な関心事ですね。なんとか正社員になりたい、と思ったりする。正社員と非正規の違いは、給料の違いに還元できないものがある。正社員というのは、現代の日本人にとってひとつの（特権的な）身分です。正社員になって、はじめて自分はこの社会に正式に認められたような気分になる。正社員と非正規の間の給料の差や待遇の差は、身分の違いを表す指標のようなものです。給料の違いよりも身分の違いの方が先にある。

でも、正社員か非正規雇用かということは、天皇とは全然関係がない、と思うでしょう。たしかに、天皇陛下が社員を雇っているわけではないのですから、直接の関係はありません。正社員か非正規かにこだわっているとき、僕ら、天皇や皇族のことなどまったく考えないでしょう。しかし、実は、「正社員／非正規雇用」の区別が何か特別なものになってしまっている歴史的な原因を、底の底までたどっていくと、この区別が天皇と無関係だとは言えないことがわかってきます。このことを教えてくれるのが、前にも触れた小熊英二さんの『日本社会のしくみ　雇用・教育・福祉の歴史社会学』という本です。

この本は、雇用の構造がどうなっているかということが、社会構造を規定するきわめて重要な要因だという着眼で、日本型雇用がどのような歴史的経緯で出てきたのかを追ったものです。徹底的に精査されています。結局、日本型雇用の起源は、明治期の官庁制度にあったことが示されます。今、木村さんが説明してくださった、官僚の任用の制度です。任官補職と呼ばれるやり方です。このやり方については、前にも話題にしました（165頁）。等級に相関している「官」に任じられたあとに、職があてがわれるので、任官補職というわけです。では等級とは何かというと、木村さんがおっしゃったように、等級が高いほど、天皇に直接任じられている、という感じになっている。

小熊さんによると、この官庁のやり方と類比的なシステムが、明治期に、民間企業でも採用されるようになる。そのあとは、長い話になります。明治期の雇用のやり方が、変形しながら、たとえば「大企業」と「中小企業」の二重構造を生んだりしながら、最後には、今日の正社員と非正規雇用の差別ということにつながってきている。要するに、原点には、官庁の雇用のしかたを模倣した、民間企業の雇用システムがあるわけです。

民間企業は、天皇と直接関係ないのに、天皇に任用されている組織をまねたような雇用の仕組みを取り入れたわけです。初期の大企業は国営の払い下げが多いので、こういうことにも自然な流れがあったわけですが、僕はこう思うのです。天皇が実際に頂点にいるわけでもないのに、まるで天皇に任用されるかのように企業に雇用され、企業内でのランキングも決められた。そうすると、天皇の発するオーラのようなものが、天皇とは関係ない企業の雇用システムの方にも転移して、そこに、身分制に似たような序列ができるのです。そうすると、たとえば正社員と非正規雇用の差別にも、とても微かではあるけれども、天皇由来のオーラが利いている。

ついでに付け加えておくと、僕は、民間企業の方で、天皇につながる官庁制度の雇用の構造と類比的なものが再現された、という話から、この対談の中でも何度も論じてきた中世の荘園公領制を連想するのです。公領の階層構造のわきに、それとパラレルに私有地である荘園の階層構造が作られる。荘園というのは、公領の側にある税のシステムを逃れようとして作られてくるわけですが、しかし、考えてみると、荘園の方のトップにいる「本家」なるものが権威をもっているのは、彼らが天皇に近しいからです。そうすると、天皇の支配を相対化して、そこから逃れようとしているシステムの方に、天皇由来の序列と同じものが生まれる。日本の企業の内外に生まれる序列も、これとちょっと似ている。

要するに、正社員と非正規の区別は、天皇というものと無縁ではないちょっとした身分制です。非正規というのは、身分的に差別されているわけです。

木村 社会での存在意義がないと言われてしまうような。

大澤 非正規で雇用されているのだから、失業しているわけではない。しかし、しばしば、失業よりも、正社員なのか、非正規社員なのかが重要な意味をもってしまう。正社員は、「正式」に採用されているのが、とてもよい。その「正式」という言葉の中にある含みを歴史的な源泉にまで遡ると、「正式に天皇陛下に任命されている」につながっているわけです。

第4章　戦後の天皇制——憲法、戦後処理、民主主義

ポツダム宣言前後の情勢

大澤　いよいよ最後になりました。今回は憲法について、木村さんに教えていただきたいこと、聞きたいことが沢山あります。まずは戦中についてですね。

木村　1936年に、悪名高い「軍部大臣現役武官制」が復活します。軍が「大臣を出さない」と言えば内閣をつぶせる制度で、事実上、軍隊が組閣について拒否権を持つことになりました。明治憲法が国政の中心を定めていないがゆえに、その時々の運用によって政治体制が不安定になってしまう典型例ですね。軍部の力が強くなって、37年から日中戦争、41年から日米戦争、45年の終戦に至ります。

大澤　日本は、ポツダム宣言を受け入れたわけですね。

木村　ポツダム宣言が出されたのは1945年7月26日。実はこの7月から8月の間に、アメリカ政府内での路線変更があったのです。7月段階では、アメリカやイギリスの中に、日本の名誉が残るような形での降伏を認めてもよいのでは、という考えもあった。日本にある民主的な部分を生かしたほうがいいという考えです。たしかに、ポツダム宣言を読むと微妙な表現になっています。たとえば、「連合国は日本を占領する」とは言わずに、「聯合国ノ指定スヘキ日本国領域内ノ諸地点ハ……占領セラルヘシ」と言っている。あるいは、「日本国ノ主権ハ本州、北海道、九州及四国並ニ吾等ノ決定スル諸小島ニ局限セラルヘシ」とあって、朝鮮や台湾は植民地なので解放されるけれども、日本の本土については「主権」が残ると言っています。

また、「日本国政府ハ日本国国民ノ間ニ於ケル民主主義的傾向ノ復活強化ニ対スル一切ノ障礙ヲ除去スヘシ」とありますが、主語は「日本国政府」です。他方、「全日本国軍隊ノ無条件降伏ヲ宣言シ」と、無条件降伏をする主語は「軍隊」になっています。こうした微妙な表現は、原案を書いたジョセフ・グルー国務次官の戦略の名残だと言われています。

8月9日、日本政府は御前会議で、ポツダム宣言を受諾するかどうか議論します。しかし、いくら読んでも国体が護持されるのかわからない。そこで、枢密院議長・平沼騏一郎の発案でアメリカ側に問い合わせました。8月11日、バーンズ国務長官がこれに回答した時には、国務省の体制が変わっていて、日本を懲罰しようとする勢力が有力になっていた。バーンズ氏の回答はかなり踏み込んだ内容で、〝The authority of the Emperor and the Japanese Government to rule the state shall be subject to the Supreme Commander of the Allied Powers〟、つまり天皇と日本政府の権威は連合国司令官に〝subject to〟するんだ、と返ってきました。外務省は〝subject to〟を「制限のもとに置かれる」とあえて訳しています。宣言を受諾しても大丈夫なんだという雰囲気を出したかったのでしょう。長尾龍一先生は、当時の日本の偉い人たちは英語だって得意なはずなんだから、無理な翻訳だとすぐに気づくだろうと呆れていますけど。

日本政府は御前会議で受諾を決定し、15日に受諾を発表、16日に全軍の停戦命令を出します。そんな経緯があるので、日本がここで何を了承したのかは、ポツダム宣言の条文だけではなく、バーンズ氏の回答も併せて考えないとわかりません。

「無条件」以上に降伏した日本

大澤　昔から疑問に思っていることがあります。ポツダム宣言を読むと無条件降伏ではなく、条件付きの降伏ですよね。アメリカ側も、ポツダム宣言は少し手ぬるいと思ったから、バーンズ回答では少し強く出て、〝subject to〟という語を使ったのではないでしょうか。連合国は、「無条件降伏しろよ」と強く言いたいけれども、なにもそこまでは要求できないと思っていたんじゃないでしょうか。
ところが戦後の日本は、「国体」は護持されたものの、敗戦を、ほぼ無条件降伏に近いものとして受け止めていますよね。主権もなくなってしまったのだと。日本は、ポツダム宣言で受諾した内容以上に、降伏している。他の国であったら逆のことが起きますよ。「私の国はここまで要求される筋合いはない！　ポツダム宣言をよく読んでみろ！」と反発が起きる。要求を受け入れるにしても、渋々受け入れる。でも日本はポツダム宣言に書いていることよりも激しく服従しているわけです。すごく不思議な感じがしています。

つまり日本人の方に、無条件降伏でも仕方ないという感情があったわけです。逆に言うと、譲歩していないのは国体の部分だけです。しかし、その国体がなんであるのかははっきりとわからない。でも要は天皇ということでしょう。そこだけを守ればあとは譲ってもいいという感覚は、どこから来たのだろう。

あと細かいところを言えば、アメリカ政府も一枚岩ではなく、国務省やGHQなど、様々な意向があったといえるでしょうね。

木村　そうですね。さらに、連合国の中にも様々な考えと利害がありました。チャーチルの回顧録を読むと、彼は日本に名誉を残した方がいいと考えていたようです。ヨーロッパから見れば、こっちで手一杯だから極東のことなんか相手にできないよ、ということもあるかもしれません。

これに対して、アメリカは対日本戦の中心的な当事者です。これ以上戦争が続けば、沖縄戦と同じことを日本全土でやることになる。アメリカが負けることはないでしょうが、相当な出血を強いられるでしょう。一方で、中国やオーストラリアのように、日本から攻撃を受けてひどい目に合った国々は、昭和天皇の戦争責任は免れないと思っていたでしょう。

ナチスドイツの事後処理で手一杯のヨーロッパ、続けるならば自分が血を流さなければいけないアメリカ、被害を受けたゆえに懲罰感情が強い諸国という三つの派閥があったのではないかと思います。

大澤　異なる思惑をもつ三つのグループの間の綱引きがあったと。最終的には、極東委員会が、敗戦国日本を管理するための政策決定機関として設けられ、そして実質的には、日本は、アメリカ、特にGHQ（連合国最高司令官総司令部）の指令のもとに服していく。僕は、敗戦したとき、日本は必要以上に服従を受け入れた気がしています。日本人が本当に服従したくなければ、もう少し拒絶する余地はあったのではないか。

確かこんなことがありました。ポツダム宣言の受諾直後に、アメリカ国務省が、中立国にある日本の在外公館に対して公文書の引き渡しを要求しているのですね。このとき、日本側は、ポツダム宣言の内容にそんなことは入っていないと拒否してトラブルになったようです。反撃されると、アメリカ側も強い権限が必要になるので、その分があとから加算され、結局、オリジナルなポツダム宣言より厳しい降伏政策に、つまり無条件降伏に近いものになっていったのかもしれない。

あるいは、マッカーサーが赴任する直前にアメリカの国務省から受け取った通達、「連合国最高司令官の権限に関する通達」――これは大統領もちゃんと目を通しているかなり重要な書類ですが――それには、「ほぼ無条件降伏のようなものだからお前に全権がある」といった趣旨のことが書かれていたようです。江藤淳が、この文書について論じていたかと思います。こうしたこともあって、ポツダム宣言から少しずつ、少しずついつの間にかズレていったのではないか、と推測します。そして、結局、日本にとって一番重要な国体部分以外は、無条件降伏に近づいていたのではないか。

しかし、こうしたことが可能だったのは、結局、日本側がそれを従順に受け入れているからです。日本人側の無意識の中に、極端な服従の容認が、それどころか服従したいという欲望のようなもの――少し言いすぎですけど――が働いているような気がするんです。

天皇の戦争責任の扱い

大澤　天皇の戦争責任をどうするのかが、一番重要な問題になってきますよね。GHQとしては、天皇を東京裁判に立たせることもなく、責任を問わず、むしろ天皇を占領統治において活用した方がはるかに有利であると判断した。日本が国体を護持したかっただけではなく、GHQの方も、そちらの方へと強くドライブをかけていた。

木村　少なくとも8月の段階では、アメリカ政府は、「天皇制を絶対に残そう」などと明確な方針をもってはいなかったと思います。絶対廃止するとも、絶対に残そうとも思わずに、フラットに考えて占領体制に入ったのではないか。

大澤　客観的に見れば、天皇や天皇制を残すほうが難しい情勢ですよね。アメリカ側に、天皇制を残した方がいいと強く考えた人がいた。たぶんマッカーサーは早い段階からそう考えていたのではないか。

マッカーサーの側近というか、マッカーサーの下で働いた軍人に、ボナー・フェラーズという人物がいますね。NHKスペシャルで彼の遺族の話を特集していましたが、アメリカに留学した日本人の女性と仲良くなって、戦前の日本にも何度も来ている親日家だった。日本人は天皇を重視しているので、もし処罰したら大きな抵抗にあって面倒なことになるから、むしろ天皇を活用したほうがいいのではないかと、フェラーズがマッカーサーに助言している。

マッカーサーは野心家で、大統領選挙に立候補しようとしていますよね。人気のあるルーズベルトがいるときに、太平洋戦争の英雄になって、戦争が終わるころにはルーズベルトが死んでいた。日本の占領統治を成功させ、祖国に凱旋し、共和党候補として立候補し、無能なトゥルーマンよりも俺が大統領になりたいと野心を持っていたわけです。だからこの占領統治の成功を、マッカーサーは重視していたのでしょう。普通に考えれば難しい、天皇を処罰しない方向に舵を切った理由のひとつも、ここにあった可能性があります。

加藤典洋さんの生前に出版された最後の本『9条入門』（創元社、２０１９年）は、９条の

「出生の秘密」を徹底的に暴こうとした好著で、今日の対談でも、この本からの刺激や影響を受けながら僕は話しているのですが、この本の中で、加藤さんが特に重視していた要因のひとつが、マッカーサーの、「大統領になりたい」という強すぎる意欲です。僕らは結果を見ているので、マッカーサーが結局、大統領どころか共和党の候補にもなれなかったことを知っていますが、とにかく彼は、大統領になりたくて、アメリカ国民向けに、自分の日本統治の成功を印象づける必要があったわけです。

さて、そのマッカーサーが厚木に到着してから1ヵ月近くが経った9月27日に、天皇陛下がはじめてマッカーサーに会い、あの有名な写真を撮りますよね。その時に、通訳を一人入れて、二人だけで話した。そこで、天皇陛下の人格にひどく打たれるものがあって感激したと大げさにマッカーサーは回想録で書いています。天皇陛下は、「責任は全部私が負うのである」として、臣下には責任がないと言った、と。自分が死刑になるかもしれないことをあえて言う、こんな高潔な方がいるのか、とマッカーサーは強く心を打たれた。ということになっているのですが、何人かの研究者が――加藤典洋さんもその一人ですが――論じているように、これは誇張されていますよね。

木村　「感激した」ことにした。

大澤　なぜマッカーサーの誇張だと判断するかと言えば、そう推測させる状況証拠がいくつかあるわけです。たとえば、マッカーサーと会う直前になされた『ニューヨークタイムズ』による天皇への記者会見。といっても文章のやり取りですが、ともかく、記者の質問への天皇の回答が掲載されています。質問の中に、「宣戦布告なしに真珠湾を攻撃した東條のやり方はあなたの意志なのか」という趣旨のものがある。それに対して、天皇は「私ではなく東條の判断だ」と責任転嫁しているのです。もっとも、この回答については細かい実証上の問題があるらしいです。つまり、天皇の回答の最初の正文にはなかった「東條」という名が、あとから何者かによって（近衛文麿か？）挿入されて、それが『ニューヨークタイムズ』側への回答として渡されている。それでも、その名前の挿入もまた、昭和天皇自身が承知した上での提出でしょうから、天皇の回答と考えて差し支えないというのが、少なくとも一部の専門家の判断ですが、僕もそう思います。とにかく、『ニューヨークタイムズ』は、臣下である東條に奇襲の責任を転嫁するとは何事か、といった論調でネガティブに言及している。

普通に考えると、天皇は有罪になる可能性が高い情勢です。でもマッカーサーは、その天皇を免罪してしまいたい。そこで、天皇の人間的な偉大さを印象付ける必要があったのではないか。だから会う人に「昭和天皇は素晴らしい人だった」みたいな話をしていたのではないか。100％の作り話ではないとは思いますが。

マッカーサーの誇張

大澤　実際、天皇陛下だって、「私には全く非が無い」とまでは言っていないと思うのです。東條を含むA級戦犯7名が絞首刑になった日に、天皇陛下の涙で泣きはらした姿を侍従たちが目にしている。やはり相当に心を痛めていたのは事実でしょう。

とはいえ、先ほどの『ニューヨークタイムズ』の会見での回答などを考え合わせると、100％高潔で、「悪いのは私だけです、全部私が罪をかぶるから、他の人は許してほしい」といった感じではなかったでしょう。ごく普通に「部下にも問題はあるけれど、私もトップにいる者として責任を感じている」ぐらいのことは言ったと思います。マッカーサーは、それを少し誇張して、昭和天皇の高潔さを印象づけたのではないか。

そして、この高潔さの方へと誇張された天皇像は日本人が求めていたものでもあった。こうして、僕らの一般像として定着したのではないかと想像しています。

ムッソリーニやヒットラーが戦後も生きていたら、無罪なんてことはあり得ないわけです。彼らほど天皇は悪くはないとしても、やはり、天皇の罪や責任がまったく問われなかったということはとてつもないことです。マッカーサーはどの時点で天皇を免罪することを決めていたんでしょうね。

木村 そうですね。加藤陽子さんの『昭和天皇と戦争の世紀』（講談社学術文庫、2011年、375－376頁）に、アメリカの世論自体は7割ほどが天皇に対してなんらかの処罰を求めていたという指摘があります。

日本は9月2日に降伏文書に署名しますが、当時の連合国から見れば、本土の占領が上手く行くと楽観視はできていなかったでしょう。日本には100万人の正規軍がいたのだから、ゲリラ戦をやろうとすればいくらでもできる。アメリカ軍隊も、かなりの危機感を持っていたようです。でも、実際にはゲリラ戦は始まらなかった。その始まらなかった理由を、アメリカも考えたのかもしれません。もし、9月の段階で、天皇の処刑が規定路線だと発表していたら、歴史はどのように分岐していったのか。

大澤 天皇が戦争をやめると通達したら、日本人は実に従順に戦争をやめ、抵抗らしい抵抗も起きなかった。これは僕の勝手な憶測ですが、GHQはこれを見て、天皇の力を利用しようと考えたのではないか。しかし、さらに勝手な憶測を重ねれば、仮に天皇を排していたとしても、日本人は、占領政策に対して従順に従ったようには思います。とにかく、ある段階で、天皇の力を日本の民主化に活用してしまおうとGHQは考えるようになった。

木村 東ドイツがそうであったように、9月の段階で、「日本全土を社会主義化して、土地や財産を国有化します」と発表していたら、違う展開が待っていたのではないかとも思います。

占領国の側が民主主義の先生としてふるまったからこそ、日本側が占領を受け入れやすくなったのではないか。これは私の印象論ですが、日本では天皇崇拝と同時にマッカーサー崇拝もあったので、マッカーサーが「天皇は悪い奴だ」と言っていたら、国民はその言葉に対して、案外従順だったのではないかと思います。

大澤　日本人のマッカーサー崇拝がすさまじいことも不思議ですよね。朝鮮戦争が始まってトゥルーマンと対立して日本を去るまでは、つまりは連合国軍最高司令官としての任があった間は、日本人のマッカーサー崇拝はすごい。退任して日本を去るときなど、ほとんど恋人との別れみたいです。しかし、アメリカに帰ったマッカーサーが、上院の外交委員会で、日本人は「12歳の少年」だと侮辱的なことを発言してから、日本人は彼に対して急に冷めた目を持つようになりました。今の日本人には、マッカーサーが、「偉人」であり「救世主」だった、という感覚は完全に消えているのではないでしょうか。

日本国憲法の成立過程

大澤　いずれにせよ、天皇を残す方向で、日本国憲法が作られていきますね。この成立過程について、教えていただけませんか？

木村　まず重要なのは、ポツダム宣言に「民主主義的傾向ノ復活強化ニ対スル一切ノ障礙ヲ除去スヘシ」、「基本的人権ノ尊重ハ確立セラルヘシ」という二項目が入っていたこと。これが降伏の条件でした。大日本帝国憲法のままでは、この要求に応えられないだろうということで、憲法改正の必要性が日本でも意識されました。GHQ側からも、10月4日の段階で準備しなさいと言われた。

最初に問題となったのは、憲法改正草案を誰が作るのかです。大日本帝国憲法に、権力の中心はありません。大日本帝国憲法は君主の意思によって作られた「欽定憲法」ですから、最終的には天皇が作ったという形にはなりますが、天皇とその側近で作るのか、それとも、内閣で作るのか、憲法学者の間でも議論になりました。

10月の段階では、二つの動きがありました。一つは、内大臣府で天皇の側近たちが憲法草案を作る動き。これは元京都帝国大学教授の佐々木惣一が中心になりました。もう一つは、内閣の決定に基づいた松本烝治国務大臣を委員長とした松本委員会で、これは東大系が中心になっています。

大澤　二本立てでやっていたわけね。

木村　ただ、いくら明治憲法下にあるとは言え、天皇が宮中で内々に改正を進めるのはおかしいということで、松本委員会のほうが主流になりました。

ちなみに、内大臣府で作業した佐々木先生の考えでは、天皇制を国民投票にかけようとしていたらしいのです。当時としてはかなり急進的な考えで、天皇が国民投票によって承認された方が、民の力を獲得できるのだと考えた。しかし、弟子に止められたようです。

松本委員会は10月27日から議論を始めます。かなりの数の会合が行われているのは知られていましたが、議論内容は極秘で、GHQのメンバーにもよくわからないし、もちろん報道もされなかった。一方で、この頃には、憲法改正の必要性を多くの人たちが認識していたので、様々な民間草案が提案されました。

この状況が大きく変わるのが、毎日新聞による1946年2月1日の松本案スクープです。松本案の成案ができていたわけではなく、検討され固まりつつあった案の一つだったようです。

大澤　この松本案は、誰がリークしたのかわかっているんですか？

木村　田中英夫先生がスクープした記者にインタビューしたところによると、ある日事務局に行ったら資料があって、持って帰って記事にした。偶然的なもので、政治的背景による意図的なリークではなかったと言っています（田中英夫『憲法制定過程覚え書』有斐閣、1979年、46-47頁）。ちなみに、宮沢俊義先生の弟が毎日新聞の記者だったものだから、リークの犯人ではないかと疑われて、宮沢先生はかなり困ったそうです。

大澤　いずれにせよ、決定的な出来事になりましたね。

木村　スクープされた案は、松本委員会で議論されていた内容の中では最も進歩的なものでしたが、国民もGHQ側も、その旧態依然とした内容に衝撃を受けました。特に明治憲法の第1章はほとんど変わっていなかった。

危機感をもったマッカーサーは、自分たちが原案を作る必要があると考え、2月3日に「憲法改正三原則」を打ち出します。「天皇を元首とする」「戦争を放棄する」「封建制度を廃止する」といういわゆるマッカーサー三原則です。この三原則は確かに革新的なのですが、一方で、封建制度は廃止すると言いつつも、現在の貴族から地位を奪うことはせず、一代限りは残していたりする。ある意味、松本案以上に保守的なところもあって、ちょっと変な感じがします。

何だかよくわからないところもありますが、ともかく、ここで天皇制維持という方向性が決まった。GHQ民政局はそれから2週間で草案を作り上げます。いくらなんでも早すぎですが、これだけ急いだのは、極東委員会の開会が迫っていたからだと言われています。ここまでに憲法改正にめどをつけておかないと、ソ連や中国の意向も入ってくるからと。

12日にGHQ案が完成し、翌日にそれを押し付けられた日本政府は衝撃を受けます。日本政府はたいそう驚いたはずですが、GHQ案をもとに憲法草案を作ることを2月末に閣議決定しました。日本としてはどうしても飲めない点や変更してほしい点については、GHQと交渉をしたり、翻訳や他の法体系との整合性のための調整などと説明したりして修正し、4月に日本政府の憲法案を完成させます。この案を議会にかけ、さらに修正を加えて、10月6

日に衆議院と貴族院で可決。大日本帝国憲法の改正として、天皇が11月3日に公布、翌年5月3日に施行されました。

突貫工事で作られた憲法

大澤　注目すべき点は多くありますが、まずはスピードが異常に早い。戦争に負けてからまだ1年も経っていない間に、ほぼ憲法ができあがっています。イタリア共和国憲法の公布が1947年の末、ドイツ基本法の公布が1949年だと思うと、そのスピードが際立ちます。突貫工事で作ったということですね。

木村さんがおっしゃるように、極東委員会が始まる前に作りたかったのでしょう。マッカーサー三原則を見ると、ここで天皇制を維持する方向性をはっきりとさせたのだと思います。「戦争を放棄する」は、今の9条にあたるような内容ですね。ただ「封建制度を廃止する」というのは不思議で、マッカーサーは日本の国のことを良く知らなかったのではないかと僕は感じています。事実上、効いてくるのは天皇と戦争放棄についての要求ですね。

草案ができたのがあまりにも早いことから推測できることは、GHQは2月になってから憲法を作っていたのではなく、それ以前から準備していたのではないかということです。極東委員会の第一回会合が2月下旬に開かれるということが決まったのは、12月の末ですよね。GHQはその時から準備はしていたのではないか。そして、日本側によってダメな憲法が用意されていることにしないと、GHQは自分たちの案を出せないので、あのスクープもGHQの戦略ではないかと——多分多くの人がひそかに——邪推してしまいますね（笑）。

木村　確かに、たとえば、日本の地方自治はもっと拡張したほうがいい、とする文章が12月にGHQの中で作られています。日本が憲法草案を作ったときに、GHQとしてどんな議論をぶつけて行くか、基本構想は議論されていたようです。しかし、様々な資料を見る限り、自分たちで草案を作る決意をしたのは、2月に入ってからといってよいでしょう。

日本国憲法は諸外国に比べると抽象的で、原理原則的な内容にとどまるところが多い。当時は民間作成の試案もいろいろ出ていましたし、先進国の憲法を読み比べて標準的な枠組みを条文化するだけだったら、それほど時間はかからないでしょう。ドイツ基本法をみると、日本では国会法や裁判所法で決めるようなことまで具体的に書いてあります。ドイツの場合は、憲法で定める事柄が多いので、やらなければいけない作業は膨大なのです。

日本の場合は、どちらかというと憲法を作った後のほうが大変です。家族法や皇室典範、国会法など、憲法原理に関連する他の法律を全部作り直さなければいけませんから。

大澤　なるほど。そうすると、GHQの憲法草案は、やはり2月になってから作られたのですね。そうすると「邪推」はあたらないかもしれません。いずれにしても、マッカーサーはかなり行動力のある人物ですね。普通の人であれば、極東委員会が実質的に始まってから憲法について考えればいいと考えます。でも、極東委員会が設置されながら、まだ開会してはいない空白期間の間に憲法の基本の形を作ってしまっている。そんなに急ぐから、具体的なことを憲法で規定することができないわけです。

「押し付け憲法」論について

大澤　もう一つ、この憲法は「押し付け憲法である」という批判がありますよね。特に9条との関係で言われてきたことです。マッカーサー回想録に書いてある有名な出来事として、9条にあたるものはGHQが押し付けたわけではなく、幣原喜重郎首相が考えたという話がありますよね。幣原がその考えをマッカーサーに言ったのは、かなりプライベートな会談でのことだったと。

木村　肺炎になった幣原が、当時日本で貴重だったペニシリンをマッカーサーからもらい、そのお礼に訪れたと。

大澤　そのときに、幣原喜重郎が「新憲法を書上げる際にいわゆる『戦争放棄』条項を含め、その条項では同時に日本は軍事機構を一切もたないことをきめたい」と9条の内容にあたるようなことを発案し、「私は腰が抜けるほど驚いた」とマッカーサー回想録ではまたしても大げさに書いています。

それが本当だったとすると、発案したのは幣原喜重郎首相になり、日本人が考えたわけで、それは押し付け憲法ではないとも考えられる。いや、幣原がそういうことを言ったというのはマッカーサーがそう書いているだけで、幣原はそんなことをほんとうは言わなかったとする意見もある。憲法学者の方々は、このあたりはどう理解されているのでしょうか。

木村 まず解釈論としては、発案者はどちらでもいい。事実論としては、決定打になるような史料はありません。法律家としては、インフォーマルな会議で誰が何を言ったのかよりも、その責任を公式に誰が引き受けたのかを重視します。幣原発案だとマッカーサーが連邦議会上院で言い、幣原もそのことを公式に否定していない。幣原が9条発案の責任を取るつもりなら、それを前提に法律論を組み立てるべきだろうと理解する人が多いでしょう。

大澤 「松本案」の作成者である松本烝治は、幣原がそんなことを言うはずがないと厳しく反対しています。GHQ案が出されて、幣原は驚いていたのだと。マッカーサー回顧録は、昭和天皇との初会見のときのように大げさに書かれています。幣原との会見での会話も、にたような誇張があるのではないでしょうか。たとえば、幣原が「それも一案ですね」くらいで消極的に同意したことを「大絶賛」したかのように言いたてる、つまり小さな芽を大木のように見せかけて書いたのではないか。完全な嘘ではないが、質が変わってしまうほどに大げさに言っているという感じですね。9条の内容は、日本が自分で言い出したのだったら、素晴らしいと評価されうるものですが、他国から押し付けられて採用したのなら意味合いが違ってくるでしょう（笑）。だからマッカーサーとしては、日本人が発案したことにする作戦だったと僕は思っていますけどね。そのねらいは、昭和天皇を処罰すべきだと考えている他の戦勝国、具体的には極東委員会に参加しているソ連とイギリスに、天皇の罪を問わないことに関して納得させるためです。

どちらにせよ、マッカーサー三原則で9条の内容にあたるものを打ち出したわけです。9条については実に様々な解釈があるようですが、どう考えればいいでしょうか。一般的な理解だと、とんでもない戦争を起こした日本を無力化しようとする動きですよね。

木村 そういう発想ですね。日本の不安定な軍事活動は、アメリカにとっても脅威となるので止めさせようと。マッカーサーは国連がもっと発展するので、自前の防衛力は無くしても大丈夫だと考えていた。

大澤 「日本はその防衛と保護を、今や世界を動かしつつある崇高な理想に委ねる」というのが、その国連に関係する部分ですね。

木村 そういうことです。これに対して、天皇制については利用価値があると思っていたのではないか。ただ9条と天皇制の保持が交換条件だったのかについては、私はよくわかりません。

大澤 マッカーサーは天皇制を維持したいが、よほどのことが無ければ難しい状態だったと思うんです。あれだけの戦争ですし、少なくとも後にA級戦犯は死刑になる者が出ます。天皇と天皇制を残すのであれば、どの国でもやっている程度の憲法では、他の戦勝国が納得できない。そこまでやるの？　と他国が思うくらいの憲法にしないと。マッカーサーのメモでは、「日本はその防衛と保護を」と言っているので、防衛力も持たないということになりますね。

木村　その点は、ＧＨＱ案には反映されませんでした。

大澤　なぜ反映されなかったのかも気になる点ですね。いずれにしても、ＧＨＱ案は、軍事に対するかなり強い制限をかけた。

ＧＨＱ案の与えた衝撃

大澤　ただ、マッカーサーも完全に理不尽なことを言っているわけではありません。「世界を動かしつつある高次の理想」、つまり国連の安全保障体制によって国連軍のようなものが出来上がると思っていた。この終戦直後の時期は、ひどい戦争への反省が世界中の人々を動かしていたし、冷戦が深刻なものになる前ですから、真の世界平和が実現するかもしれないという機運もあった。そういう情勢の中でならば、９条も――それどころかマッカーサーのメモ通りの条項だったとしても――まったくおかしい、というわけではない。強力な国連軍が、公正な世界警察のようなものとして機能するならば、日本だけではなく、世界中のすべての国が軍事力を放棄してもよいわけですから。

いずれにしても、9条ほど強い戦争放棄が入っていれば、天皇制があっても大丈夫、という体裁を整えられる、とマッカーサーは思っていたのではないか。

木村　そういう面もあると思います。この案を飲まなければ、もっとシビアなものが極東委員会から出された可能性がある、と幣原さんは話していたようです。

大澤　GHQ案に日本側は驚いたという話ですが、どのような点がびっくりしたポイントだったのでしょうか。マッカーサーとしては天皇制を残しているだけで御の字だろうともいえるかもしれませんが、日本側から見ると国体が護持されたかは微妙な残り方ですよね。天皇の意味が、本来の松本案と比べても、大幅に後退している。僕らの今の感覚からすると9条の方が驚きだったのかなと思うのですが。戦力の放棄までしてしまうの？　と。しかし、最初はむしろ、天皇の部分に対して日本側は衝撃を受けたとのことですが。

木村　当時の感覚からすると、天皇制を残すのは当然だと思っていたので、第1条、あるいは1章全体を見てびっくりしたのは確かだと思います。ただそれ以上に、GHQが草案を作っていたこと自体に驚いたのではないでしょうか。当時の草案に関わったベアテ・シロタさんの手記（『1945年のクリスマス』柏書房、1995年）によると、軍隊における軍機保持命令が出ていたとのことです。その軍機保持命令は解除されることはなかったため、GHQ案作成にまつわるあれこれについて手記を書いていいのだろうか、軍規違反にならないだろうか と、冗談めかして書いています。

大澤 ともかく、日本政府は、日本語に直せばそのまま憲法として施行できるようなものをGHQが作ってくるとは思っていなかった。もっとかんたんなメモのようなものが来ると思ったら、すでに完成されていて、ただ翻訳するだけのレベルだったと。

木村 ということですね。

大澤 マッカーサーのメモと、GHQ草案の9条とを比べると、後者のほうが少しおだやかです。9条を作ったのは、GHQの民政局次長チャールズ・ケーディスです。彼の回想によると、マッカーサーのメモでは自衛権さえないように見えるので、そっと削除したと書いてある。このエピソードについては、誰でもちょっと不自然だと思うのではないでしょうか。ケーディスがそんな大それたことをやって許されるとは思えない。これほどのことだとすると、やはりマッカーサーのはっきりとした承認がなければ不可能だと思います。

今でも時々問題になりますが、自衛のための軍隊はいいのかというのは大きな論点ですよね。日本側はしばらくは、自衛のための軍備もできないと捉えていた。しかし攻撃されたときに防衛するのは、憲法で決める権利ではなく、それ以前に、人間の当然の権利だとも言えます。その後、だんだんと自衛隊は違憲ではないとか、いやいや、違憲だけど合法だとか議論が出てくる。さらに、今では集団的自衛権は違憲であるが、個別的自衛権についてまでは否定していないのだという話になっています。そして、今の政府はもっとふみこんで、集団的自衛権まではいいじゃないかと、どんどん拡大解釈している状況です。

「八月革命説」の妥当性

大澤　八月革命説についてもお話ししたいです。文学畑では1982年に江藤淳が言い出してから有名になりましたが、宮沢俊義はGHQ草案を早い段階から実は知っていたのだという話がありますね。宮沢は松本委員会のメンバーだったのに、GHQ案を見ていたと。

木村　その説を基礎づけるような証拠はないので、よくわかりません。史実として確実に言えるのは、遅くとも3月初旬には、宮沢先生が、GHQ案をベースに日本政府案を作るのは当然だ、と言い出したということだけです。松本委員会のメンバーとして活動していた宮沢先生が、あっさりと方針転換したのには一貫性がない、というのは確かだと思いますね。

大澤　憲法学的にはどうでもいいかもしれないですが、文学畑の人は、やはりこの部分を気にしているんですよね。加藤典洋さんも、先にあげた生前最後の本の中で、この点についてそうとうこだわっています。

木村　歴史的には興味深いところだと思います。宮沢先生は、3月から6月にかけて、「八月革命説」と呼ばれる議論を提示します。天皇主権をとる明治憲法から、国民主権をとる日本国憲法に改正することは、改正限界を超えているので不可能だ。したがって、ポツダム宣言受諾時点で、主権者を交代する革命が起こったと考えるべきだ。八月革命説とは、そんな議論です。

しかし、もしも宮沢先生が「八月に革命が起こった」ともともと考えていたのであれば、もっと早い時点でそのことを言ってなければおかしい。松本委員会は天皇主権ベースで草案を作っていたのであり、宮沢先生も当初は、8月に革命が起きたとは考えていなかったでしょう。宮沢先生が立場を変更したのは、その通りだと思います。

大澤　八月革命説を唱え始めたのはいつですか？

木村　毎日新聞で3月7日に論説を書いたのが最初です。

大澤　そこから、だんだんブラッシュアップされていくのですね。最初にアイディアを口にしたのは丸山眞男だと言われていますが、それはどうなのでしょうか。

木村　そうだと言われていますね。

大澤　丸山が言いそうなことですよね。論理的には、ここに革命があったことにしなければ、新憲法の正統性を説明できない、と。

木村　丸山がいつそうした考えに至ったのかはわかりませんが、宮沢が3月の段階で、新聞に

「革命があった」と書いたのは確実です。宮沢の八月革命説の全貌を理解するうえで一番有名なのは『世界文化』という雑誌の5月号に出た論考です。

大澤　では、戦後論壇の最大の話題になっている「憲法押し付け論」については、総体としてどう評価をしたらよいのでしょうか。憲法学者はどうとらえていますか？

木村　法理論の問題として考えたときに、押し付けかどうか、法律家はほとんど議論しません。仮に幣原が9条の発案者だとしても、幣原は、当時の憲法に基づき天皇の大命を受けて首相をしていたのであって、国民の代表でもなければ、国民の総意でもない。そういう意味で、幣原が押し付けようと、マッカーサーが押し付けようと、押し付けに変わりはありません。

大澤　おっしゃる通りで、幣原が私的な場面で口にしたことが始まりだったら、押し付けられたことにならない、というのはおかしな話です。いずれにせよ、事実の問題としては、日本国憲法の成立にGHQの強い関与があったことは疑いようがないけれども、論理の問題としていえば、日本人は、それを改正していないで保持しているわけです。合法的に改正することも可能だったのに、日本人はそれを受容している。日本に主権が回復されたのちの段階で、押し付けられたこの憲法の内容は納得できない、受け入れがたいと思えば、変えることもできました。しかし、日本は改正せずに、4分の3世紀も過ごしているわけだから、これを単に押し付けられた、強制されたとは言えない。日本人としては、この憲法を納得していない、ほんとうは拒否しているとはとうてい言えない状況です。

大半の日本人にとってはどちらでもいいもの

大澤　とはいえ、日本人の多くに「押し付けられ」感が残っているわけです。だからといって、変えるわけではない。こうして、日本人は、憲法に主体的にコミットできずにきている。考えてみれば、憲法は自分よりも何世代も前の人が作っているのだから、今生きている多くの人にとっては、まずは「押し付けられている」に決まっているのです。日本人にとって、日本国憲法は、ほんとうには「われわれの憲法」になり切れていない。未だに、「押し付け憲法」という話が出て、そうした感覚を持っていることが僕は問題だと思う。この感覚をどこかで克服しないといけないと思うんですね。

木村　改憲には国民のエネルギーが必要ですが、それはどこから来るのでしょう。たとえばアメリカであれば、イギリスの圧政に対抗して、独立革命を経て憲法を作った。圧政に苦しんだ民衆が立ち上がり、自分たちの手で憲法を作ったという歴史が語られるものです。でも、日本国憲法の下で、多くの日本人はさほど困っていません。

大澤　そうなんですよ。改憲する意味があるの？　と思う人が多いでしょう。

木村　生活保護に関する条文を強化したいとか、高等教育の無償化を明記したいといった部分修正の提案、あるいは、自衛隊をもっと海外に派遣できるようにしようという話は、ちらほらと出てきます。でも、憲法の根幹、たとえば民主主義を取っ払うような議論はできませんから。

大澤　日本人の大半にとって、憲法に関してどちらでもいいのでしょうね。押し付けられたものだし、かといって自分たちの憲法として考えようとする意識もエネルギーもない。憲法をわがものとして主体化するような気が起きない。自衛隊の権限がどうとか、基本的人権の内容が乏しすぎるとか、そうした議論ではやはりわれわれの生活に効いてきませんよね。憲法が変わることによって、われわれの生活や生き方に大きく効いてくる、と納得したり、実感したりできるようにする必要があるのかもしれません。

木村　そうですね。そこは、憲法を作る時に「何が語られなかったのか」が問題になる気がします。日本側は国体論に気を取られすぎて、議論されてこなかったものがある。

大澤　日本が負けたときに、気にしていたのが国体だけなんですよね。しかも「国体」が何であるのかは、自分でも、本当のところはよくわかっていないようにも見える。だから、結局、国体が維持されたのか、それとも失われたのか、よくわからない状態になるのです。しかし、その「何であるか」という本質がつかめないもののために、なぜか、それを必死で守ろうとした。

善意の圧政者

木村　たとえば東欧の憲法は、まさにソ連の押し付け憲法で、ソ連の支配に都合のいい内容でした。だから、ソ連の支配がなくなったとたんに、その憲法は壊された。皇帝が自らの圧政を容易にするため、普通選挙を否定するような憲法を作ったとすれば、国民はそれを引っくり返そうとするはずです。しかし、日本国憲法はアメリカの植民地支配のための憲法でもなければ、普通選挙が否定されているような憲法でもない。当時の先進的な憲法論を集めて作られており、現在の憲法学から見ても普遍的な内容ですから、破壊のエネルギーは生じないのでしょう。

大澤　善意の圧政者という感じなんでしょうか。

木村　そうなんです。善意の圧政者なのです。

大澤　実際、先ほども話しましたが、マッカーサーの人気はすさまじいですよね。日本の近代史の中で、あれほど支持された「政治家」はいない。国内から出てきたどんな指導者よりも、ついさっきまで敵として戦っていた国からやってきた指導者の方がずっと人気があるというのもふしぎな話ですが……。

木村　マッカーサーが財閥と結びついて賄賂をもらっていた、なんてことがあったなら、話は全然違っていたと思います。実際に、沖縄は例外です。沖縄では、アメリカ軍が理不尽な圧政者として振る舞いましたから。沖縄には、日本返還で9条が適用されれば、米軍基地はなくなるのではないかという期待もあったようですが、その期待は裏切られた。沖縄に日本の憲法システムに対する根本的な不満があるのも当然です。たとえば、沖縄では、最高裁判所の国民審査でバツがつく割合が全国平均の倍です。日本の司法や法システムの正統性について、沖縄の人は本土の人よりも大分厳しい評価をしている。

ただ日本全体としては、日本国憲法が提供している法システム全体に強い不満があるわけではないのでしょう。

大澤　マッカーサーがずっと日本の支配者でいようとしたのではなく、日本統治によって自分がいかに優れた政治家なのかをアメリカ人に向けて証明しようとしたところがポイントだと思います。彼としても、日本で素晴らしいことをやって、大統領選へとつなげたかった。マッカーサーが日本を本気で統治して、日本人の支配者になりたいと思っていたら、もっとひどいことをしていたと思いますが。日本人に対しては本気で支配者になりたいわけではないがゆえに、日本人にとって比較的いい支配者になってしまった。

木村　わりと情熱家だった面も大きいと思います。もう少し事務的に統治することもできたと思いますが、理想に燃えていた。マッカーサー回想録を読んでも、そんなに大げさな話だろうかと思うところでも、よく誇張をしていますよね。

大澤 自己演出の激しい人だから。日本の占領統治は歴史上まれにみる成功で、ジュリアス・シーザー以来の軍事占領史に名を残すものだというような趣旨のことを人に語ったりもしていたらしい（笑）。いずれにせよ、1948年の大統領選に共和党からの立候補を目指しますが、予備選段階で全然だめで、太平洋戦争の英雄だったこと、極東の敗戦国の統治の責任者としてそこそこ成果をあげたことは、アメリカの中西部の田舎の人たちにとっては関係のないことがわかってくる。

マッカーサーは、時代から取り残されてしまったんですよね。簡単に言うと、終戦直後には、アメリカでも、米ソ共存的な理想主義的な融和路線がかなり強かったわけですが、ソ連の原爆実験の成功等のことがあってからは、核兵器の所有を背景にした、米ソ対立路線が主流になってくる。この動きにマッカーサーは取り残され、古い米ソ融和路線を引き継ぐ人になってしまったわけです。もし米ソ融和・協調の路線を前提にすれば、日本は中立で非武装で早期講和を目指すということになるし、米ソ対立を前提にすれば、日本に関しては、経済復興を優先させるとともに再軍備をも目指さなくてはならない、ということになる。マッカーサーは前者の路線です。

マッカーサーは、そしてトゥルーマンともそりが合わない。そこでアメリカからは、なんとかマッカーサーにその路線を変更させるべく何人かの「刺客」的な人が送られてくるわけですが、マッカーサーの方がやり手で、つまりマッカーサーは自分はアメリカの軍人であるだけではなく、連合国最高司令官なのだから、必ずしもアメリカ政府の言うことを聞く必要はないみたいな態度をとって、刺客たちを退けてしまうわけです。最後に、マッカーサーに引導をわたして、日本に米軍を駐留させたままで平和条約へともっていく、という路線を受け入れさせたのは、ジョン・フォスター・ダレスです。

憲法制定権力論

大澤　ちょっと先走りすぎました。話を憲法に戻しましょう。どちらにしろ憲法のはじまりは、なかなか……。

木村　いまひとつ、ピリッとしないプロセスではあります。

大澤　やはり、憲法の始まり方に、どうしてもわかりやすい明快な理論が立たない。そして八月革命説なんかが出てきます。これはどう考えたらいいでしょうか。

木村　憲法制定過程に関する事実は追うことはできるけれど、なぜそうなったのかに合点がいかない、八月革命説などの議論がなぜ必要になったのかもわからないということですよね。

憲法は誰が作ったのか、作るべきなのかの議論を、「憲法制定権力論」と言います。これは、過去と未来とで違った意味を持っている。未来に向けては、改憲するときに何が必要かの規範を示します。過去においては、現状の憲法がどこから来たのかを説明します。

八月革命説の場合、未来に向けて議論しているのではなく、今ある現状を説明するために登場した議論です。八月革命説をとらない場合、現行憲法は改正された明治憲法となる。つまり、日本国憲法の究極的な権威は天皇に由来すると説明することになる。でも、それでは困る。何とか、国民が作ったことにしないといけない。だから、八月革命を前提にすることが、一番筋の通った説明として受け取られている、受け取らざるを得ない、ということだと思います。

大澤　なるほどね。日本人からすると、8月に革命なんてあったっけ？　と素朴に思うわけです。でもこれは一種の論理の問題として考えるしかない。カントは事実問題と権利問題とを分け、哲学がやることは権利問題なのだと言った。権利・法、あるいは論理の問題ですね。この新しい憲法が正統性を持つとしたら、どのように考えなくてはならないか。革命がなければ、明治憲法を前提にした改正でなくてはならない。しかし明治憲法では、主権は天皇にあり、その主権を否定するような改正は不可能だ。つまり、前の憲法からの連続性で、新しい憲法の正統性を導くことはできない。国民主権なのに、国民ではない人から憲法をもらったというのもおかしい。そうだとすると、新憲法が始まる前のどこかの段階で、新憲法で主権者となる日本国民が憲法制定権力を行使するような革命を起こしたのだと論理的に想定せざるを得ない。そして、その革命は、ポツダム宣言を受諾した1945年の8月に起こったとしか考えようがないので、「八月革命」と言う。しかし、かなり無理のある説ですね。国民の側には、革命を起こした自覚もないし、その革命に対応する行為もない。何もしていないし、何の自覚もないのに、論理的には、お前は革命を起こしたことになる、と日本人は言われているわけですから。

木村　そうですね。一般的に言って、革命に思いを致すのは、現体制を正統化するためです。革命記念日は、フランス革命なら7・14、アメリカは7・4と特定できる。しかし八月革命は、8月何日なのかすらぼやかされています。強いて言えば8月14日の御前会議なのかもしれませんが、その日を革命記念日としてわれわれは受け取れないですよね。

大澤　国民が知らないうちに御前会議をしたわけですから。それに、御前会議自体が、旧憲法のもとで、天皇に主権があることを前提にした会議ですから。

木村　他の国では、国の革命記念日に思いをはせることで、自尊心を感じたりして元気になる面もあると思うのですが、われわれは8月14日のことを考えても、到底、元気にはなれません。

大澤　そもそも8月14日を特別な日だと思っていませんよね、日本人は。その翌日の8月15日は、天皇から「戦争をやめる」ということを告げられた日なので、少し特別視されていますが。いずれにせよ、「八月革命」説は、論理の問題と事実の問題とを峻別することに慣れていないと、さっぱり理解できないですね。しかし、それにしても、八月革命という想定に実質があったとするのは難しく、現実的ではない。概念が意味を持つためには、やはり現実がなければいけない。ヘーゲルを読むと、「現実が概念に追いつく」といった言い方をします。つまり、逆に言えば概念と現実とは違うわけです。しかし、それでも概念が本当になるためには現実が無ければいけないんですよ。

たとえば、8月に様々な試行錯誤があり、皇居に民衆も大勢押し寄せて……といった感じだったらどうだったか。フランス革命も、1789年7月14日の一日だけではないですが、ただあの時にみんなで怒りに任せて集まって、バスチーユ監獄を襲撃したら、その後10年も続く一連の出来事の端緒となる歴史的事件になった。この一日だけの現実は、だから、「市民革命」の概念にはぜんぜん追い付いてはいない。しかし、バスチーユ監獄襲撃という現実には、概念に向かう芽は確実にあります。しかし、八月革命説は、まったく火のないところに煙だけが激しく見えている、という説です。やはりその煙は蜃気楼だと言わざるをえない。この落ち着きの悪さにも、日本の憲法の弱さがあるのかなと思います。

革命か、連続性か

大澤　この宮沢俊義の八月革命説をめぐって、ノモス主権論を説いた法哲学者の尾高朝雄と論争になりますね。

木村　いわゆる尾高・宮沢論争ですね。宮沢先生は、1945年8月に、天皇主権から、国民主権への大きな革命があったとしました。これに対し、フッサールに学んだ法哲学者の尾高朝雄は、天皇主権でも、国民主権でも、主権者はノモスという究極の規範を実現するよう努めなくてはならないという点では同じだ。そういう意味で、主権は最終的にはノモスにある。明治憲法でも、日本国憲法もノモス主権であることは同じだ。そのような議論をして、断絶を強調する宮沢先生の革命論に対し、戦後体制は戦前体制と究極の点で連続性があると指摘しました。

大澤　やはり天皇が主権のもとでその主権そのものを否定するような新憲法に改正したというわけにはいかないけれども、かといって国民が革命を起こして主権を獲得したという虚構にも無理がある。それらに対して、尾高朝雄は、ノモスがあって、それが新しい憲法を作ったのだと考えた。しかし、ノモス主権説にも、かなり違和感を覚えます。法の前提に、誰かが意図的に作ったとはいえない道徳があるというのは事実かもしれませんが、その暗黙の道徳に主権があるとしてしまったら、主権概念そのものの自己否定になってしまうからです。主権概念を生かして、旧憲法から新憲法への転換を説明しようとすれば、八月革命説の方が、論理的には筋は通ります。しかし論理の筋が通っただけで、今度はその論理と現実との間の通路が失われてしまう。どちらの説をとっても行き詰まる。事実の方に妥協すれば、正統性の源泉になる主権という概念が失われるし、論理の方に徹底させれば，事実との乖離を埋められなくなる。この憲法の始点にある困難が論争にも現れていますね。

木村　八月革命説の評価を考える上では、それが発表された状況を考慮する必要があると思います。つまり、現在の八月革命説は過去の憲法制定を正統化する理論ですが、その発表時点では、憲法改正はまだされていなかったのです。宮沢先生の置かれた立場としては、今起きていることは正しいのだと、将来に向けて議論していたということも忘れてはいけない気がします。

大澤　なるほどね。ハンナ・アーレントは『革命について』でアメリカ独立革命とフランス革命とを比較し、前者の方を評価している。フランス革命は貧乏な人のルサンチマンが原点になっていますが、アメリカの革命は、そんなことはない。純粋に政治的な革命です。アーレントは、この本の中で、アメリカの憲法がどうやって正統性を得たのか、ということについて論じています。政治の外部の権威（神とか教会とか）に頼ることができないとすれば、どこから憲法の正統性が来るのか。前回もアーレントのこの議論については話しました。復習すると、アーレントの答えは、一種の「自己言及」です。つまり、創設の行為、つまり新しい持続的な政治体を創設したという行為、建国の行為そのものが、権威を含んでいるというわけです。自己言及なので、論理的には根拠にはなりえないはずなのに、権威を生み出すことができるのは、この創設の行為が、現実のものであって、論理の空間をはみ出しているからです。要するに、われながらすごいことをやった、神のごときことをやってしまったという自信や自尊心が権威のもとになっている。アメリカの憲法では、修正条項はまさに修正条項（Amendents）だとわかるように書かれていてしばしば特殊なオーラを発していますが、憲法修正は、その創設の行為の反復だからです。

ところが、戦後の日本には、このような権威の源泉になるような創設の行為がない。もしほんとうに、八月革命があったとすれば、そのような権威の源泉になりえたかもしれませんが、この革命は、論理の空間の中にしか存在しないので、権威を生み出せない。

丸山眞男に「悔恨共同体」という概念があります。悔恨共同体というのは、戦時期に「我々」は一度もまともな抵抗をしなかった、みるべきレジスタンスの動きはなかった、ということへの反省や悔恨が、戦後のリベラルな知識人の連帯を作っていたという趣旨です。もし八月革命が起きていれば、戦争の終結のタイミングだったとはいえ、悔恨はだいぶ小さくて済んだでしょう。言い換えれば、「悔恨」は、軍国主義や天皇主権の体制に抵抗して、国民主権を得たわけではなく、何の抵抗もせずに国民主権になったことに対する非常に罪深い感覚をも含んでいるわけです。

それに対して、それほど罪深くはない、八月に革命があったのだと考えればいいよね、というのが、八月革命説です。僕は、八月革命説は、現実の空虚の部分をあぶりだす灯りとしてみる分にはいいと思います。本来は、八月革命がなくてはならない。では、そう解釈できる出来事が本当にあったのかを振り返ってみると、革命らしきものがまったくないことがはっきりしますので。あの時、日本人がやろうとしていたことは、国民主権の獲得ではなく、国体をできるだけ守ろうとすることだったからです。

日本国憲法成立の七つのフェーズ

木村　では、そこで天皇についてどのようなことが決定されたのでしょうか。もう一度まとめてみたいと思います。日本憲法の成立過程には、いくつかのフェーズがありました。

フェーズ1は、天皇制を残すかどうか。これは、かなり早い段階で残すことになった。日本の占領統治をスムーズに進めるのに役立つと考えられたからでしょう。

フェーズ2は、天皇主権をどうするのか。日本政府の主流派は、天皇主権を前提にした明治憲法第一章を維持する線で考えていました。しかし、マッカーサー案とGHQ案によって、天皇の権限は名目的なものになり、主権は国民に移すことが決まりました。

フェーズ3は、昭和天皇の戦争責任を問うのか、退位させるのかという問題。これは、退位させない方向にした。

フェーズ4は、新憲法制定に伴って、新たな即位手続きをするのか。ここはあまり意識されていない点ですが、天皇主権から国民主権へと憲法が根本から変わったのだから、新憲法が定める「天皇」であることを確認する手続き、即位の手続きがあっても良かったはずです。でも、何ら議論もなく、もともとの天皇を継続させることになった。

フェーズ5は、実定法に関わるテクニカルな問題。皇位継承者は誰がどうやって決めるのか。それを具体的に定めるのは「皇室典範」ですが、旧憲法下では天皇家の家法として、天皇が決めるものとされていた。これに対して、日本国憲法は、皇室典範も国法の一つとされ、国会が関与することとなった。この点にはかなりの綱引きがあり、GHQ案で〝Imperial House Law（「皇室法」）〟となっていたのを、日本政府は「皇室典範」と訳すことにこだわった。この点についてみては、皇室典範を他の法とは違うものとして扱おうとする精神が継承されているのではないかと、強く批判されることがあります。

フェーズ6は、明治時代に決められた男系男子・嫡出子・長子世襲を維持するか。このままでは皇位継承が困難になるのはわかっていたはずですが、このルールをほとんど変更しないままに皇室典範が制定された。

フェーズ7は、天皇の退位制度を作るか。この点は、ほとんど議論もされなかった。退位制度ができたのは、平成に入ってから。今の上皇陛下の問題提起を受けるまで変わらなかったということです。

天皇人間宣言の評価

大澤　天皇の人間宣言については、どう考えたらいいでしょうか。昭和21年の元日に出た、昭和天皇の詔書が、天皇が現人神《あらひとがみ》（現御神《あきつみかみ》）であることを否定し、人間であると宣言していると解釈されているわけです。普通は、日本の民主化のために必要だったこととして、ある程度評価されてはいるわけですが、たとえば、三島由紀夫は、天皇が人になったことに関して、すごく怒っていますよね。いずれにせよ、人間宣言は、なぜ昭和天皇が退位しなかったのか？　という問題とも関わってくると思います。もし普通の人間だとすると、なぜこの人が天皇であるのか。その人を特別視する根拠はどこにあるのか。

天やはり敗戦したのに、昭和天皇を許し、かつ天皇制を存続させる時に、さすがに、その天皇に神格性を残しておくわけにはいかない。だからあらためて、天皇に人間であることを宣言させた。もっとも、昭和天皇からすれば、「俺は一度も、自分のことを神だと言ったことがないのに……」ということかもしれません。いずれにせよ、人間宣言を評価する人もいたし、それを激怒する人もいた。

ですが不思議なのは、天皇が神様だと本気で思っていた人は、もともとほとんどいないのです。戦中だろうが、戦前だろうが。天皇が現人神だというのは、アイロニカルな没入です。しかし、それでも、そうした想定が無ければ、多くの日本人を戦争に駆り立てることはできなかった。敗戦後だって、天皇を中核にすえた「国体」を守っているわけですから、天皇には何か特別な価値がなくてはいけない。「現人神」は、その特別な価値の根拠となる「フィクション」ですが、このフィクションを放棄してしまうと、まず、戦死者たちは何のためにみんな死んだのか?ということになる。さらに、戦後も天皇制を守るために全努力が傾けられているわけですが、これはいったい何のためなのか、何を守っているのか、ということにもなります。

木村　まさにその点と関わるのですが、憲法制定過程で議論されたことを整理してみると、当然語られるべきことが、語られてこなかったことに気づきます。

一つは、何のために天皇制を残したのか。この対談の最初に、天皇制が果たす機能に二つの方向性があると話しました（第1章）。第一は、危険な歴史的正統性の装置を封じ込める「消極的機能」。第二は、新体制を天皇の権威で正統化する「積極的機能」です。ただ、政府が公式に「天皇制は危険なので封じ込めます」とか「新しい憲法を天皇で正統化します」などと説明したわけではありません。後者にいたっては、建前上は国民主権の憲法なのですから、天皇で正統化するなんて議論は無理でしょう。結果として、天皇制の存在理由は、公式には何が何だかわからない、無目的なままです。この制度に意味を持たせるか否かは、運用に委ねられることになったわけです。

もう一つ、憲法の問題で議論されてこなかったことがあります。憲法は民主主義の理念に基づいて日本を運営するように求めていますが、民主主義とはどういうものなのか、どんな民主主義を実現すべきなのかについて、ほとんど議論されませんでした。国体は護持されたかどうかよりも、もっとやっておかなければいけない議論が他にあったのに、そうした問題意識があまりにも希薄だったという印象を受けます。

国体護持という空虚な論点

木村 憲法制定手続きにおいて、相当な資源を使って議論した天皇制ですが、国体という空虚な論点に終始した結果、本来しなければいけない他の議論がなされないままになった。国体を巡る議論は、日本国憲法の中枢を空虚化するという機能を果たしてしまった可能性はあると思います。こんな忙しい時に、なぜこんな問題を……というやつですね（笑）。

大澤 国民主権や基本的人権、戦争放棄のような、重要なところについてはほとんど考えずに、ほとんどのエネルギーを国体護持に費やしてしまった。やはりこれは不思議ですよね。そのとき、まさになされつつあった改革は、「天皇」とか「国体」とかという観念の意義をできるだけ小さくしようとするもの、できればまったく無にした方がよいとさえ思われていた。そして代わりに、重要な意義を担うはずの概念が、民主主義とか、国民主権とかといったものです。しかし、そのとき日本人の主な力は、これから重要になってくる概念について深く掘り下げることにではなく、捨てようとしている概念を何とか少しでも救うことに向けられていた。

天皇制や国体を護持しようとしてきた人たちは、本当にそれが何であるのか、何のためなのかわかっていなかったのではないか。すごく大事だから必死になって守っているわけではなく、必死になって守っている以上、大事なのです。自分たちは負けたけれども、守るに値するものがあったのかが大事なのです。ここで何も守ろうとしなければ、ひとつも重要なことがなかったことになってしまう。本当に天皇を神様のように思っているわけではないのだけど、そうであるかのようにふるまうことで、大切なものがあったことになる。論理が逆になっているわけです。

木村　高校時代の部活のようなものですね。全国大会に出るような実力があったわけではなく、関東大会の予選に出ただけなので、傍から見たら何のこともないかもしれない。だけれども、一生懸命やったから思い出が残っていると（笑）。

大澤　まさにそのような感じです。高校の県大会で優勝したからなんなの？　ともいえるわけですけど、われわれにとって意味があると思えるのは、大義のためにやっているからで、大義の内容はなくてもいいのです。戦争においても、そうした行動を作るための空虚なマス目として、天皇が本当はある。なんのため？ という問いに意味を持たせるための構造なんですね。国体にこだわったのも、守りに値するものは守れたことにしないと、この負けが受け入れられなかったからです。守るに値するものは何かよくわからないけれど、守ってみせることで重要になる。

木村 そうした現象は、大澤社会学の中で、これまで相似形で語られたことはあるのでしょうか？

大澤 あまりないかもしれません（笑）。

少し似ているなと思うのが、連合赤軍事件です。若松孝二監督が『実録・連合赤軍』という映画を撮っていて、もちろんフィクションなのですが、しかし、「実録」というタイトルに偽りがなく、よく調べてあり、細部にまで気を配り、まさにノンフィクションといいたくなるほどの迫真性があります。この映画を見ていると、連合赤軍の連中には、「共産主義」という決めの言葉があるんです。ちょっと哲学風な言い方で、「共産主義の地平」という使い方をする。何かを話題にするたびに、「共産主義の地平では～」と付くわけです。たとえば、「今は飯を食うべきか？」ということが話題になったとする。「いや、共産主義の地平ではもう少し我慢すべきだ」とかと答えられる。共産主義と今のご飯とあんまり関係ない気がするんだけど、こうなる（笑）。

たとえば、こんな場面があります。彼らは、警察に追われているわけですが、群馬県の山小屋を山岳ベースとか呼びながら、そこに身を潜めつつ、来るべき革命のために軍事訓練をしている。外見的には子どもの戦争ごっこみたいな感じですが、寒い中、必死でもある。警察からも追われている中で見つけた隠れ家で、汚い場所で、お風呂がない。だからドラム缶にお湯を沸かして入るってことをやっているんだけれど、あんまり気持ちがよくない。それである日、数名が抜けがけして、町まで出ていって、銭湯に入って、すごく小ざっぱりした格好で戻ってくるのです。そうしたら、みんな激怒するわけです。「共産主義の地平ではどうのこうの」と言って。ほんとうは嫉妬しているだけなんですよね。確かに、建前上は、警察に追われている身で街へ行って、銭湯へ行って、もし指名手配犯だと気づかれたらたいへんだということで、「共産主義の地平から見てけしからん」というわけです。本人たちは本気ですが、しかし、外から観察している者にとっては滑稽です。どうしてかというと、その中の誰一人として、ほんとうは「共産主義」という記号が何を意味しているのかわかっていないからです。当然、共産主義と銭湯との間に、どんな論理的な関係があるのかもわかっていない。しかし、連合赤軍のメンバーは、この記号に縛られている。この「共産主義」という記号がなければ、彼らのやっていることはまったく無価値なものになってしまう。何のために、お風呂をがまんして、戦争ごっこみたいなことを厳冬の中、やらなければいけないのか、わからなくなってしまうのです。

平和主義でも民主主義でもなく

大澤　現代思想の用語を使えば、「共産主義」は、まさに「シニフィエなきシニフィアン」です。客観的に見れば、原点の「共産主義」にシニフィエ〔意味〕がないのですから、「共産主義の地平」の中で位置づけられたとしても、ほんとうは意味などない。しかし、当事者たちには、「共産主義の地平」の中にあると、何やらとても深い意味があるように感じられてしまう。どうしてなのか。それは、「共産主義」が「シニフィエなきシニフィアン」だからです。このシニフィアン〔記号〕は、シニフィエ〔意味〕がないのに人を拘束しているのではなく、シニフィエがないからこそ、強い拘束力があったと見るべきです。シニフィエ〔これは限りなくゼロに近い〕に対してシニフィアンが過剰である、まさにその過剰性が人を縛る。

ちょっと脱線してしまいましたが、僕は、日本人がやっている天皇制をめぐるゲームにも、似たものを感じるのです。「天皇」とか「国体」とか「三種の神器」とかは、「シニフィエなきシニフィアン」なのではないか。「国体」という観念の神通力は、戦後まもない時期の国体護持のための努力の中で、逆に雲散霧消してしまうわけですが、「天皇」はいまでも、その効力を残しています。「天皇」は、もしかすると、連合赤軍の「共産主義」よりももっと徹底した「シニフィエなきシニフィアン」なのではないか。

木村 何かを守ることが重要なのは、本来、それが守るべきものだからです。日本人が全力を尽くして守ったのが天皇制だった、というところに問題がありますよね。平和主義でも民主主義でもなく、天皇制だった。

大澤 そうなんですよ。

木村 平和主義や民主主義は、理想に燃えた占領者から与えられたもので、日本人が守ったものは天皇であると。

大澤 民主主義や平和主義、基本的人権、国民主権の獲得は、革命があった国にとっては勝利の証です。しかし日本の場合、空から降ってきたもので、むしろ負けたことの証なんですよね。負けが100%ではなく、負けずに済んだ分があるということは、天皇が残ったことだけで示される。でも、その天皇の意味を、人間宣言をすることでゼロに近づけています。戦前は天皇と神様をつなげて、皆が嘘だとは思っていたけれども、天皇に意味があることはお約束でした。天皇機関説をはっきり述べた、美濃部達吉は、このお約束を破ったようにみなされたから、攻撃されたわけでしょう。でも人間宣言をして、「お約束」としてキープされていた、その意味もなくなったわけです。このときに、何のために天皇制があるのか？と考えると、天皇制は天皇制のためにあるとしか言えない。

木村 そうとしか説明できませんね。

大澤　そういえば美濃部達吉は、当時、新しい憲法に対して反対していますよね。戦前からリベラルだった彼は、天皇機関説事件で軍から睨まれて、貴族院議員を辞職せざるをえなくなったりして、大変だったわけです。そういう人にとっては、新しい憲法は、まさに求めていたものであって、最も積極的に賛成しそうに見える。しかし、枢密院の中で、美濃部達吉ただひとり、新憲法草案に反対したわけです。これは、ある意味で不思議なことです。

木村　美濃部先生は国体を護持できていないと主張しました。憲法改正案は、天皇から統治権を全部奪うものであり、日本の国体を変えてしまっていると。

大澤　宮沢俊義と尾高朝雄は、論争し、対立しているわけですが、「同じ穴の狢《むじな》」と言ったら失礼ですが、ともかく同じ平面を共有しているように思います。日本人が、占領下で主権のない状態から自ら主権を獲得し、民主化したという矛盾を、現実を無視した論理を作って、何とか隠蔽しようとしている。それに対して、彼ら二人よりも一世代上の憲法学者である美濃部達吉は、そのようなごまかしの論理ではなくやっていこうとしているように見えます。

美濃部の感覚はこうだと思うのです。今はＧＨＱが主権者となって憲法が作られている。日本人に憲法を与えたのはＧＨＱである。日本人としては、主権がない状態で憲法が決められているのですから、国民主権の憲法ということはありえない。だから、ＧＨＱに主権があって、連合国の指揮下に日本があるということを前提にした憲法をまず、時限的というか暫定的な憲法として作る。その上で、日本が主権を回復したときに、憲法を作り直す。これが美濃部の考えていた筋で、とても首尾一貫していたと思う。だから、美濃部達吉は、十分にリベラルでなかったから、新憲法草案に反対したのではなく、彼こそ、むしろ、真に原理的にリベラルだったというべきでしょう。

木村　美濃部先生は、こうしたプロセスで憲法を制定したのでは、国体として根付かないのではないかという判断があった可能性はあります。これは、美濃部先生だけの感覚ではないと思います。宮沢先生はあるインタビューで、松本烝治先生は、松本委員会が国民主権を提案しなかったのは、そんなことを言ったら日本国民に怒られると思ったからだと言っていたと指摘しています。天皇主権にしないと、国民が納得せず、国体として根付かないのではないかと心配していた。松本先生は、憲法改正後、国民が新しい憲法を受け入れているのを見て、「俺には日本国民は本当にわからない」としみじみと言っていたらしいです。

ただ宮沢先生は、日本国民の節操のなさへの信頼なのか、不信なのかわかりませんが、途中でいけると判断して、国民主権を押し出した。ひょっとすると、宮沢先生には国民の意識の中に革命が見えたのかもしれません。革命は常に時期尚早だが、振り返ってみると起点は8月だったと。その後の定着度合いを見ると、宮沢先生の判断は間違ってはいなかった。そこが綱引きではあったと思います。

大澤　GHQがそういう線でいくならば、日本人は無節操だからそうするだろうと、宮沢さんは読んでいたのではないでしょうか。江藤淳たちは、宮沢さんのそこを批判しました。日本人の無節操さにそのまま便乗し、むしろ体制におもねっていたのだと。

木村 それはそうでしょうね。

大澤 戦後にみんながあまりに無節操に「リベラル」になることに、かえって不審を覚えた人たちが何人かいた。その一人にして、その典型が美濃部達吉だったのではないかと思うんですよね。

天皇制の文化財的な価値

大澤 少し話を戻すと、天皇制はなんのためにあるのか？　というのは、この対談のひとつのテーマでもあるわけです。この時期、つまり敗戦後まもない時期は、なんとか国体を護持したんだとか、日本のリーダーたちは言っているわけですから、国体とは何か、天皇制とは何か、なぜそれが必要なのか、ということを考えるべきときだったでしょう。しかし、あのときも、その後も、日本人はほとんどそのことを考えてこなかった。今でも、年老いた天皇の退位は認めるべきかとか、女系の天皇を認めるべきかとか、けっこう一生懸命考えていますが、その前提である、なんのために天皇制を維持しなければいけないのか、どうして天皇制をやめることができないのか、については、ほとんど考えない。

木村　そこなんですよ。ここには憲法制定会議の延長戦がある。いざ憲法が運用段階に入った時に、中身について議論をせざるを得ない。

現行憲法では、天皇は内閣が言うままに国事行為を行う機関で、それ以外のことはしないことになっています。もちろん、天皇も人間ですから、家族を持ったり、友達と遊んだりといった私的な行為があるのは当然です。でも、国事行為ではないけれど、私的な行為とも言えないことを天皇はやっている。被災地に行ったり、慰霊の旅をしたり、お言葉を述べたり、公的行為と言われる活動をしている。公的行為なんて一切やるべきではないという学説もありますが、実務はどんどん認めていき、学説もそれに伴ってなんとなく承認してきました。

国事行為以外の天皇の行為にどんな価値があるのかと考えると、ひとつは文化的な価値でしょう。宮中行事のような古くからの貴重な祭祀を継承するのは、文化活動の担い手としての役割があります。しかし、文化財としての天皇という議論は、全く人気がありません。

大澤　ああ、そうですか。やっぱり。

木村　大嘗祭には公費を出していますが、政教分離違反ではないかとの批判があります。これに対して、「文化財の保存活動として支出しているのだから合憲だ」と主張するのは、あり得る筋でしょう。宮中行事には歴史的な価値があるものも多い。大嘗祭には長い歴史もありますから、国宝級民俗文化財として扱い、文化財補助金を出すことはできるはずです。実際、たとえば、愛知県岡崎市では、大正天皇即位の際の大嘗祭に供えるお米を収穫した際の唄や踊りが、市指定の無形民俗文化財になっています。でも、大嘗祭本体を文化財にする議論に支持は集まらない。政治家が大嘗祭に公費を出すべきだと思うのは、天皇に政治的な価値を見出しているからであって、重要な文化財の管理者としての側面は、ほぼ無視されています。

大澤 僕は本音を言うと、大嘗祭どころか天皇制全体を文化財にするのはひとつの手だと思っています。でも、きっと受け入れられないと思います。大嘗祭を民俗文化財にしようとするだけでも、ダメな状況なのですから。

木村 三種の神器も、文化財と位置付けて……。

大澤 ええ。でも、それはきっと支持されないんでしょうね。天皇は客観的にみれば文化のようなものだけど、それだけではどうしてもだめで、日本人としては、何かわからないプラスアルファ的なものがあることにしたいようです。「象徴」という言葉の中に、文化的な意義しかないのに。

天皇の身になってみると、「象徴」と言われても、ほんとうは何もできないですよね。「象徴としての行為」と前の天皇は言っていますが、よく考えると、そんな言葉はありえません。象徴というのは定義上、無為でなければいけない。しかし、天皇や皇族に、何もしないことに価値があるような人生を強いるなんて、ひどいことですし、天皇としてもとうていやってはいけない。だから、前の天皇は、皇后とともに、「象徴としての行為」とか「象徴的行為」とかについて一生懸命考えたのだと思う。そして実際、前の天皇・皇后は、けっこうよいことをしたと思う。戦争の犠牲者のために祈ったり、ハンセン病の人たちに会ったり、被災地で苦しんでいる人を訪問し、元気づけたり、と。だから、多くの人が、この「象徴としての行為」を承認しています。片山杜秀さんは、戦後の天皇には、「象徴」としての側面と「人間天皇」としての側面、矛盾する二つの側面がある、と言っています。「象徴としての行為」というのは、この矛盾した二側面を強引に貼り合わせた結果とも解釈できます。

いずれにせよ、こうした行為も突き詰めていくとかなり微妙です。もしあえて、国事行為とは別に象徴としての行為というものを考えるとすると、考えられることは、たとえば災害の被災者のところに慰問するとか、死者たちのために祈るとか、だと思います。しかし、誰が被害者なのかということ自体が政治的なイシューになる場合も考えられますし、誰が祈られるべきわれわれの祖先なのか、ということはすでに高度に政治的な問題です。

それに正直にいいますとね、僕は、平成の天皇・皇后の「象徴としての行為」がそれなりに成功した背景は、「戦争」だと思うのですよ。明仁天皇自身が、戦前の生まれで、戦争を経験しているし、何より自分の父である昭和天皇は、本来だったら戦争の責任を負ってもおかしくない立場だった。平成の天皇はだから、あの戦争に対する日本人の集合的な懺悔心とか後悔とか反省とかを身に帯びて行動することができたし、自らも積極的にその役割を引き受けたと思う。さらに、そういう天皇だからこそ、戦争には関係がない場面でもオーラが宿ったのかもしれない。そういう可能性は否定できません。しかし、令和の天皇、徳仁天皇は、戦後生まれで、戦争との関係は薄い。そういう天皇に、有意味な「象徴としての行為」がたくさんできるか、微妙です。

木村　なるほど。確かに、戦後民主主義の出発点は文字通り戦争なわけで、それを象徴できる天皇が、国民統合の象徴と受け止められるのは理由がありますね。

明仁天皇の場合は、誰もが、意識的・無意識的に戦争を想起し、同じものを思い浮かべられた。ところが、徳仁天皇の場合、人によって、何を象徴していると感じるかが分かれてくる。自分の好きなものを勝手に投影できるわけですから、天皇制の積極的機能を考える際は、より注意が必要になってくるとも思えます。

個人的な感覚からすると、私の最初の国際政治に関するニュースの記憶は、ベルリンの壁崩壊辺りなので、「戦争責任」や「戦後」はもちろん、「東西冷戦」すら書籍を通じて学んだことであって、自分の経験ではありません。そんな中で、日々の最重要課題は「家族」だったりする。天皇一家をめぐる家族のすったもんだを見ながら、共感している部分は確実にあります。上の世代と違って、なんとも卑近な話かもしれませんが、天皇の後継問題の行方が、日本の家族の行方と折り重なっていくような予感を覚えることもあります。

そんな理論的に説明のつかないことを、天皇を通じてついつい私自身が考えてしまうところに、現代において天皇制の積極的機能を考える際の危なっかしさを感じます。

天皇はリザーブか、レギュラーか

木村　もうひとつの問題は、国民主権のリザーブとしての天皇です。憲法学者の安念潤司先生は、国民が天皇制を残したことに関連して、「民は賢ならずも、愚にあらず」と言っています。日本は、天皇がいなくても戦争を始めたかもしれないが、終わらせることはできなかったのではないか。日本の民衆は、いざというときには天皇が政治を良い方向に向けてくれる存在だとおぼろげに認識しているからこそ、それを残した。しかし、天皇は国民主権が機能しないときにだけ出てくる控えですから、保つのはなかなか大変です。

大澤　微妙な議論ですが、客観的にはそういうところがあるのは確かです。天皇が立派だからというよりも、いざというときには、天皇の決断という手しか使えないときがある。戦争を終わらせた方がよいと御前会議に出席している皆がそう思っているのに、誰も、言い出すことができず、結論をだせない。そのとき、天皇が決断してくれたおかげで、戦争を終わることができた。そのような機能が実はある。

ただこれは、これは国民主権のリザーブというより、国民主権の部分的否定であり、日本において国民主権の民主主義が十分に機能していない、ということをあからさまに認める議論ですよね。権威主義の残滓がないと日本の民主主義はうまくいかない、というような。あるいは日本の民主主義には、権威主義のしずくを一粒入れておこう、という感じでしょうか。いずれにせよ、天皇にこういう機能を期待し始めると、すぐに、天皇が賢明ではない判断をする人だったらどうするのか、という問題につながっていってしまいます。

実際、孝明天皇は、彼をかつぎだして幕府と戦おうとしていた尊王攘夷派にとって、必ずしも適切ではない判断をするところがあって、尊王攘夷派は手をやいたのですから。明治の体制は、建前上は天皇親政ですが、実際には、天皇が積極的にもの申して何かができないようにできているのは、伊藤博文たちが、「孝明天皇のような天皇が出てこないように」と制度をデザインしたからだ、という説もあります。

木村 伊藤博文が、天皇親政による混乱を相当警戒したのは事実だと思います。あらゆる権力への警戒は、立憲的意味の憲法の起草者としては、重要な視点ですから。警戒が功を奏したのか、実際に、明治憲法下で天皇が前面に出て横暴に権力を行使することはなかった。

他方で、伊藤は、天皇以外の権力、特に軍部という権力機構への警戒が十分ではなかった。明治憲法は、軍事権限を天皇の大権とし、議会から切り離しました。軍を組織する編成権や軍を指揮する統帥権を、イニシアティブをとって行使するのは、天皇ではなく、参謀本部や軍部大臣ですが、「現人神の大権」の看板は、軍部の説明責任を軽減し、被侵略地域の人々の人権、国民の権利といったものを遮断するために大いに活用されました。これは、天皇個人の親政でないとしても、天皇権力の濫用と言えます。残念ながら、この点では、伊藤の見通しは甘かった。

では、現在の天皇制はどうかというと、実はれっきとしたスタメンのレギュラーなのではないか、ということですね。リザーブならばピッチに立たずに終わってもいいはずなのに、国民主権チームの穴を、常に補い続けている。被災地や戦地の訪問は、国民が忘れている時に、手が回っていない時にこそやるんですよね。

大澤　被災地に来た時に、ありがたい感じがすることもある。それは天皇に、何とも説明しがたいオーラがあるからです。総理が行ってもそれほどありがたい感じはしないし、むしろ文句を言いたい。今頃来てなんだとか、もうちょっと支援物資をとか。天皇が来たら、すごく元気づけられましたということになる。なんで元気づけられるのかは、良くわからないけれども（笑）。先ほどの連合赤軍の「共産主義」と同じ、「天皇」が、「シニフィエなきシニフィアン」で、象徴体系の全体にエネルギーを供給する「ヘゲモニー的な記号」である、ということと関係があります。

ただ、ここに先ほど述べた懸念事項が加わります。つまり、平成の天皇・皇后に特別なオーラがあったのは、彼らが「戦争」の影を宿していたからかもしれない、ということです。国民の大半が戦後生まれで、天皇自身も戦後生まれであるような状況で、なお新しい天皇に、平成の天皇のようなオーラを期待できるだろうか……。天皇が訪問することで、被害者がよほど力づけられない限り、被災地訪問などかえって迷惑、などということにもなりかねませんからね。

木村　オーラがないだけなら、止めればよいとも思えます。「戦争」の影から解放された天皇の象徴行為が怖いのは、それぞれが好き勝手に、何を象徴しているか、決めてしまえるところではないでしょうか。応仁の乱のように、国民が、天皇の象徴行為に、自分の都合をどんどん持ち込んでしまう。その結果、天皇の象徴行為が何なのかがわからないまま、混乱が広がってゆく。そうならないように、徳仁天皇は、何を象徴するのか、丁寧に象徴行為の戦略を練らなければいけない。

民主主義についての議論が薄い

大澤　民主主義との関係はどうですか？

木村　意外かもしれませんが、憲法の教科書は、国民主権の議論は厚いのですが、民主主義についてはあまり書いていません。民主主義と一口に言っても、何でも多数決に丸投げする民主主義もあれば、多数決に至るまでの熟議を重視する民主主義もある。あるいは、選挙制度はともかく候補者の自由に委ねるべきという民主主義もあれば、候補者が闘うフィールドは公共空間としてしっかりと管理すべきだという民主主義もある。

でも、日本国憲法には、「こんな民主主義を目指していて、それを形にするためにこんな制度になっています」という記述はかなり薄い。よく言えば、後の人々に開かれています。日本国憲法制定当時の人々が民主主義論として注目していたのは、女性の参政権と議院内閣制の導入、つまり、首相を選ぶ権限を天皇に与えるのか、国会に与えるのかです。GHQ案の作成過程でも、この点は熱心に議論されました。他方で民主主義は、制定時に空白のまま残された結果、現在でも憲法理論としては漂流しているのかもしれません。

「戦後民主主義」という言い方があることからもわかるように、戦後の世界では民主主義は善なるものとされている。でも、われわれは実際のところ、民主主義とはどのようなものなのか、本当は説明できないでいる。たとえば、先日、Twitterで「学校って隠ぺい体質だよね」と私が言ったところ、匿名の人から「私の知り合いの学級は、民主的に運営されていますす」と返信が来ました。でも、常識的に考えて、日本の学校で担任の先生を選挙で選んでいるわけがありません。算数の正解を多数決で決めたりもしない（笑）。いったいこの人が言う民主的な運営とはなんなのか。多分、言っている本人もよくわかっていないのに、「民主的に」という言葉がナチュラルに出てくるのは、「なんとなく良いもの」という意味で民主主義を使っているからでしょう。

ドイツ国法学では、この点が盛んに議論されました。ワイマール期の法学者であるカール・シュミット（1888－1985）は、民主主義の本質は同一性（アイデンティティ）であると言いました。治者と被治者に同一性があるから民主主義は成り立つのだと。指導者の提出した議案に対して、あれこれ批判することなく、みんなで喝采を送り、一致団結して突き進む民主主義です。この概念は、「みんな同じ人間」といった良さげな雰囲気を感じさせますが、危険な面もあります。同一性を基準として民主主義を運営すると、社会の中から他者を排除する方向に向かいます。

一方、シュミットと同時期に活躍していたハンス・ケルゼン（1881－1973）は、価値相対主義の立場から、絶対的な価値は定まらない以上、みんなで妥協し合うことにこそ民主主義の本質があるという議論をしています。意見が食い違うのは当然で、話し合ったところで合意が成立するとは限らない。だから、少数派を守るためには秘密投票にすべきだし、比例代表も大事だし、議会で少数派が議案を修正させるのも、民主主義的なやり方だと言えます。

本来なら、新しく民主国家を始めるときに、「われわれが目指す民主主義国家はどっちなのか？」という議論があってしかるべきなのに、国体を守ったか否か、という議論に終始してしまった。

大澤　ケルゼンとシュミットの議論だと、近代的な世界観を前提にすれば、ケルゼンの方がオーソドックスで主流ですよね。シュミットは民主主義と自由主義は似たようなものに見えるが、実は違うのだと言いました。同一性を重視する民主主義の議論と、多様性を重視する自由主義とは違う。むしろ真逆のように見える民主主義と独裁の方が、同一性の原理が共通している。シュミットはアイロニーの効いた人で、民主主義に対して非常に冷静な目を向けていました。実際、シュミットの言った通り、ドイツでは民主主義から独裁が生まれたともいえる。

木村 日本の憲法論では、シュミットが言った「統治者と被治者の同一性（自同性）」がよく引用されます。

大澤 どちらかといえば、良い意味で引いているんですよね。

木村 支配者は、支配される人たちの気持ちになって、思いやりを持って支配しなさい、と。そういう意味で引用されます。シュミットは、そんな意味で言っているわけではないのですが。

大澤 そう、シュミットが言いたかったのは、むしろ逆に近いと思う。どちらかといえば意地悪で書いているとさえいえる。「民主主義が好きっていうけど、こういうことだよ?」と。

ケルゼンの主張の方が普通です。しかしシュミットには民主主義が持っている逆説に対する洞察がある。

同一性の民主主義

大澤 問いに戻ると、われわれの目指していた民主主義がなんであるのかは、よくわからないですよね。

木村 そうですね。昔も今も、「治者と被治者の同一性の民主主義は目指していないよね」という議論はされていません。

大澤 まったくしていないですね。教科書的なイメージは、戦前は民主的ではなく、戦後の憲法で民主主義の新しい社会がはじまったのだというものです。でも本当はほとんど変わっていないのではないか。戦前も日本流の民主主義であったともいえます。日本は、シュミットが論じている以上に、同一性の民主主義をしていたとも言える。日本の組織や集団での意思決定は、基本的に全員一致ですよね。よく民主主義は多数決になり、多数派の専制になるから気をつけたほうがいいと言われますが、日本人は多数決が好きではない。

木村 大学の教授会でも、ほぼ多数決はしません。

大澤 そう、めったにしません。人事や誰かの博士号を認めるだとか、内規があるので投票をしますが。

木村　まさに、ルールだからやっているだけで、その価値にコミットしているわけではない。

大澤　そして、たまにやる多数決もまた、全員一致を確認するための儀式のようなものになっています。採用や昇進の人事などは建前上3分の2以上の賛成で決定となっていたりしますが、実際に「3分の2」程度の賛成で決まることはめったになくて、ほとんど全員、だいたい98～99%くらいの賛成で決まる。たまに書き間違いや、毎回なぜか白票にすることに決めている人がいるくらいで、100%には届かないですが、1～2%のマイナスでほぼ全員一致。だから、万が一、ほんとうに3分の1の人が反対しているような人事だったら、かなり大ごとと見なされます。

いずれにせよ、大学の教授会を含め、日本人の集団は基本的には投票を避ける。なぜ投票が嫌なのかといえば、意見が割れているという事実が明示されてしまう可能性があるからです。日本の集団では、文字通り、同一性でなければいけない。これが、いわゆる「空気」ですね。教授会も延々と話し合って、「異論はありますか?」と聞いたりして、異論がなくなるまで続き、最終的に何が決まったのかぼんやりしていたらわからない。隣の人に「結局どう決まったの?」とひそかに聞いても、「いや、俺もわからない」と言われたりするけれど、なにやら決まったらしい。そういう時、ありますよね（笑）。さすがに、大学よりずっと厳しい競争的環境の中にある企業はそんな悠長なことはやっておらず、もう少しきっちり意思決定をしていると思いますが。

シュミットは民主主義の中で、みんなが拍手喝采をして同一性を確認するイメージを持っていますが、日本の場合はもっとプリミティブな人間関係の中で出てくる空気の論理で動いています。その場合、同一性は何かによって確認されるわけではない。そうではなくて、同一性は、先験的な前提のようなものになっている。つまり、同一性はあとから確認されるのではなく、「そうであるべきもの」というか、「そうであるはずのもの」として前提になっている。

日本は、戦後に「民主主義」という名前がつき、新しいことを始めたように思っているけれども、本当はたいして新しいことをしていない。前だって、みんなの意見を聞いて、妥協して、そうやってあるべき（あるはずの）空気をつくりだして、最後に決める……というふうにやってきたわけだから。

この話は、天皇制とは無縁ではありません。天皇が何のためにいるのかを社会科学的な冷静な目をもって考えてみると、空気というものの存在条件と安定条件なのです。経済学などの均衡理論では、均衡条件と存在条件と安定条件があります。たとえば、市場で価格が決まるときに、いくつかの連立方程式を満たしていれば、均衡条件になりますよね。ただ連立方程式に矛盾のない解があるとは限らない。この方程式に解があれば、存在条件を満たしているということになります。ただ存在条件を満たしていれば、必ず均衡するわけではなく、安定条件が必要です。安定条件とは、今は不均衡な状態だとしても、均衡状態へ行く道筋がちゃんとあるということです。たとえば、山と谷があって、谷底が均衡です。物は下に向かう傾向があるから山の頂上にいれば、下にある均衡に向かえる。でも、物が山向こうの浅い谷にはまり込んでいたとしたらどうか。その場合には、本当の均衡にはいけない。つまり安定条件は満たされていない。

天皇がいる以上、日本に空気は存在する

大澤　日本人にとっての意思決定は「空気」です。天皇がいても、いなくても、それは変わりない。ただ空気は、僕らが一致してそう考えているという想定が必要です。客観的にみれば、本当はどうか知りませんよ。みんな意見がバラバラかもしれない。しかし、それでも、一枚岩の同一的な空気が存在しているはずだという、先験的な想定が、日本人の集団や共同体を成り立たせている。空気にとって「同一性」は本質的な条件で、「多様な混合気体のような空気」というのは、空気の自己否定、自家撞着のようなものと考えられている。でもそんな不純物のない空気なんて存在していない可能性があるわけです。そのために、普通はたとえば多数決によって決めたりするわけですが、日本人は、空気があることが前提ですから、その前提が成り立っていないことをあからさまなものにするかもしれない多数決はあまり好ま

れない。とにかく日本人は空気が存在していることに、絶対の確信を持っている。少なくとも、誰もがそのような確信を持っている、という想定で皆が行動する。「空気が読めない」と批判されたりするのも、空気が存在しているからです。その空気の、最後の最後の砦が天皇なんですよ。天皇がいる以上、日本に空気は存在するんです。そして、天皇がいる以上、かならずその空気が見出されるのです。

木村　みんながそれを求めていると。

大澤　そうです。だから天皇が原則的には最後に判断することが重要なのです。天皇は、普通は、積極的に判断しない。もし判断するとしたら、天皇は一番最後に判断するのが原則。どうしてかというと、天皇は空気を追認しているわけです。空気が定まったところで、天皇が、実は私もそう思っていた、ということを言うわけです。どうしてそうしなければならないのかというと、天皇こそが空気の存在の究極の条件で、天皇の判断と空気とが同一であることが先験的な前提になっているからです。天皇もそう思っているはずだという想定と、空気が存在しているという想定とは、日本人にとっては同値というか、同じことの二つの証言です。一軽はずみに天皇が自分のきわめて独自の見解などをいい始めて、日本人の空気とまったく一致しなかったら大混乱なので、普通は、空気がほぼ見えてきたところで、天皇も「実はそう思っていた」というかたちにしなくてはならない。

ときどき、微妙に変則的な政治状況の中で、この先験的な前提が存在し、機能している、ということが証明されます。たとえば、先ほど話題になった、戦争終結の御聖断の場面。太平洋戦争の末期、客観的に見ると、そろそろ戦争はやめたほうがいいと全員が思っているのです。当時の日本の政治的・軍事的なリーダーの大半が、個人的には、もう戦争をやめたほうがよい、敗北を認めたほうがよいと思っていた。しかし、それが、「空気」かどうかということに、誰も確信をもてずにいた。会議で、「戦争をやめるべきだ」と発言したら、「一億玉砕までやるべきだ！」と反論されるかもしれない。つまり「一億玉砕」や「一撃講和（敵に一撃を食らわしてから講和にもっていくべき）」が空気かもしれない、と皆が恐れている。だから、誰も、ポツダム宣言を受け入れるべきだとは言えず、仮に言っても「空気を読まない」発言として一蹴される。しかし、最後に天皇が、ポツダム宣言を受諾するという聖断をくだすと、結論が出る。天皇の判断と空気は合致することが先験的条件なので、この瞬間に空気が定まり、変わるからです。

定義上、天皇が言った以上は空気なのですが、普段は天皇が言わなくても空気が発見されるようになっている。そして、空気が発見されるためには、空気が絶対にあるという確信が必要なんですよね。空気があるから発見されているのではなく、空気が必ずあると思いながら生きているから、結果的にはある。空気があることの最後の保障として、日本には天皇がいるのだと僕は思います。

天皇の意思と空気は自動的に一致する

大澤　天皇の判断こそが空気であり、日本人の最終的な意思とされる、という先験的条件をもっと巧みに活用したケースとして、明治六年の政変というのがありますね。大久保利通や伊藤博文らの岩倉使節団が欧米視察に行っているあいだに、日本に残っていた西郷隆盛や板垣退助らが征韓論を唱え、いまにも朝鮮と戦争するような緊迫した状況になっている。西郷を朝鮮に派遣し、おそらく、朝鮮と戦争することになるだろう、ということを日本に残った参議たちは決めてしまっている。しかし、大久保ら岩倉使節団は、今は、国内の問題に専念すべきで、外国と戦争している場合じゃないと、思っている。帰国したばかりの大久保らは、西郷たち、国内残留組だった参議たちに思いとどまるようにいうわけですが、もうおそい。いわばすでに、「閣議決定」をしてしまっている。要はすでに空気が決まっている、ということです。

ここで、岩倉たちはアクロバティックな手を使って、決定を覆すわけです。その策を練った人として、従来、大久保利通が重視されてきましたが、最近の研究では、この段階では、大久保や岩倉より格下だった伊藤博文がかなりシナリオを書いていたらしい、ということがわかってきたようです。ともかく、それは次のような経緯です。

西郷を朝鮮に派遣するという参議たちの決定は、天皇に上奏され、追認されて正式決定になる。これは、事実上決定した空気に関して、天皇が「自分もそう思っていた」という意思の最後の一押しを加えることで、空気が確定するという、先ほど述べた手続きですね。その天皇陛下に上奏する役は岩倉具視になる（実は、三条実美がやるはずだったのですが、彼が、急に卒倒してしまうという都合のよいことが起こり、参議の中で次に格が高い、岩倉に上奏の役が回ってくる、ということになるわけですが、細かいことは省略しましょう）。岩倉は、天皇に上奏したとき、参議たちの決定と並べて、自分の「個人的見解」を付け加えたのです。すると、天皇自身がまさにこの場の空気を読んで、自分もまた西郷派遣には反対であるという聖断をくだす。天皇がそう判断した以上は、参議たちの決定は覆るわけです。それは、天皇の判断が空気と同一であるという先験的条件が利いているからです。これこそ、日本における政治的決定の最上位の公理的原則です。天皇の意思と空気とは、自動的に一致する前提になっている。天皇の判断の方に合わせて、空気の内容も修正されるのです。

ここで面白いのは、当時の明治天皇は二十歳を超えたばかりの年若い青年で、誰一人として天皇が深い見識を持っていると思っていない、ということです。それでも、決定がひっくり返るんです。大久保たちが理を尽くして説得しても、空気を変えられなかったのに、天皇の意見で、一瞬のうちに空気は変わってしまう。これこそ、天皇が、日本における空気の存在条件であり、かつ安定条件だということです。もっと端的に言えば、天皇のいうことが究極の空気であるということが、他の空気のすべてを支配する空気になっている。しかし、そういうことは憲法には書いてないんですよ。当たり前だけど（笑）。でも僕たちは、天皇について何か言うのが、一番空気を読まない発言だと知っている。

木村　「首相はやめろ！」とは言えるけど、「天皇やめろ！」とは言いづらいですね。

大澤　戦後民主主義がまだ輝いてた頃、左翼は天皇制に反対だと言っていました。前にも話しましたが、左翼の天皇制反対は、天皇制がなくならない限りで天皇制に反対ということだと僕は思うんですよ。本人たちは本気のつもりでしょうが、本当に反対してたわけじゃない。天皇制があることの恩恵を被っているのは左翼なんだと僕は思いますね。

木村　安心して、みんなで反対ができると。

大澤　本当にやめたら、天皇制に反対していた左翼も驚いたと思う。社会学的に見れば、天皇制は、空気があるという空気を作っている。いわば「メタ空気」ですね。

木村　積極的には描写できない機能ですね。

大澤　このシステムが、感心できることかどうか微妙ですよ。でも、いずれにせよ、空気こそは究極の同一性ですよね。空気の特徴は、必ず一つであるということです。必ず全員一致。一人ひとりの意見が全部違っていても、空気は一致しています。

戦争をいつ終わらせるのかについて、御前会議に集まっているメンバーはほとんどもうやめた方がいいと思っています。だけど、空気を読まずに言ってしまうのをみんな恐れている。アメリカに一撃食らわせてから終わらせたいんだけど、もうそんな力はなく、逆に自分の方が百撃くらいくらっている。日本人にとっていかに空気が大切か。同胞だけでも何百万人もの犠牲が出ているのに。

代表のように見えて、何も代表していない

木村　シュミットは、同一性と対置される政治原理として、代表（リプレゼーション）を挙げています。「教会が神を代表する」という表現に典型的に表れているように、崇高なものや偉大なものを何者かが現前させるのが、代表の原理だと。国王が国家の偉大さを代表するのも、その一例です。

これまで私は天皇をシュミット的「代表」の一系統として理解していました。しかし、大澤先生の話を聞いていると、天皇制は、代表の理論に見せかけて、実は「同一性」の保証者として存在している、と理解した方が適切なのかもしれないですね。

大澤　そうですね。代表のように見えて、実は何も代表していない。たとえばフランス国王だったら、「偉大なフランス国家」のような人間以上のものを代表していますけれども、天皇を

超えた何かがあるわけではありません。

木村 そう考えると、天皇制は日本の戦後民主主義の在り方をかなり強く規定していますよね。

大澤 良い悪いは別として、日本的な民主主義に親和性があるのでしょう。すごく良く捉えれば、民主主義に対してポジティブな機能を果たしている面もある。どんなに国論が割れていても、天皇については反対しないことが原点になっているので、根本的には割れない。

前にも話題にしましたが、今アメリカを見ていると、民主党と共和党の間に最低限のコンセンサスがない。いくらバイデンが選挙に勝っても、トランプ支持者たちは「俺たちの大統領」とは認めないと思っている。そういう意味で、世界的に見れば、民主主義の危機だと思っています。

日本がそうした危機を迎えずにすんでいるのは、ある意味で天皇のおかげだと言えるのかもしれない。すごくポジティブに言えばね。でもこの機能は僕たちが意識的に作ったわけでもない。しかも、そう言ったりもしない。

木村 言ってしまったら台無しですからね。

大澤 そうなんですよ。空気ってそういうものなんですよね。「こういう空気だよね」と言うこと自体が、空気に反することなのです。空気は、全面的には言語化されない、最も重要な部分、最終的な根拠は絶対に明示的に言語化されない、ということを本質的な条件としています。だから「空気を読む」ということが、特殊な社会技術になるわけです。どこにも明示されていない空気を読めなくてはならない。逆に、何が空気かを全部言い尽くすこと自体が、著しく空気に反することなのです。ということは、僕らのこの対談も、実は、日本的な空気に反します。

ともあれ、こういう空気にしたがって決定したり、空気を読んだり、ということは、学校で教えたり、本に書いてあったりすることではなく、何世代もこの社会にいる人たちが、自然に身に着けるものです。でもこれから日本には様々な外国の人が入ってくるでしょう。そういう外国人を、労働者として、有権者として、場合によって日本国籍をもつ人として、どんどん受け入れなくては、この社会は滅びるしかありません。そういった人たちも含めて一緒にやっていくことを考えると、この「空気」という作戦は難しいかなと思います。

天皇のために9条は用意された？

大澤　1952年に、講和条約とともに日米安保条約が発効します。この時に、駆け引きがありました。アメリカは軍隊を日本に残したまま占領統治を終わらせたいが、日本がそれを望んでいる形にしたい。でもそういう前提になると、日本にとって不利な条約になるので、日本側は逆にアメリカが軍隊を残したがっていることにしたい。つまり、アメリカ側は、日本の希望で軍隊を置いてやっている、ということにしたいが、日本としては、対等の要求で米軍が日本にいるということにしたい。でもその駆け引きに日本は負けています。

どうして駆け引きに負けたのか。その敗因は、間接的な証拠に基づくものなのですが、昭和天皇が沖縄に基地を置く、場合によっては本土にも基地を置くことを望んでいたからです。昭和天皇は憲法9条を全く信じておらず、共産化から自分たちを守るためには、米軍にいてほしかった。そこで、日本の外交努力の空気が変わってしまったと。この点については、豊下楢彦さんが徹底して研究しています。直接的な証拠はないのですが、天皇が、こうした希望を、マッカーサーを頭越しにして、吉田茂を通じて、アメリカ側(ダレス)に伝えていた可能性はある。ときには、吉田茂すら信じず、直接、ダレスと交渉しようとした節すらある。こうしたことには直接的な証拠はありませんが、ある程度は信ぴょう性があって、少なくとも、昭和天皇が沖縄に軍隊を置いてほしいと言っていたということは、米国国立公文書館に残っている文書からもわかる。これは後々見つかって、問題になりますが。

木村 私は歴史家ではないので詳しいことはわかりませんが、天皇が政治に対する見解を述べたとすれば、日本の政権は無視できないと思います。

大澤 できないでしょうね。そして、日米安保条約は、今でも非常に大きな意味を持っています。天皇が望まなくても、アメリカと対等な条約ができたのかは微妙だとは思いますけど。

この仮説は、天皇に対して批判的なニュアンスで使われます。一方で、加藤典洋さんは、日本の平和思想が地に足がついていないから、リアリストの昭和天皇がこのように行動せざるを得なかったんだと解釈している。こういう好意的な解釈が成り立つかどうかは別として、ここには強烈なアイロニーがあると思います。つまり、天皇のために9条を用意した可能性があるわけです。天皇を許してもらうために、極端に理想主義的な9条になっている。それなのに、天皇はこの9条では心もとないと思っている。本当になんのための9条なのか。

本来であれば、「世界を動かしつつある、高次の理想」に委ねるはずだったのに、高次の理想がポシャってしまったために、委ねる先がなくなった。高次の理想ができてから、作ればよかったんだけど、極東委員会の活動が実質的に始まるので、慌てて憲法を作ってしまった。だから、世界を動かし「つつ」ある思想と書いてあるんですね。

思想や理念を測るリトマス試験紙

木村　ここまでお話ししてきましたので、最後に私なりのまとめを考えてみました。

江戸政府にとっての天皇制は「ノンアルコールビール」で、明治政府にとっては「アイロニカルな没入」であった。では、現行法制化での天皇制とはいったいなんなのでしょうか？

機能的に説明するなら「消極的な機能」と「積極的な機能」だと言えます。他方、憲法条文を素直に読むと、天皇がいないと国事行為ができなくて、内閣総理大臣も最高裁判所長官も任命できず、国家が回らないことになります。そして今の制度では、天皇が「即位なんてしたくない」とか「憲法なんて無視して好き勝手にする」と言い出したときに、それに対処する手段がありません。つまり、天皇制は、天皇が国民の期待する役割を引き受けることによって、天皇が天皇制を維持する努力をする限りにおいて、成り立つ制度なのだと言えます。

大澤 その通りだと思います。私の結論としては、天皇は空気があるという空気をつくっている、ということです。客観的に見れば、そのメタ空気のおかげで戦後日本社会の「民主主義」はやってこられたのですが、現代的にはこのままのやり方は行き詰まるでしょうね。

木村 天皇頼みを変えていかないと、民主主義の理論は深まっていかない気がします。

大澤 そうですね。たとえば、マッカーサーは一時期すごく人気があって、ものすごい数のファンレターが来た。天皇よりも、もっと偉くて、崇高な感じがするからですよね。天皇とマッカーサーの有名な写真がありますよね。あれを見ると、マッカーサーの方が体が大きくて、天皇は緊張して直立不動で、転校してきた学生が、先生の横に立っているみたいです（笑）。

しかもマッカーサーがやった政策は、9条もふくめてすごく人気がある。9条は、最近、魅力がなくなりつつあるけれども、それでも日本の一番重要な論点です。憲法が1946年の11月3日に公布され、翌年の5月3日に施行されるまでの半年間、日本人は9条にすごく熱狂していた。もともと、日本人の精神的な支えは天皇でしたが、戦争に負けた後、マッカーサーにその支えを見てしまった。天皇に対する気持ちがマッカーサーに転移されていったのです。

9条は、世界を動かしつつある崇高な理念があることを前提にしているから、他の国の憲法よりも崇高な感じがするわけです。だから日本人は一時的には、それに熱狂できた。でもそれがだんだん色あせてきたし、世界を動かしつつある崇高な理念がポシャってしまい、もともと日本人としても、世界に先駆けて崇高な理念を実行しようという、そこまでの覚悟を持っていたわけではないから、9条もただの荷物のようになっていきました。そして、崇高だったはずの9条の内容も、普通の内容にまでディスカウントされてしまった。

今や9条を組み込んだ日本国憲法はごく普通の憲法になり、天皇制は、日本人の誇りの最後の砦になっている。でもよく見ると天皇制はなんのためにあるのかわからない。ここまで、僕らは、天皇制がどのように働いてきたのかを分析してきたわけですが、その上で、天皇制をそのまま継続した方がよいのか、仮に天皇制を維持するとしても、今まで通りでもよいのか。たとえば、「空気」を機軸にした社会システムには、天皇制はとてもうまく働くらしいということを述べてきましたが、日本は、そのまま「空気」の国でよいのか。これは難しい問題を含みます。いわば日本人の「民度」を考えなければいけない面もある。

木村　天皇制は、日本の理想や理念、民度を測るリトマス試験紙のようになっているということですね。

大澤　明治維新で、西洋を目指して頑張ったわけですが、それだけだと虚しい。西洋の真似をするだけかと。だから新渡戸稲造は、武士道があると言った。それもどうなんだろう？と思うでしょう。武士はとっくにいない（新渡戸が『武士道』を書いたときにすでにいない）のですから。すると、日本にはいよいよ天皇しかいないのかもしれないが、それを自尊心の中心にすえるべきなのか。

木村　国体を守ったかのようにふるまったあの時のように、何かに一生懸命になってみることが必要かもしれませんね。

大澤　その一生懸命になっていることがなんであるのかを、説明できたほうがいいですよね。国体がなんであるのかを聞かれても、誰も答えられないし、僕らは一番大切なことについて聞かないことにしてきた。聞いた瞬間に、空気を読んでいないことになってしまいますから。難しいところですね。ここまで話してきましたが、天皇って重要な問題なのかなんなのか、よくわからないですね。

木村　天皇についてそれ自体を喋っていると虚しくなってきますが、それが隠しているものを考え出すと、重要なことが見えてくる。そういう仕掛けになっているような気がしますねえ。

大澤　本当に、その通りです。僕らの対談が、天皇の向こう側に隠れているその重要なことに届いていればよいですね。

木村　はい。ありがとうございました。

あとがき

天皇制には、奇妙なアンバランスがある。

まず確認してほしいのは、その犠牲の大きさだ。長尾龍一教授は、次のように指摘する。

「天皇に基本的人権はあるか。佐々木説：憲法第三章は『国民』の権利を保障するもので、『民』は『君』の対立概念だから天皇を含まない。天皇に基本的人権なし。宮沢説：民主主義の下では天皇も国民である。しかし憲法第一章は第三章の特則で『特別法は一般法を破る』から、天皇の基本的人権は、第一章と両立する限りで認められる。宮沢説でも、職業選択、住居移転の自由はない。言論の自由も、皇室の非政治性という原則から、無いも同然だろう」と講義すると、学生は笑う。だが笑いごとかどうかは問題である。（長尾龍一『憲法問題入門』ちくま新書、1997年、211頁）

天皇と皇族の人権問題は、決して笑いごとではない。奥平康弘教授も「憲法学者を含め圧倒的多数の国民は、〈犠牲者はたったひとりなのだから、このひとりに我慢してもらうのは、そんなに悪いことではなかろう〉と考えているふしがあ」り、「少数者、一億数千万人のなかのたったひとりであっても、犠牲者に不利益を甘受し続けさせていることを、簡単には許さないところに、権利保障の眼目がある」と指摘する（同『「萬世一系」の研究（下）』岩波現代文庫、2017年、255頁）。天皇制の維持のために、天皇・皇族にかかる負担はあまりにも大きい。

さらに、奥平教授は、犠牲は天皇・皇族だけに生じているものではないと言う。「天皇制という制度自身が『人権』委縮作用を持つ」のであり、「『国民のあこがれの中心』『日本国・日本国民統合の象徴』としての天皇は、まさにその存在において同化（assimilation）・統合（integration）のはたらきをすることが期待されている」のであり、「異質なるものを同化させ、まつろわぬものを排除する機能分担が秘められている」（同『憲法Ⅲ 憲法が保障する権利』有斐閣、1993年、41－42頁）。

では、多大な犠牲の下に、天皇制は何を実現しているのか。

宮沢俊義は、憲法3条により、天皇は「ただ内閣の指示にしたが」う「ロボット的存在」になると言う（同（芦部信喜補訂）『全訂日本国憲法』日本評論社、1978年、74頁）。内閣の言う通りに国事行為をするのが天皇の職務であり、天皇がどのような政治的見解を持ち、何をしたいと考えているかは、国政に何の影響もない。

国民の天皇への関心はどうか。昭和天皇が重病になったとき、日本中が「自粛」に包まれた。テレビでは、多くの娯楽番組などの放送が取り止められた。自動車のCMで、井上陽水氏が「みなさんお元気ですか？」と問いかける音声が取り除かれる、なんてことまであった。こうした「自粛」は、多くの人が昭和天皇に強い関心を持っていたから生じた行動なのだろうか。長谷部恭男教授は、多くの国民は他の国民の行動に合わせていただけだ、と指摘する。「閣僚が海外旅行を中止し、公式のパーティーを『自粛』したとき、それに従うことは、無用な摩擦や猜疑を避けることができる点でほとんどすべての人々の利益に適っていた」し、「日本人の皇室に対する関心の度合いは、王室に対するイギリス国民の態度とは、極めて異なって」おり、「実際には、日本人が昭和天皇にさして関心をもっていなかったことは」「世論調査から明らか」だ（長谷部恭男『権力への懐疑』日本評論社、1991年、188頁）。

こうしてみると、天皇制は、天皇・皇族にとっても、日本社会にとっても犠牲が大きく、他方で、それが果たしている法的役割も国民の関心も低い。この制度が存在すること自体が最大の不思議だと言わざるを得ない。

平成から令和の代替わりの中、この制度の不思議についてゆっくり考えてみなくては、と思っていた時に、晶文社の安藤聡さんから、大澤真幸先生との対談のお誘いを受けた。大澤先生は、「社会の不思議」を解明する名人だ。こんな素晴らしいお誘いを断れるはずがない。

私はこの貴重な機会に、「アイロニカルな没入」や「ノンアルコールビール」そして「第三者の審級」といったキー概念についても、大澤先生に伺うことができた。これらの概念は大澤先生の著書・論文に頻繁に登場し、時に信じられないほど広い地平を切り開いていくのだが、「これらの概念はとても魅力的だが、本当にそれらを理解できているのだろうか」と不安を感じたことのある人は、私だけではないだろう。大澤先生が、私の理解力不足に呆れずに、丁寧に解説してくださったおかげで、この本が、天皇制だけでなく、「大澤社会学による日本史分析」や「大澤社会学入門」の側面も持つ豪華な内容を持つものになったであろうことが、大変うれしい。

本書が成るに当たっては、企画を立てた晶文社編集部の安藤聡さん、ライターの山本菜々子さんには、大変お世話になりました。そして、堤岳彦さんは、端正ながらどこか温かみのある装丁デザインを仕上げてくださいました。皆様に、心より感謝申し上げます。

木村草太

参考文献

網野善彦『日本中世の非農業民と天皇』岩波書店、1984年
網野善彦『異形の王権』平凡社ライブラリー、1993年
網野善彦『日本社会の歴史』（全3巻）岩波新書、1997年
石井良助『天皇――天皇の生成および不親政の伝統』講談社学術文庫、2011年
石川健治「八月革命・七〇年後――宮沢俊義の8・15」、辻村みよ子他編『「国家と法」の主要問題』日本評論社、2018年所収
伊藤之雄『伊藤博文――近代日本を創った男』講談社、2009年
伊藤之雄『元老――近代日本の真の指導者たち』中公新書、2016年
今谷明『室町の王権――足利義満の王権簒奪計画』中公新書、1990年
梅原猛『聖徳太子』（全4巻）集英社文庫、1993年
大澤真幸『身体の比較社会学Ⅰ』勁草書房、1990年
大澤真幸『身体の比較社会学Ⅱ』勁草書房、1992年
大澤真幸「天皇　武士とのふしぎな共存」、同『〈女〉としての天皇　Thinking「O」017号』左右社、2020年所収
大澤真幸『不可能性の時代』岩波新書、2008年

大澤真幸『日本史のなぞ――なぜこの国で一度だけ革命が成功したのか』朝日新書、2016年
大澤真幸『三島由紀夫――ふたつの謎』集英社新書、2018年
奥平康弘『「萬世一系」の研究――「皇室典範的なるもの」への視座』(上・下) 岩波現代文庫、2017年
小熊英二『日本社会のしくみ――雇用・教育・福祉の歴史社会学』講談社現代新書、2019年
尾高朝雄『国民主権と天皇制』講談社学術文庫、2019年
片山杜秀『「五箇条の誓文」で解く日本史』NHK出版新書、2018年
片山杜秀『平成精神史――天皇・災害・ナショナリズム』幻冬舎新書、2018年
片山杜秀『未完のファシズム――「持たざる国」日本の運命』新潮選書、2012年
加藤陽子『昭和天皇と戦争の世紀』講談社学術文庫、2018年
加藤典洋『可能性としての戦後以後』岩波現代文庫、2020年
加藤典洋『9条入門』(「戦後再発見」双書) 創元社、2019年
加藤典洋『敗戦後論』ちくま学芸文庫、2015年
加藤陽子『戦争まで――歴史を決めた交渉と日本の失敗』朝日出版社、2016年
加藤陽子『それでも、日本人は「戦争」を選んだ』朝日出版社、2009年
菅孝行『三島由紀夫と天皇』平凡社新書、2018年
熊野純彦『本居宣長』作品社、2018年
呉座勇一『陰謀の日本中世史』角川選書、2018年
呉座勇一『応仁の乱――戦国時代を生んだ大乱』中公新書、2016年

呉座勇一『戦争の日本中世史——「下剋上」は本当にあったのか』新潮選書、2014年
小室直樹『天皇の原理』文藝春秋、1993年
小室直樹・山本七平『日本教の社会学——戦後日本は民主主義国家にあらず』ビジネス社、2016年
島薗進『国家神道と日本人』岩波新書、2010年
白井聡『永続敗戦論——戦後日本の核心』講談社+α文庫、2016年
白井聡『国体論——菊と星条旗』集英社新書、2016年
神保哲生他『天皇と日本のナショナリズム』春秋社、2006年
髙橋昌明『武士の日本史』岩波新書、2018年
豊下楢彦『昭和天皇・マッカーサー会見』岩波現代文庫、2008年
長尾龍一『思想としての日本憲法史』信山社出版、1997年
長尾龍一『日本憲法思想史』講談社学術文庫、1996年
西村裕一「『国民の代表者』と『日本国の象徴』」、「法律時報」86巻5号、2014年
橋爪大三郎・大澤真幸『げんきな日本論』講談社現代新書、2016年
原武史『可視化された帝国——近代日本の行幸啓』みすず書房、2001年
原武史『完本 皇居前広場』文春学藝ライブラリー、2014年
原武史『皇后考』講談社学術文庫、2017年
原武史『昭和天皇』岩波新書、2008年
原武史『大正天皇』朝日文庫、2015年

原武史『平成の終焉――退位と天皇・皇后』岩波新書、2019年
原武史・菅孝行・磯前順一・島薗進・大澤真幸・片山杜秀『これからの天皇制――令和からその先へ』春秋社、2020年
本郷和人『上皇の日本史』中公新書ラクレ、2018年
本郷和人『武士とはなにか――中世の王権を読み解く』角川ソフィア文庫、2013年
本郷和人・大澤真幸「天皇と武士 なぜ権力が共存したのか」『〈女〉としての天皇 Thinking「O」017号』左右社、2020年所収
本郷恵子「京・鎌倉ふたつの王権――院政から鎌倉時代」『全集日本の歴史 第6巻』小学館、2008年所収
三島由紀夫『文化防衛論』新潮社、1969年
宮沢俊義「国民主権と天皇制」同『憲法の原理』岩波書店、1967年
桃崎有一郎『武士の起源を解きあかす――混血する古代、創発される中世』ちくま新書、2018年
山本七平『「空気」の研究』(山本七平ライブラリー)文藝春秋、1997年
横田耕一『憲法と天皇制』岩波新書、1990年
吉田孝『歴史のなかの天皇』岩波新書、2006年
吉田裕『昭和天皇の終戦史』岩波新書、1993年
Anderson, Benedict ベネディクト・アンダーソン『定本 想像の共同体』白石隆・白石さや訳、書籍工房早山、2007年

Arendt, Hanna ハンナ・アレント『革命について』志水速雄訳、ちくま学芸文庫、1995年
Bix, Herbert ハーバート・ビックス『昭和天皇』(上・下)吉田裕監修、岡部牧夫・川島高峰・永井均訳、講談社学術文庫、2005年
Dower, John ジョン・ダワー『敗北を抱きしめて――第二次大戦後の日本人　増補版』(上・下)三浦陽一・高杉忠明訳、岩波書店、2004年
Hegel, Georg ヘーゲル『歴史哲学講義』(上・下)長谷川宏訳、岩波文庫、1994年
Kantorowicz, Ernst エルンスト・H・カントーロヴィチ『王の二つの身体』(上・下)小林公訳、ちくま学芸文庫、2003年
MacArthur, Douglas ダグラス・マッカーサー『マッカーサー大戦回顧録』津島一夫訳、中公文庫、2003年
Ruoff, Kenneth ケネス・ルオフ『国民の天皇――戦後日本の民主主義と天皇制』高橋紘監修、木村剛久・福島睦男訳、岩波現代文庫、2009年
Schmitt, Carl カール・シュミット『現代議会主義の精神史的状況：他一篇』樋口陽一訳、岩波文庫、2015年

*翻訳の場合は、出版年は、邦訳が出た年。

著者について

大澤真幸（おおさわ・まさち）

1958年、長野県生まれ。社会学者。個人思想誌『THINKING「O」』主宰。2007年『ナショナリズムの由来』（講談社）で毎日出版文化賞、2015年『自由という牢獄』（岩波現代文庫）で河合隼雄学芸賞をそれぞれ受賞。他の著書に『不可能性の時代』（岩波新書）、『〈自由〉の条件』（講談社文芸文庫）、『〈世界史〉の哲学』シリーズ（講談社）、『可能なる革命』（太田出版）、『日本史のなぞ』（朝日新書）、『新世紀のコミュニズムへ』（NHK出版新書）など多数。共著に『ふしぎなキリスト教』『おどろきの中国』『げんきな日本論』（いずれも講談社現代新書）、『憲法の条件』（NHK出版新書）、『〈女〉としての天皇』（左右社）などがある。

木村草太（きむら・そうた）

1980年、神奈川県生まれ。東京大学法学部卒業、同助手を経て、現在、東京都立大学大学院法学政治学研究科法学政治学専攻・法学部教授。専攻は憲法学。著書に『憲法の急所　第2版』（羽鳥書店）、『憲法の創造力』（NHK出版新書）、『テレビが伝えない憲法の話』（PHP新書）、『集団的自衛権はなぜ違憲なのか』『自衛隊と憲法』（共に晶文社）、『木村草太の憲法の新手』『木村草太の憲法の新手2』（共に沖縄タイムス社）、『憲法学者の思考法』（青土社）など。共著に、『憲法の条件』（NHK出版新書）、『憲法という希望』（講談社現代新書）、『憲法問答』（徳間書店）、『ほとんど憲法　上・下』（河出書房新社）などがある。

むずかしい天皇制《てんのうせい》

2021年5月30日　初版
2021年9月5日　3刷

著者　大澤真幸、木村草太
発行者　株式会社晶文社
東京都千代田区神田神保町1-11　〒101-0051
電話 03-3518-4940（代表）・4942（編集）
URL https://www.shobunsha.co.jp
印刷・製本　中央精版印刷株式会社

編集協力　山本菜々子

ISBN978-4-7949-7263-7 Printed in Japan